Eigenständige Kinder
Entspannte Eltern

Die Deutsche Nationalbibliothek verzeichnet diese Publikation in der Deutschen Nationalbibliografie; detaillierte bibliografische Daten sind im Internet über *http://dnb.d-nb.de* abrufbar.

TITEL (ORIGINAL):
Raising an Organized Child: 5 Steps to Boost Independence, Ease Frustration, and Promote Confidence. Text copyright © 2019, Damon Korb, MD, FAAP

THE ORIGINAL ENGLISH LANGUAGE WORK HAS BEEN PUBLISHED BY:

The American Academy of Pediatrics
345 Park Blvd | Itasca, IL 60143 | United States of America
Tel: 630/626-6000 | Fax: 847/434-8000 | www.aap.org
Copyright © 2019, The American Academy of Pediatrics. All rights reserved.

© KVM – Der Medizinverlag, Dr. Kolster Verlags-GmbH
Ein Unternehmen der Quintessenz-Verlagsgruppe, Ifenpfad 2–4, 12107 Berlin

www.kvm-medizinverlag.de

1. Auflage 2020

Übersetzung: Felix Kolster, Marburg (Lahn)
Lektorat: Renate Wettach, Frankfurt am Main
Satz: Petra Jentschke, Berlin
Bildquelle Umschlag: picsfive © stock.adobe.com
Gesamtproduktion: KVM – Der Medizinverlag, Berlin
Druck: GZH d.o.o. (www.gzh.hr), Zagreb
ISBN: 978-3-86867-500-9

Printed in Croatia

Eigenständige Kinder
Entspannte Eltern

Wie ich meinem Kind helfe, sich selbst zu organisieren.

Damon Korb

KVM – DER MEDIZINVERLAG

Eigenständige Kinder – Entspannte Eltern

Wie ich meinem Kind helfe, sich selbst zu organisieren.

Leserstimmen

Wenn Ihre Familie die Situation verlorener Hausaufgaben oder verlegter Schuhe durchgemacht hat, oder das Kinderzimmer aussieht, als wäre soeben ein Tornado durchgefegt, dann ist dieses Buch genau das Richtige für Sie! Dr. Korbs Ratschläge helfen Eltern dabei, die alltägliche Frustration über Hausaufgaben, Routinen, Unordnung und mehr zu reduzieren. Aber noch viel wichtiger: Dr. Korbs Erziehungskonzept, die organisatorischen Fähigkeiten und eigenständigen Handlungen von Kindern zu fördern, bereitet Kleinkinder genau wie Teenager auf langfristigen Erfolg im Erwachsenenleben vor.

– Dr. med. Tanya Altmann (Mitglied der Amerikanischen Akademie für Pädiatrie/AAP), Autorin und Mutter von 3 Kindern

Ein Kind mit ADHS oder anderen Aufmerksamkeits- und Lernproblemen großzuziehen, kann stressig sein. Als Kinderärztin für Entwicklung, die sich auf ADHS und Erziehung spezialisiert hat, freue ich mich darauf, dieses Buch meinen Patienten, ihren Familien und den Lesern meines Blogs zu empfehlen! Es bietet seinen Lesern konkrete, praktische und gut beschriebene Strategien, die Eltern direkt umsetzen können. Die fünf Schritte wiederholen sich, abhängig vom Alter Ihres Kindes. Das bedeutet, dass Sie das Buch nicht auf einmal von Anfang bis Ende lesen müssen, sondern immer wieder darauf zurückgreifen können! Dieses Buch füllt eine Lücke der verfügbaren Erziehungsliteratur für die Unterstützung von Kindern mit Aufmerksamkeitsdefiziten. Vielen Dank, Dr. Korb!

– Dr. med. Nerissa S. Bauer (MPH, AAP), Kinderärztin für Entwicklung und Bloggerin

Das Buch von Dr. Korb ist nur zu empfehlen. Er lenkt die Aufmerksamkeit von Eltern auf die organisatorischen Fähigkeiten als Schlüssel zum Erfolg. Sein Buch ist schon selbst ein Vorbild für Organisation, wo doch alles (wie Dr. Korb sagen würde) einen Platz zugeteilt bekommen hat. Es ist faszinierend zu sehen, wie sich die fünf Grundlagen der Organisation auf alle Entwicklungsphasen anwenden lassen. Als jemand, der erst gerade gelernt hat, wie man seinen Autoschlüssel nicht jede Woche aufs Neue verliert, hat das Buch sogar mir geholfen, endlich erwachsen zu werden!

–Prof. Dr. med. Robert Needlman, Co-Autor und Professor für Pädiatrie
an der Case-Western-Reserve-Universität für Medizin

Ich werde dieses Buch auf jeden Fall mit meinen Patienten teilen. Dr. Korb beschreibt einen überzeugenden wissenschaftlichen Ansatz zur Entwicklung einer inneren Organisation durch strategische Strukturierung des äußeren Umfelds von Kindern. Dieses Buch wird Eltern und Kinder-Pädagogen helfen, Desorganisation zu vermeiden, und gleichzeitig aufzeigen, wie ältere Schülerinnen und Schüler organisatorische Herausforderungen überwinden können. Organisation ist von entscheidender Bedeutung – und Dr. Korb gibt uns Hoffnung, dass wir sie erreichen.

– Dr. Craig Pohlmann, Autor und Geschäftsführer von Southeast Psych

Eltern, die zu Hause, in der Arbeit und in ihrer sozialen Interaktion hoch organisiert sind, und Eltern, für die Organisation noch eine Herausforderung darstellt, teilen beide den Wunsch, ihre Kinder so großzuziehen, dass sie den Wert von Planung und Organisation schätzen. Dr. Korb motiviert Eltern dazu, ihren Kindern die Prinzipien von Organisation beizubringen. Dadurch verstehen und fördern Eltern die emotionale, soziale und kognitive Entwicklung. Kinder entwickeln sich unterschiedlich schnell und Dr. Korb berücksichtigt bei seinen altersgerechten Strategien dieses weite Spektrum. Durch dieses Buch können Eltern Verhaltensweisen besser verstehen und effektive Strategien anwenden, um organisiertes Verhalten und Denken zu verbessern. Ein zusätzlicher Vorteil des Buches sind die zahlreichen Erklärungen über die Gehirnentwicklung und deren Auswirkung auf Emotionen und Lernfähigkeit eines Kindes.

– Prof. Dr. med. Martin T. Stein, emeritierter Professor für Pädiatrie an der Universität
von Kalifornien in San Diego, Kinderklinik Rady Children's Hospital

Danksagung

Der Entstehungsprozess von „*Eigenständige Kinder – Entspannte Eltern*" war eine liebevolle Arbeit.

Das Schreiben hat in den wenigen kostbaren Momenten stattgefunden, in denen ich nicht mit meiner geliebten Familie oder Arbeit beschäftigt war. Ein Flug hier, eine lange Nacht dort, nebenher beim Fußballtraining, oder einfach in der Pause im Fitnessstudio.

Ich bedanke mich vielmals bei der Amerikanischen Akademie für Kinderheilkunde (American Academy of Pediatrics) für die Veröffentlichung dieses Eltern-Ratgebers. Es war mir eine Freude, mit dem Verlagsteam zusammenzuarbeiten. Vielen Dank auch an meine Lektorin, Holly Kaminski. Sie hat mir nicht nur geholfen, meine Botschaft zu verdeutlichen, sondern war als Mutter in der Lage, den Wert dieses Buches zu erkennen.

Beim Schreiben konnte ich mich auf das breitgefächerte Fachwissen vieler Pädagogen, Psychologen und Ärzte zu den Themen Lernen, eigenständiges Handeln und Entwicklung stützen. Ich schätze ihren Beitrag zu diesem Buch und dem wissenschaftlichen Verständnis der Kindesentwicklung sehr.

Auf meinem Weg hatte ich wundervolle Unterstützer. Meine Eltern, David und Darlene Korb, die mutig genug waren, mich Probleme selbst lösen zu lassen. Danke für die Förderung im Bereich Biopsychologie an Dr. Joseph Kertes. Weiterhin danke ich meiner Mentorin Brenda Lee, die mich durch das Medizinstudium begleitet hat. Ich danke Dr. Stu Teplin, Dr. Lynn Wegner und Dr. Bill Coleman für die Zusammenarbeit im Bereich Pädiatrie für Entwicklung und Verhalten. Danke an meine Mentoren Dr. Brad Berman und Dr. Michelle Macias für ihre sorgfältige Rückmeldung zu diesem Buch. Und herzlichen Dank an Dr. Christopher Greeley und Dr. Nerissa Bauer, die sich ebenfalls Zeit für eine Überprüfung des Manuskripts genommen haben.

Ich bin für die Unterstützung durch meine Familie enorm dankbar. Meine fünf großartigen Kinder Kevin, Cameron, Cassie, Tatum und Alexis sind einfach inspirierend.

Durch euch habe ich mehr über meine Tätigkeit als Kinderarzt gelernt, als ihr euch vorstellen könnt. Dank euch kann ich zu meinen Patienten ernsthaft sagen: „Ich verstehe Sie." Denn ich weiß, wie sehr man als Eltern das eigene Kind liebt. Danke, dass ich eure Teams trainieren darf, mit euch Camping-Trips unternehmen kann und euch heranwachsen sehe. Eure Abenteuer machen mich stolz. Danke, dass ich eure Geschichten in diesem Buch mitteilen darf. Hoffentlich helfen eure Geschichten vielen Familien, so organisierte Kinder wie euch großzuziehen.

Für meine Frau Amy. In den 25 Jahren Ehe ist meine Bewunderung für dich jedes Jahr gewachsen. Ich habe so viel durch dich gelernt. Du warst nicht nur Lektorin, sondern eine klare Orientierungshilfe für dieses Buch. Du bist wirklich die am besten organisierte Person, die ich je kennengelernt habe. Als Aktenschränke nicht ausgereicht haben, wurden Computer erfunden, um die ganzen Informationen zu speichern, die du in deinem Kopf organisierst. Du hast mir beigebracht, wie ich angefangene Dinge auch erfolgreich fertigstelle.

Abschließend danke ich meinen wundervollen Patienten und ihren leidenschaftlichen Eltern. Wir lernen gegenseitig. Dieses Buch ist ein Geschenk von und für euch.

EINFÜHRUNG

Unterstützung der Organisation des eigenen Kindes, ein Dilemma

Organisiertes Denken ist ein weit gefasster Begriff. Unaufgeräumte Zimmer oder zerknüllte Blätter im Rucksack sind nur die Spitze des Eisbergs. Denken Sie doch mal an die am besten organisierte Person, die Sie jemals kennengelernt haben. Sicher wird ihr Haus eher ordentlich sein. Aber das Beeindruckende bei diesen Menschen ist doch, wie sie denken. Sie haben stets das Gesamtbild vor Augen. Dadurch treffen sie effektive und selbstbewusste Entscheidungen und besitzen ein präzises Zeitgefühl. Es wirkt, als wären sie immer schon zwei Schritte voraus. Aber wie sieht diese Organisation bei Kindern aus? Nun, sie sind vorbereiteter und unabhängiger als andere Gleichaltrige. Und sie verwickeln sich in weniger Konflikte. Wenn ein Kind jedoch Probleme hat, Einsicht zu zeigen, zu antizipieren oder das Gesamtbild zu begreifen, ist das Gegenteil der Fall.

Ein unorganisiertes Kind großzuziehen, ist für Eltern besonders frustrierend. Denn die Schwierigkeiten des Kindes sind häufig vielseitig und schwer zu definieren.

Simple Aufgaben wie Hausaufgaben abgeben, Schuhe finden oder bettfertig sein werden zu unüberwindbaren Hürden für unorganisierte Kinder. Und trotz zahlreicher Erinnerungen und Ermahnungen bleiben die Schwierigkeiten bestehen. Die Eltern wollen natürlich wissen, warum ihr Kind solche Aufgaben nicht erledigen kann. Sobald das Kind dann eingeschult wird, müssen sich Eltern ständig mit seinen Schwierigkeiten beschäftigen — wobei sie vielleicht zahlreiche Stärken übersehen. Viele Eltern fühlen sich schuldig. Sie beschäftigen sich mit der Frage, ob sie durch die Übernahme zu vieler alltäglicher Aufgaben zur Desorganisation beigetragen haben. Eltern fragen sich, ob sie noch bis in das Erwachsenenalter füttern, anziehen und bei den Hausaufgaben helfen müssen. Wie kann man ein Kind zu einem unabhängigen Erwachsenen erziehen, wenn man gleichzeitig das Gefühl hat, es in jeder Situation unterstützen zu müssen? Als Kinderarzt im Bereich Entwicklung und Verhalten habe ich die einmalige Gelegenheit, mich um tausende junge Individuen mit Schwierigkeiten in der Schule zu kümmern. Die Gründe sind vielfältig: Variationen bei der neuronalen Entwicklung (wenn sich das Nervensystem, das kontrolliert, wie wir denken, uns bewegen und verhalten, anders entwickelt als erwartet), kognitive Defizite (intellektuelle Fähigkeiten, die weit unter dem Durchschnitt sind), Sprachentwicklungsstörungen, Aufmerksamkeitsdefizite (Probleme betreffend Fokus, Konzentration und Selbstkontrolle) und emotionale Probleme. Viele dieser Kinder besitzen eine Diagnose wie Autismus, Aufmerksamkeitsdefizit-/Hyperaktivitätsstörung (ADHS), Lernschwäche, Zwangsstörung, fetales Alkoholsyndrom, Angst oder häufig eine Kombination dieser Zustände.

Familien teilen mir mit, was für Auswirkungen diese Umstände auf ihr Leben haben: stundenlange Hausaufgaben, der Schmerz, zusehen zu müssen, wie sich das eigene Kind abmüht, und nicht zu vergessen die finanziellen und zeitlichen Opfer für diverse Therapien. Für viele ist die Konsequenz untragbar. Es wurde berichtet, dass 80 % der Ehen mitsamt Kindern mit speziellen Bedürfnissen in Scheidungen enden.[1–3] Ein Kind mit Schwierigkeiten zu haben, ist eine ernsthafte Angelegenheit.

Häufig ist es die Ungewissheit, die Familien belastet. Eltern fragen mich: „Wie wird mein Kind im Erwachsenenalter sein?" Manchmal fragen sie mich augenzwinkernd: „Wird mein Sohn jemals ausziehen?" Ich glaube, sie meinen diese Frage nur zur Hälfte spaßhaft. Schließlich ist der Fortschritt langsam. Und die ungewisse Zukunft eines Kindes mit Schwierigkeiten kann angsteinflößend für die Eltern sein.

Ein Kind braucht keine schwere Behinderung, um die Familie zu belasten. Die meisten Kinder haben hier und da Schwierigkeiten wegen subtiler Variationen ihrer neuronalen Entwicklung und Fähigkeiten. Missverstandene Schwächen bei Gedächtnis, Aufmerksamkeit, Organisation oder sozialer Kognition (wie Menschen Informationen über andere Individuen in täglichen Interaktionen verstehen und anwenden) können den sozialen und akademischen Status eines Kindes negativ beeinflussen. Häufig können diese Schwierigkeiten behandelt werden, sobald das Problem identifiziert ist.

Zum Glück gibt es für die meisten meiner Patienten eine klare, jedoch häufig mühsame Behandlung. Diese Behandlungen nenne ich Aktionspläne für die Entwicklung des Verstands. Zum Beispiel kann ein Kind mit Dyslexie (Leseschwäche) durch eine monate- bis jahrelange intensive Therapie erfolgreich behandelt werden. Wenn es einen klaren Behandlungsplan gibt, stärkt dieser auch die Eltern. Sie fühlen sich nicht mehr hilflos. Eltern sind jedoch häufig mit der Unterstützung des eigenen Kindes überfordert, wenn es keinen Behandlungsplan gibt. Häufig wenden sie sich unbelegten Therapien zu. Hierbei zahlen sie mitunter tausende Euro was den finanziellen Druck auf die Familie immens verstärkt. Besonders frustrierend ist es für die Eltern, dass diese vielseitigen und schwer zu definierenden Schwierigkeiten häufig allgegenwärtig sind.

Nach jahrzehntelanger Arbeit mit Kindern kann ich mit Sicherheit sagen, dass organisierte Kinder nicht plötzlich auftauchen — sie werden erzogen. Die neuronalen Funktionen für Organisation entwickeln sich kurz nach der Geburt. Im Laufe der Erziehung werden Kinder durch ihre Unabhängigkeit gestärkt. Jedes Kind entwickelt sich einzigartig. Manche Gehirne entwickeln sich früher, andere später. Manche Kinder, wie jene mit ADHS oder Lernschwäche, entwickeln sich anders. Ihnen fallen Aufgaben wie Organisation schwerer. Der Schlüssel ist, Kinder ihrem Entwicklungsstadium entsprechend zu fördern. Indem man sie für das Lernen neuer Fähigkeiten herausfordert, kann man sie dann Schritt für Schritt vorwärtsbringen. Die Anforderungen an Kinder werden mit zunehmenden Alter natürlich immer anspruchsvoller. Und um diesen gerecht zu werden, benötigen sie die Fähigkeit, Organisation zu verstehen und anzuwenden.

Das erklärte Ziel dieses Buches

Die Absicht von *„Eigenständige Kinder – Entspannte Eltern"* ist, Eltern einen Ratgeber bereitzustellen. Dieser soll zeigen, wie man ein unabhängiges, selbstbewusstes und organisiertes Kind großzieht. Dadurch mindern Sie einerseits die Frustration Ihres Kindes und fördern andererseits dessen Selbstvertrauen. Der Inhalt soll Ihnen vorerst dabei helfen, die Schwierigkeiten eines unorganisierten Kindes zu verstehen. Missverständnisse sollen aufgeklärt, elterliche Frustration gemindert werden. Folglich können Sie Ihr Kind besser verstehen. Und Sie können es vor allem effektiver unterstützen.

Das Buch gibt Ihnen einen Überblick über die Entwicklung des Gehirns und die damit verbundene Organisation. Hierbei werden zu Ihrer Orientierung angemessene Richtwerte in Abhängigkeit vom Alter gegeben. Die zur Organisation beitragenden Teile des Nervensystems werden erklärt. Es wird Ihnen gezeigt, wie Störungen bei der Entwicklung des Nervensystems den Kindesalltag beeinflussen. Und am wichtigsten: Das Buch gibt Eltern und Lehrern praktische Lösungen, um die organisatorischen Fähigkeiten von Kindern zu entwickeln.

Eltern junger Kinder können ihre Kinder mit diesem Buch direkt gegen zukünftige organisatorische Schwierigkeiten immunisieren.

Eltern, die bereits von der Unordnung ihres Kindes betroffen sind, werden in die Lage versetzt, einen individuellen Behandlungsplan zu erstellen. Dieser besteht aus Strategien, die die organisatorischen Fähigkeiten des Kindes verbessern.

Schließlich können Lehrer wertvolle Tipps und Empfehlungen an Familien bereitstellen. So können organisatorische Defizite von Schülern im Klassenzimmer behoben werden. Denken Sie immer daran: Eigenständige Kinder werden nicht geboren – sie werden großgezogen.

Warum dieses Buch wichtig ist

Organisation wird von den meisten Menschen als eine Art von Planung gesehen. Eine Party muss organisiert werden, genauso wie ein Ausflug. Der Begriff geht aber noch viel weiter. Organisation ist die Fähigkeit, Gedanken zu sortieren, zu verknüpfen und auszudrücken. Man muss sich also von der Vorstellung lösen, dass Organisation nur auf materieller Planung beruht. Natürlich ist ein aufgeräumtes Zimmer das Resultat von organisatorischen Fähigkeiten. Aber das ist nur ein Nebeneffekt. Die wirklich wichtige Funktion von Organisation spielt sich im Gehirn ab und davon ausgehend resultieren praktische Fähigkeiten in zahlreichen Bereichen, von Lernen bis Empathie, Reflexion und Perspektivenwechsel.

Immer mehr Forschungsergebnisse aus den Bereichen Psychologie, Neuropsychologie und Medizin beschreiben, wie das Gehirn organisiertes Denken unterstützt. Außerdem existiert eine Vielzahl von Büchern, die Eltern und Schülern Strategien für die Schule und den Alltag bereitstellen. Es gibt jedoch kein Buch, das die elementaren Gehirnfunktionen mit organisiertem Denkvermögen verknüpft und daraus für Eltern ableitet, wie sie die Eigenständigkeit ihres Kindes entwickeln können. Dieses Buch zeigt Eltern, wie sie ihren Kindern organisiertes Denken beibringen, damit diese schließlich Einfühlungsvermögen zeigen, vorausschauend denken und das Gesamtbild begreifen.

„Eigenständige Kinder –Entspannte Eltern" soll Sie als Elternteil dazu befähigen, Ihr heranwachsendes Kind angemessen zu unterstützen. Es reicht von der frühesten Kindheit bis zum Teenager-Alter. So können Sie sich mit zunehmenden Alter Ihres Kindes immer auf das passende Kapitel beziehen. Benutzen Sie die vorgeschlagenen Meilensteine oder Richtwerte, um zu verstehen, wieviel Unterstützung Ihr Kind benötigt. Und benutzen Sie die beschriebenen Tipps, wenn Ihr Kind merklich zurückfällt. Vielleicht lernen Sie ja sogar ein bisschen darüber, wie Ihr eigenes organisiertes Gehirn funktioniert. So erlangen wir die Erkenntnis, dass wir alle verschieden denken und Stärken sowie Schwächen haben. Dadurch verstehen wir, dass jedes Kind einen einzigartigen Weg geht.

Benutzung dieses Buches

Ihrem Kind organisiertes Denken beizubringen, ist meiner Meinung nach der beste Weg, es auf das Erwachsenenleben vorzubereiten. Denken Sie an folgendes Sprichwort: „Gib einem Mann einen Fisch und du nährst ihn für einen Tag, lehre einen Mann zu fischen und du nährst ihn ein Leben lang." Viele Eltern machen den Fehler, ihren Kindern einzelne Fähigkeiten beizubringen, anstatt ihnen eigenständiges Denken beizubringen. Natürlich können Sie Ihrem Kind das Alphabet mit 2 oder das Lesen mit 3 Jahren beibringen. Das ist wie ein cocler Party-Trick und es macht Spaß, damit vor Freunden anzugeben. Aber es ist relativ unbedeutend für den späteren sozialen und akademischen Erfolg Ihres Kindes. Es ist am effektivsten, wenn Ihre Bemühungen darauf abzielen, Ihr Kind zu einem organisierten Denker zu erziehen. Denn dieser ist besser auf das Lernen vorbereitet. Er kann vergleichen und kontrastieren, verschiedene Ausgänge berücksichtigen, seine eigene Meinung formulieren, schaffen und erfinden.

Erwachsene (sowohl zu Hause als auch außerhalb des Hauses) fördern die Entwicklung der exekutiven Funktionen (für Planung, Aufgabenerledigung und Selbstkontrolle benötigte Fähigkeiten des Gehirns) eines Kindes. Das gelingt, indem Sie Kindern gegenüber Vertrauen zeigen und sie schrittweise selbstbestimmt handeln lassen. Das Kind übernimmt die „exekutive" Rolle. Die Kunst liegt darin, Kinder durch eine angemessene Erwartungshaltung zu unterstützen und sie so in einem individuellen Tempo voranzubringen — nicht zu schnell, nicht zu langsam. Junge Kinder brauchen mehr Aufsicht und Unterstützung, um ihre Umwelt zu organisieren. Sobald sie älter werden, brauchen sie zunehmende Möglichkeiten, eigene Entscheidungen zu treffen und zu reifen.[4, 5] Es scheint, als würden ordentliche und berechenbare Umgebungen die Entwicklung der exekutiven Funktionen begünstigen.[4, 6] Eine förderliche Umgebung bietet direkte Fürsorge, Beständigkeit und Schutz vor dauerhaftem Stress.

Kinder sind verschieden. Die Körpergröße ist ein perfektes Beispiel hierfür. Manche Kinder wachsen sehr früh, andere wachsen später. Das Gleiche gilt auch für das kognitive Wachstum (Gehirnentwicklung). Also lernen Sie Ihr

Kind kennen und unterstützen Sie es auf einem angemessenen Niveau. Manche Kinder haben von Natur aus stärkere organisatorische Fähigkeiten. Andere brauchen mehr Unterstützung. Eine großartige Erziehung überwindet riesige Hindernisse. Und wenn eine gute Erziehung ausbleibt, hat auch das talentierteste Kind Schwierigkeiten, sich zu benehmen, zu sozialisieren und in einer produktiven Weise zu lernen. Ob ein Kind die Schritte der Eigenständigkeit meistert, hängt von dem Geschick der Eltern ab, organisatorische Fähigkeiten zu vermitteln und bei ihren Kindern zuzulassen.

Organisation dieses Buches

Der Inhalt von *„Eigenständige Kinder – Entspannte Eltern"* ist so angeordnet, dass er dem Entwicklungsstadium des Kindes entspricht. Dadurch können Eltern das Niveau der organisatorischen Fähigkeiten ihres Kindes besser verstehen und den Grad der benötigten Unterstützung entsprechend anpassen.

Jedes der folgenden Kapitel greift bestimmte Strategien auf, um die Entwicklung der Eigenständigkeit Ihres Kindes zu unterstützen. Die Eigeninitiative der Kinder wird gefördert. Meine mehr als 20-jährige Erfahrung als Kinderarzt und Vater half mir, Folgendes zu verstehen: Die Erziehung eigenständiger und organisierter Kinder folgt grundlegenden Prinzipien. Dieses Buch zeigt altersgerechte Erwartungen an organisatorisches Denken und erklärt die fünf Schritte, um eigenständige Kinder großzuziehen.

1. **Sei beständig.**
2. **Führe Ordnung ein.**
3. **Teile allem einen Platz zu.**
4. **Übe vorausschauendes Denken: Planen, Schätzen und Kreativität.**
5. **Fördere Problemlösung.**

In sehr jungem Alter sind die ersten Schritte am wichtigsten — angefangen mit Beständigkeit. Wenn Kinder größer werden, bleiben diese ersten Schritte immer noch bedeutend. Aber zusätzliche Schritte wie das Einführen von Ordnung und die Zuteilung von bestimmten Plätzen werden immer wichtiger. Sobald ein Kind in den Kindergarten kommt und das Gehirn anfängt, Konzepte zu verstehen, gewinnen vorausschauendes Denken und Problemlösung zunehmend an Bedeutung. Ab diesem Punkt sind alle Schritte maßgebend. Aber die Vermittlung von Fähigkeiten variiert natürlich je nach Alter und Entwicklung.

Genau deswegen sind die Maßnahmen nach Alter geordnet So haben Sie eine Vorstellung, wann ein neuer Meilenstein in der Kindesentwicklung normalerweise erreicht wird. Andererseits wird Ihr Kind möglicherweise nicht dem Durchschnitt entsprechen. Vielleicht ist es auf einem Gebiet weit voraus und auf dem nächsten hinterher. Daher ist es wichtig, die Entwicklung den individuellen Bedürfnissen entsprechend zu fördern und nicht nach dem chronologischen Alter. Schließlich bringt es nichts, altersgerechte Fähigkeiten zu fordern, wenn das eigene Kind organisatorische Defizite aufweist. Starten Sie auf dem Level Ihres Kindes. Sobald es Fortschritte macht, können Sie die Anforderungen schließlich schrittweise erhöhen.

Meine Erfahrung mit Organisation

Als Vater von fünf Kindern und Ehemann einer beachtlich organisierten Ehefrau habe ich reale Erfahrung mit der Erziehung eigenständiger Kinder. Zusätzlich habe ich als Trainer im Jugendsport mehr als 20 Spielzeiten begleitet, und meine älteren Kinder trainieren jetzt in College-Teams. Coaching hat mir die Möglichkeit gegeben, zu beobachten, wie organisatorisches Denken außerhalb des Klassenzimmers aussieht. Ich habe gelernt, dass die gleichen organisatorischen Fähigkeiten in der Schule, aber auch im Sport und bei der sozialen Interaktion wertvoll sind. Ich hoffe, dass die folgenden Geschichten über meine Familie, Patienten, Arbeit und Erfahrungen als Trainer Ihnen die Erkenntnis gibt, dass alle Kinder Schwierigkeiten haben und dass sie mit Geduld und Förderung zu glücklichen und aufblühenden Erwachsenen heranwachsen können.

Nochmal zur Erinnerung: Dieses Buch soll Sie als Elternteil dazu befähigen, Ihr heranwachsendes Kind angemessen zu unterstützen. Es reicht von der frühesten Kindheit bis zum Teenager-Alter. So können Sie mit zunehmendem Alter Ihres Kindes jeweils auf das passende Kapitel zurückgreifen. Benutzen Sie die vorgeschlagenen Meilensteine oder Richtwerte, um zu verstehen, wieviel Unterstützung Ihr Kind benötigt. Und benutzen Sie die beschriebenen Tipps, wenn Ihr Kind merklich zurückfällt. Vielleicht lernen Sie ja sogar ein bisschen darüber, wie Ihr eigenes organisiertes Gehirn funktioniert. So erlangen wir die Erkenntnis, dass wir alle verschieden denken und Stärken sowie Schwächen haben. Dadurch verstehen wir, dass jedes Kind einen einzigartigen Weg geht.

INHALTSVERZEICHNIS

Kapitel 1

KAPITEL 1

Kindesentwicklung und Gehirnorganisation

Die in *„Eigenständige Kinder – Entspannte Eltern"* beschriebenen Konzepte und Empfehlungen werden direkt oder indirekt durch jahrelange wissenschaftliche Forschung gestützt – Forschung darüber, wie sich das Gehirn mit zunehmendem Alter herausbildet und wie sich organisatorische Fähigkeiten mit der Zeit entwickeln. Der Fokus dieses Kapitels liegt auf der wissenschaftlichen Entdeckung und dem faszinierenden Prozess, durch den Klinikärzte das organisierte Gehirn verstehen konnten. Es bietet Hintergrundwissen über die medizinischen Grundlagen, auf die sich schließlich die praktischen Tipps stützen.

Folglich ist der Inhalt dieses Kapitels fachlicher gehalten als der Rest des Buches. Das Material ist für Leser bestimmt, die mehr über die wissenschaftlichen Hintergründe der Entwicklung eines organisierten Verstandes erfahren wollen. Denn alle Eltern wissen: Selbst Kindergartenkinder fragen nach den meisten unserer Bitten und Aufforderungen: „Warum?" Schließlich wissen sogar sie, dass Erklärungen wichtig sind. Dieses Kapitel fokussiert sich auf das „Warum?" und die folgenden Kapitel erklären das „Wie?". Deshalb ist das Verständnis dieses Kapitels keine Voraussetzung dafür, dass Sie die späteren praktischen Ratschläge umsetzen können.

Organisation der kognitiven Funktionen

Organisiertes Denken beinhaltet mehr als Unordnung oder Pünktlichkeit. Ein organisiertes Kind hat nicht nur die kognitive Fähigkeit (Gedächtnis und Denkvermögen), zeitliche und räumliche Beobachtungen und Daten (Informationen über Reihenfolge, Form und Größe) zu speichern und auf sie zurückzugreifen. Es hat vor allem die Fähigkeit, Informationen auf mehreren Ebenen gleichzeitig zu verarbeiten. Das organisierte Gehirn besitzt die Fähigkeit der übergeordneten Kognition. Dazu gehören Konzeptualisieren, Perspektivenwechsel, Kreativität und komplexe Entscheidungsfindung. Diese Gedankengänge benötigen ein sehr kompliziertes System neurologischer Integration (Nervenstränge, die Informationen miteinander verbinden).

Das Gehirn basiert auf einem komplizierten Netzwerk zusammenhängender Gehirnfunktionen. Und diese Organisation ähnelt dabei dem Aufbau einer Großstadt. Städte sind in Bezirke für Industrie, Wohnen, Shopping und Unterhaltung eingeteilt. In der Stadt sind die Bezirke durch kreuz und quer verlaufende Schnellstraßen verbunden. Der Verkehr läuft hin und her.

So ähnlich ist das Gehirn in Bereiche mit verschiedenen Funktionen des Nervensystems eingeteilt. Hierzu gehören zum Beispiel Gedächtnis, Sprache, räumliche und sequenzielle Verarbeitung sowie Bewegungskontrolle. Von einem Schüler geforderte Fähigkeiten, wie den eigenen Namen zu schreiben, an die Hausaufgaben zu denken oder Völkerball zu spielen, benötigen eine präzise Kommunikation zwischen diesen Gehirnregionen. Denken Sie zum Beispiel an eine simple Aufgabe wie das Anziehen am Morgen. Für diese Aufgabe muss das sensorische und motorische Nervensystem zusammenarbeiten. Man benötigt einerseits Balance und Koordination, andererseits Gedächtnis, um beispielsweise zu merken, dass Unterwäsche vor der Hose angezogen wird. Folglich kreiert das Gehirn einen „Plan für das Anziehen", der abgespeichert und jeden Morgen abgerufen wird. Details wie den Reißverschluss zu schließen und die Schuhe zu binden, müssen auch beachtet werden. Und das Binden der Schuhe ist wiederum Teil der sequenziellen Verarbeitung, denn für eine richtige Schleife sind mehrere Schritte notwendig. Sie sehen also: Selbst für einfache Aufgaben wie das Anziehen muss das Gehirn des Kindes eine komplizierte Abfolge diverser Gehirnfunktionen leisten. Wenn man es so sieht, ist es doch fast ein Wunder, dass es Kinder jeden Tag in die Schule schaffen.

Nervenstränge im Gehirn haben die gleiche Funktion wie Straßen in einer überfüllten Stadt. Sie ermöglichen die Kommunikation zwischen verschiedenen Gehirnregionen. Das Nervensystem ist wesentlich komplizierter als das verstopfte Straßennetz von Los Angeles. Tatsächlich gibt es Billionen brillant abgestimmter Nervenbahnen, über die Informationen mit unvorstellbarer Geschwindigkeit rasen. Diese Nerven ermöglichen die Kommunikation zwischen verschiedenen Gehirnregionen. Bei so viel Verkehr mit so hohen Geschwindigkeiten im Gehirn würde man doch erwarten, dass häufig auch „Unfälle" auftreten. Und wenn solche

„Unfälle" auftreten, was tatsächlich vorkommt, wie würden sie aussehen? Stellen Sie sich ein Kind vor, das im Unterricht die Hand hebt. Der Lehrer nimmt es dran, doch der Schüler vergisst, was er sagen wollte. Denken Sie an ein Kind, das mit den Antworten herausplatzt, obgleich der Lehrer noch spricht, oder das die telefonierenden Eltern einfach unterbricht. Beachten Sie das Kind, das einen emotionalen Zusammenbruch bekommt, wenn es nicht nach seiner Vorstellung läuft. Wenn sich Kinder nicht von dem Fernseher oder Computer trennen können, um sich für die Schule fertig zu machen, kann ein solcher mentaler Zusammenbruch auftreten. Diese Zusammenbrüche treten bei allen Menschen auf. Sie passieren jedoch frequentierter, wenn das Gehirn einer Person ungenügend organisiert ist.

Gehirnentwicklung

Die Feinheiten und Funktionsweisen des Gehirns sind ein nie endendes Abenteuer. Jede Entdeckung wirft weitere Fragen auf. Die Forschung des letzten Jahrhunderts gewährt uns einen Einblick in die Frage, wie das Gehirn organisiertes Denken unterstützt. Wir wissen nun, dass es bestimmte Regionen im Gehirn gibt, die zusammenarbeiten und organisiertes Denken und Handeln unterstützen. Manche Entdeckungen passierten aus Versehen (dennoch hilfreich, obwohl sie zufällig bei einer Forschung zu einem anderen Thema gemacht wurden), beispielsweise solche, die bei der Untersuchung unbeabsichtigter Gehirnverletzungen auftraten. Neuere Erkenntnisse für unser Verständnis des Gehirns sind durch moderne, aufregende Technologien wie das Neuroimaging entstanden. Das Imaging (Bildgebung) des Gehirns erlaubt es nicht nur, Aufnahmen verschiedener Gehirnregionen zu machen. Man kann vielmehr den Blutfluss innerhalb des Gehirns betrachten, während Patienten verschiedene Denkaufgaben lösen. Der Zusammenhang besteht darin, dass die aktivierten Gehirnregionen mehr Blut für die Sauerstoffversorgung benötigen. Teile der exekutiven Funktionen (für Planen, Aufgabenerledigung und Selbstkontrolle benötigte Fähigkeiten des Gehirns) können mit spezifischen Papier-und-Stift-Denkaufgaben gemessen werden. So können die Fähigkeiten in den Bereichen Planung und Organisation direkt in der Arztpraxis betrachtet werden. Mit diesen Messmethoden können nun Menschen mit Schwierigkeiten und Hochbegabungen untersucht werden. Wissenschaftler können so das kollektive Verständnis über die effiziente Funktionsweise des Gehirns erweitern. Mit diesen Werkzeugen lassen sich durch die Untersuchung von Kindern verschiedenen Alters Richtwerte oder Meilensteine für die Kindesentwicklung ableiten. Anhand dieser können Eltern erkennen, wieviel Unterstützung ihr Kind benötigt.

⊕ Der berühmte Fall des Phineas Gage

Seit dem berühmten Fall des Phineas Gage wird der Frontallappen in der wissenschaftlichen Literatur mit den exekutiven Funktionen assoziiert. Phineas Gage ist die erste ausführlich dokumentierte Person, die eine schwere Gehirnverletzung überlebt hat. Die folgende Persönlichkeitsveränderung ließ Wissenschaftler vermuten, dass bestimmte Gehirnfunktionen in bestimmten Gehirnregionen lokalisiert sind. Phineas Gage war Vorarbeiter einer Eisenbahnbaukolonne. Am 13. September 1848 haben er und seine Crew Sprengstoff verwendet, um den Weg für die Rutland-Burlington-Eisenbahnstrecke in Vermont freizuräumen. Als Gage gerade mit einem Stopfeisen Schießpulver in das Loch eines Felsens drückte, führte ein Funke zu einer versehentlichen Explosion. Diese feuerte die 1 m lange und 3 cm breite Stange durch seinen Kopf. Das Stopfeisen trat unterhalb seines linken Wangenknochens ein, flog vollständig durch die Oberseite des Kopfes und landete 23–27 m hinter ihm. Gage wurde zwar von der Explosion umgeworfen, blieb jedoch möglicherweise bei Bewusstsein, obwohl der Großteil der linken Hälfte des Gehirns zerstört war!

Auf wundersame Weise überlebte Gage den Unfall; wahrscheinlich aufgrund der hohen Hitze, sodass die Blutgefäße kauterisiert oder versiegelt wurden, sodass es nur begrenzt zu Blutungen kam. Er wurde für zehn Wochen in ein Krankenhaus eingewiesen und dann entlassen, um sein alltägliches Leben fortzusetzen. Gut neun Monate später fühlte sich Gage stark genug, seine Arbeit fortzusetzen. Jedoch hatte er Schwierigkeiten, einen Job zu finden. Berichten zufolge war er vor dem Unfall ein kompetenter und effizienter Arbeiter und Team-Koordinator. Nach dem Unfall war er jedoch ungeduldig, starrsinnig, unruhig und ziemlich vulgär. Er war nicht in der Lage, seine Zukunftspläne umzusetzen. Seine Freunde sagten, dass er „nicht mehr Gage" gewesen sei. Gage lebte weitere elfeinhalb Jahre. Seinen Beruf als Vorarbeiter nahm er nie wieder auf. Stattdessen arbeitete er in Ställen in New Hampshire und Chile. Außerdem war er für ein paar Jahre eine lebende Ausstellung in New York. Er starb 1860 und sieben Jahre später wurde sein Körper für Forschungszwecke exhumiert. Sein Schädel und das Stopfeisen sind nun in der medizinischen „Countway" Bibliothek der Harvard University ausgestellt. Die Relikte sind ein Symbol der frühen Gehirnforschung.

In der letzten Zeit haben Forschungen über Gehirnverletzungen, vor allem Schlaganfälle, geholfen, isolierte Gehirnfunktionen schematisch zu beschreiben. Ein Schlaganfall tritt auf, wenn die Blutversorgung einer Gehirnregion beeinträchtigt ist. Manchmal können diese Vorfälle ganz bestimmte Gehirnregionen betreffen. Kommt es zu einem Schlaganfall im präfrontalen Cortex durch die Blockade oder ein Leck eines Blutgefäßes, können Mediziner anhand von Beeinträchtigungen bei bestimmten Alltagsaufgaben Rückschlüsse auf den genauen Ort der Gehirnverletzung ziehen. Alltagsaufgaben (wie Kochen, Haushalt, Einnahme verschriebener Medikamente) benötigen Planung. Diese scheint von bestimmten zerebralen Gefäßverletzungen (z. B. Schlaganfällen) negativ beeinträchtigt zu werden. Die Folgen von Verletzungen des präfrontalen Cortex wurden bei Rehabilitationen dokumentiert.[7] Claudia Allens Test der kognitiven Fähigkeiten (Allen Cognitive Level Screen (ACLS)) bewertet die Leistungen des Patienten bei den exekutiven Funktionen.[8] Die Ergebnisse beziehen sich auf Alltagsaufgaben, die Planung benötigen. Mit Neuroimaging und Messmethoden wie dem ACLS können Wissenschaftler folglich bestimmte Hirnregionen mit bestimmten Fähigkeiten verknüpfen.

Durch modernes Neuroimaging sehen wir Live-Aufnahmen des denkenden Gehirns. Die Technologie erlaubt es Wissenschaftlern, die Sauerstoffzufuhr genau zu verfolgen, während Kinder denken (z. B. Rechnen oder Puzzle lösen). So können sie feststellen, welche Gehirnregionen bei bestimmten Arten des Denkens aktiv sind. Außerdem können elektrische Ströme durch die quantitative Elektroenzephalographie (QEEG) gemessen werden, da Nerven durch eine Spannung stimuliert werden. Beim Denken lassen sich also im Gehirn elektrische Ströme feststellen. Bei so präzisen Messmethoden stellt sich doch die Frage, warum man nicht von jedem Kind ein Neuroimaging macht, sodass man feststellen kann, ob das Kind ADHS, Autismus oder etwas anderes hat.

Die Antwort auf diese Frage ist kompliziert. Von dem geringen gesundheitlichen Risiko dieser Tests abgesehen, liegt es vor allem an der Ungenauigkeit. Diese medizinischen Tests erzielten zum Zeitpunkt der Veröffentlichung dieses Buches in den meisten Fällen keine genauere Diagnose als ein guter Mediziner im Patientengespräch. Die Schwierigkeit liegt darin, dass jedes Gehirn in der Vernetzung einzigartig ist. Eine Diagnose wäre einfach, wenn jedes Gehirn gleich aufgebaut wäre und man ein Nervenbündel finden könnte, das an der falschen Stelle sitzt. Tatsächlich hat jedoch jedes Gehirn eine ganz eigene Architektur.

Um die Variabilität im Gehirn zu erklären, eignet sich ein Streudiagramm. Ein einfaches Beispiel ist die Schätzung des Geschlechts einer Person anhand der Haarlänge. Die meisten Mädchen wären auf der Langhaar-Seite des Streudiagramms, die meisten Jungs auf der Kurzhaar-Seite. Dann gibt es aber einige Mädchen, die kurze Haare haben, und wiederum Jungs, die längere Haare als viele Mädchen besitzen. Folglich kann man das Geschlecht in Abhängigkeit von der Haarlänge nur mit einer gewissen Wahrscheinlichkeit schätzen. Das Gleiche gilt auch für einen SPECT-Scan oder ein QEEG, zumindest zu diesem Zeitpunkt. Diese Verfahren können eine Verhaltensdiagnose nur anhand von typischen Mustern mit einer bestimmten Wahrscheinlichkeit schätzen.

Durch Studien zu Gehirnverletzungen junger Kinder wissen wir, dass man mit dem Wort „typisch" aufpassen muss, denn Gehirne sind plastisch. Das heißt, Gehirne können sich in ihrer Struktur verändern und anpassen. Nehmen wir als Beispiel ein Kind, das seinen Arm aufgrund eines Schlaganfalls nicht mehr heben kann. Dann ist es möglich, dass das Gehirn durch eine geeignete Physiotherapie eine „Alternativverbindung" für diese Funktion kreiert. Das Gehirn ist zu strukturellen Veränderungen fähig! Folglich ist es schwierig, eine Diagnose mit von „typischen" Werten abhängiger Computer-Technik zu stellen. Dennoch wird Technologie für zukünftige Forschung und Entdeckung eine große Rolle spielen. Ihr Kinderarzt kann Ihnen sicher die Vor- und Nachteile neuer Diagnose-Techniken erklären.

Exekutive Funktionen

Die exekutiven Funktionen werden vor allem im präfrontalen Cortex gesteuert; eine Region, die etwa 5 cm von der Vorder- und Oberseite des Gehirns angesiedelt ist. Das Zentrum der Organisation im Gehirn wird auch „Zentrum der exekutiven Funktionen" genannt. Es steuert die Selbstkontrolle, räumliche und sequenzielle Verarbeitung, Gedankenwechsel und gleichzeitige Verarbeitung. „Sequenzielle Verarbeitung" beschreibt die Verarbeitung von Reihenfolge und Zeit. „Räumliche Verarbeitung" bezieht sich auf die räumliche Lage. Durch Gedankenwechsel kann das Gehirn sanft von einem Gedanken auf einen anderen umspringen. Das Prinzip der gleichzeitigen Verarbeitung ist jedoch komplizierter.

Gleichzeitige Verarbeitung bezieht sich auf die Fähigkeit des Gehirns, über mehr als eine Sache auf einmal nachzudenken. Diese Veranlagung wird häufig auch *Arbeitsspeicher* genannt. Betrachten Sie den Arbeitsspeicher als große Tafel, auf der viele Informationen gleichzeitig stehen. Auf einer Tafel ist es beispielsweise viel einfacher, eine mathematische Rechnung durchzuführen, als sich die ganzen Rechenschritte zu merken. Das Gleiche gilt für das Merken einer

Telefonnummer. Wenn der Arbeitsspeicher intakt ist, kann das Gehirn mehrere Gedanken gleichzeitig verarbeiten.

Wie lässt sich das auf Organisation anwenden? Nun, die meisten organisierten Gedanken werden durch den Arbeitsspeicher verarbeitet. Er ist wie der Hauptbahnhof für jegliche Organisation im Gehirn. Planen hängt mit ihm zusammen. Schließlich kann ein Kind so über mehrere Schritte gleichzeitig nachdenken – vorausdenken. Der Arbeitsspeicher ist ebenso für einen Perspektivenwechsel notwendig. Wenn ein Kind zum Beispiel etwas mit seinem Freund teilt, denkt das Kind nicht nur über sich nach, sondern beachtet auch die Perspektive seines Spielkameraden. Der Arbeitsspeicher eines Kindes funktioniert wie ein Dropdown-Menü (Liste von passenden Optionen) eines Computers.

Jüngere Kinder haben weniger Kontrolle über ihren Arbeitsspeicher. Folglich zeigen sie mehr unorganisiertes Denken. Häufig reagieren junge Kinder, manchmal auch ältere, in der gleichen, unangepassten Weise. Sie haben oftmals einen Verneinungsreflex. Die Mutter eines Patienten erklärte mir, dass ihr Sohn auf alles mit „Nein" antwortet unabhängig von der Frage. Egal ob sie „Bring den Müll bitte raus" fordert, oder „Lass' uns ins Kino gehen" anbietet, seine erste Antwort ist immer „Nein". Es spielt keine Rolle, wie sehr er das Kino mag – selbst wenn sein Lieblingsfilm kommt, seine Antwort lautet „Nein". Kinder mit Verneinungsreflex haben häufig ein fehlerhaftes Dropdown-Menü. Diese Optionslisten sind wie Computer organisiert. Wenn ein organisiertes Mädchen beispielsweise mit einem Dilemma wie Freizeit konfrontiert ist, öffnet sich dieses fiktive Dropdown-Menü und ihr fallen zahlreiche Möglichkeiten ein. Wenn dieses Dropdown-Menü jedoch nicht direkt erscheint, entscheidet sich ein unorganisiertes Kind häufig für eine Standard-Beschäftigung, welche heutzutage häufig ein Computerspiel oder ein soziales Netzwerk ist. Der Verneinungsreflex tritt häufig bei 2-jährigen Kindern auf, denn Zweijährige sind natürlich per Definition noch nicht organisiert. Die Antwort ist meistens „Nein". Wenn dieses Problem jedoch auch noch mit über 5 Jahren auftritt, sollten Sie es mit Ihrem Kinderarzt besprechen. Wenn Kinder älter werden, wird ein fehlendes direktes Dropdown-Menü mit diversen Optionen manchmal als Langeweile interpretiert. Kinder erscheinen häufig einfach deswegen gelangweilt, weil sie nicht an eine Vielzahl von Optionen denken können.

Die kognitiven, exekutiven Funktionen, wie gleichzeitige Verarbeitung, räumliche und sequenzielle Verarbeitung sowie Gedankenwechsel, ermöglichen die folgenden komplizierten Gedankengänge und mehr:

- **Einprägung von Mustern**
- **Vorausschauendes Planen**
- **Flexibles Denken (Berücksichtigen und Entwerfen verschiedener Antworten oder Verhaltensoptionen)**
- **Einfühlungsvermögen zeigen oder das Gesamtbild begreifen**
- **Lokalisierung der eigenen Gegenstände**
- **Reibungsloser Übergang von einer Aufgabe zur nächsten**
- **Bewegungskoordination beim Sport (Bewegungsablauf)**
- **Effektive Kommunikation**
- **Perspektivenwechsel**

Diese organisatorischen Fähigkeiten werden zunehmend wichtig, wenn Kinder in das junge Erwachsenenalter kommen. Zum Glück entspricht die Gehirnentwicklung meistens den erhöhten Anforderungen. Wegen sich ändernder Anforderungen können Schüler auf einem Niveau gut abschneiden und auf einem anderen plötzlich Schwierigkeiten haben. Das sehen wir häufig bei weiterführenden Schulen. Schüler, die in der Grundschule hervorragend waren, sind teilweise noch nicht bereit für die organisatorischen Erwartungen der weiterführenden Schule. Wenn man über Organisation spricht, ist es wichtig, auch auf die zu erwartende Entwicklung der organisatorischen Fähigkeiten einzugehen. Die folgenden Kapitel zeigen die zu erwartende Entwicklung dieser Fähigkeiten. Bevor Sie jedoch weiterlesen, denken Sie daran, dass es bereits mit fünf Jahren zu einer erheblichen Variabilität kommt. Folglich sollten Sie herausfinden, wie weit Ihr Kind tatsächlich entwickelt ist. Dann können Sie es im individuellen Tempo vorwärtsbringen.

Entwicklung organisatorischer Fähigkeiten

Die organisatorischen Fähigkeiten wachsen mit dem Kind mit. Dennoch entwickelt sich jedes Kind im eigenen Tempo. Dieser Abschnitt befasst sich mit der Forschung zu der Entwicklung des organisatorischen Vermögens mit zunehmenden Alter. Erste Zeichen der exekutiven Funktionen zeigen sich bereits, bevor ein Kind ein Jahr alt wird. Ein Kleinkind kann schon einen simplen Plan befolgen. Es kann auf Grundlage von Informationen einfache Entscheidungen treffen. Dreijährige können Aufgaben erledigen, bei denen sie zwischen zwei verschiedenen Möglichkeiten entscheiden müssen. Sie treffen Entscheidungen, können sich fokussieren und demonstrieren auf diese Weise Flexibilität. Sobald

Kinder in das Kindergartenalter kommen, können sie häufig schon Aufgaben gemeinsam in der Gruppe bewältigen. Sie können Aufgaben durch eine subtle Hilfestellung des Erziehers schon unabhängig lösen und Ablenkungen im Sitzkreis für 15 bis 20 Minuten ausblenden.

 ## Die A-nicht-B-Aufgabe

Viele Studien zeigen das Wachstum der exekutiven Funktionen während der ersten Jahre nach der Geburt. Ein Pionier in der Erforschung der Kindesentwicklung ist Jean Piaget.[9] Er führte ein Experiment namens A-nicht-B-Aufgabe mit Kindern durch, die sieben Monate und älter waren. In diesem Experiment wird den Kindern ein auffälliges Spielzeug gezeigt. Dieses wird innerhalb der Reichweite des Kindes in eine Box A gelegt. Das Kind darf dann nach dem Spielzeug suchen. Diese Abfolge wird einige Male wiederholt. Dann wird das Spielzeug vor den Augen des Kindes in die Box B gelegt. Piaget hat herausgefunden, dass Kinder unter zwölf Monaten immer wieder zu Box A gegangen sind, um das Spielzeug zu finden. Die Theorie besagt, dass die Kinder durch die zweite Box überfordert waren. Ihre Verarbeitungsfähigkeit wurde überfordert. Nicht in der Lage sich auf mehr als eine Sache zu konzentrieren, beharrten die Kinder auf der ihnen bekannten Box A. Kinder, die fast zwölf Monate alt waren, ließen sich hingegen nicht von den zahlreichen Wiederholungen ablenken. Sie probierten auch Box B aus.

Andere Forscher haben die A-nicht-B-Aufgabe seitdem weiterentwickelt. Das Spielzeug wurde nun in eine kompliziertere Box B gesteckt, bei der mehrere Schritte nötig waren, um sie zu öffnen. Der restliche Ablauf ist mit dem Piaget-Experiment identisch. Das Experiment wurde dann mit Kindern zwischen 12 und 24 Monaten durchgeführt, die das Piaget-Experiment einfach gelöst hatten. Das Erstaunliche ist nun, dass die Kinder einen Rückfall erlebten, denn sie entschieden sich wieder für Box A. Der Arbeitsspeicher der Kinder wurde durch die komplizierte Box so erschöpft, dass die Kinder das Problem nicht lösen konnten. Es wurde zu viel Gedächtnis benötigt. Während des dritten Lebensjahrs entwickeln Kinder schließlich Problem-Lösungsfähigkeiten, um diese Aufgabe zu lösen.

Befolgen von Regeln

In einem verwandten Experiment testete Dr. David Zelazo die Fähigkeit zwei-, drei- und vierjähriger Kinder, Regeln zu befolgen. Kinder erhielten Karten mit zwei verschiedenen Motiven (Autos und Blumen) und drei verschiedenen Farben (rot, blau oder grün). Dann sollten sie eine klare Regel befolgen (z. B. Lege die blauen Karten hierhin, die anderen dorthin). Dann wurden sie aufgefordert, die Regel zu wechseln (z. B. Lege die Autos hierhin, die Blumen dorthin). Dreijährige beharrten auf der bisherigen Regel und blieben stecken. Sie sortierten die Karten weiterhin nach der ersten Regel. Sie wurden dann nach der Regel gefragt und konnten die Frage überraschend richtig beantworten. Jedoch setzten sie nach erneuter Aufforderung die erste Regel fort: Sortierung nach Farbe. Wurden die Anweisungen umgekehrt (erst Symbol, dann Farbe), kamen die Wissenschaftler zum gleichen Ergebnis. Folglich verstehen Kinder in diesem Alter die Regel zwar, können diese jedoch nicht umsetzen. Scheinbar ist in diesem Spiel zu viel Komplexität für einen Dreijährigen.[11–13]

Vierjährige sind schon eher in der Lage, mehrere Dinge gleichzeitig zu verarbeiten. Die meisten Kinder dieses Alters können reibungslos von der einen Anweisung (z. B. Farbe, Symbol) zu der nächsten wechseln. Sie können ihre Optionen abwägen, entsprechend reagieren und erkennen: „Das Farbenspiel wird so, das Symbol-Spiel so gespielt". Vierjährige lernen aus ihren Fehlern und können Optionen sinnvoll abwägen.

Wenn Kinder älter werden, können sie sich besser kontrollieren. In einem weiteren klassischen Experiment werden Kinder in einen Raum mit einem Marshmallow gebracht. Der Forscher erklärt dem Kind, dass es zwei Optionen hat: entweder den Marshmallow sofort essen, oder warten und dafür einen zweiten erhalten. Die Studie zeigt, dass vier- und fünfjährige Kinder ihre Impulse bereits unterdrücken können. Sie erkennen, dass zwei Süßigkeiten später noch besser wären.

Eine Mutter fragte mich, wann ihr siebenjähriges Kind aufhören würde, ihr iPad zu stibitzen. Ich habe ihr erklärt, dass er es so lang benutzen würde, wie sie ihm das Passwort gibt. Denn für einen Siebenjährigen hat die direkte Belohnung viel mehr Bedeutung als spätere, potenzielle Konsequenzen.

Über die Jahre haben Wissenschaftler den typischen Fortschritt menschlicher Fähigkeiten in Bezug auf Planung und Organisation erforscht. Und durch dieses Wissen können Kinderärzte Eltern vorausschauende Ratschläge für die Entwicklung ihres Kindes geben. Das Problem ist jedoch die unfassbar große Variation der Fähigkeiten bei Kindern. Die organisatorische Entwicklung des einen Kindes sagt nichts über die Entwicklung eines anderen Kindes voraus. Zum Glück zeigen Studien, dass elterliche Fürsorge und ein geeignetes Umfeld die Kindesentwicklung positiv beeinflussen können.

Der Einfluss des Umfelds auf die Entwicklung

Kinder werden mit großartigem Potenzial geboren. Die Gehirnentwicklung hängt jedoch auch von der Exposition im jungen Alter ab. Unpassende oder zu wenig Zuwendung zu einem Säugling oder einem Kleinkind führen häufig zu Schwierigkeiten bei alltäglichen Aufgaben des Kindes. Insbesondere toxische Umgebungen wie Leben mit Vernachlässigung, Missbrauch oder Gewalt schaden dem Gehirn tatsächlich und führen zu Wutanfällen, wenn das Kind älter wird.[14, 15] Die Angst oder Anspannung durch ein chaotisches oder unvorhersehbares Umfeld führt zu einer erhöhten Ausschüttung von Cortisol. Cortisol ist ein Hormon, das ab bestimmten Mengen neurotoxisch wirkt und die Gehirnentwicklung beeinträchtigt. Die meisten von uns kennen dieses Gefühl, so beängstigt zu sein, dass man nicht mehr klar nachdenken kann. Der Schaden von intensivem oder chronischem Stress scheint permanent zu sein. Folglich kann eine längere Exposition in schwierigen oder verschreckenden Situationen dem Gehirn schaden. Währenddessen begünstigt ein warmes und unterstützendes Umfeld die Entwicklung der exekutiven Funktionen. Was genau mit „warm und unterstützend" gemeint ist, wird in den weiteren Kapiteln dieses Buches erläutert. Umarmungen und Küsse sind sehr wichtig. Sie werden sehen, dass Beständigkeit, Möglichkeiten zum Erkunden und die Herausforderung, neue Dinge zu probieren, maßgeblich für die Erziehung eines organisierten Kindes sind.

Wie bereits erwähnt, führen Traumata zu einem bleibenden Effekt bei der Gehirnentwicklung. Wissenschaftler haben Kinder aus besonders schwierigen Umständen untersucht. Dazu gehören Missbrauch und Vernachlässigung[16], Erziehung in einem Waisenhaus,[17, 18] Frühgeburten oder Schwierigkeiten bei der Geburt.[19, 20] Zudem haben elterliche Einflüsse, wie das fetale Alkoholsyndrom eine ähnlich schädigende Wirkung auf den präfrontalen Cortex und andere Gehirnregionen. Danach weisen Kinder, die einem oder mehreren dieser toxischen Umstände ausgesetzt waren, eher impulsives oder unorganisiertes Verhalten im Zuge ihrer Entwicklung auf. Der Gedanke, dass Kinder einen oder sogar mehrere dieser Umstände erleben müssen, ist einfach tragisch. Aber wir sehen es immer wieder. Zum Beispiel eine Mutter, die abhängig von psychoaktiven Substanzen (Drogen) und Alkohol ist. Drogen und Alkohol können manchmal zu einer Frühgeburt führen. Die neue Mutter kann die Bedürfnisse des Kindes nicht befriedigen oder bewältigen, sodass das Kind in einer Pflegefamilie oder, im Ausland häufig, im Waisenhaus endet. Das Kind ist nun sehr wahrscheinlich dauerhaft beeinträchtigt.

Dennoch sollte man das Kind nicht aufgeben. Wir wissen, dass ein anderes Umfeld oder die Anwesenheit mindestens eines beständigen, unterstützenden Erwachsenen in den ersten 1.000 Tagen nach der Geburt einen Unterschied machen können. Selbst Kinder in Pflegefamilien mit weniger häufigem Wohnortwechsel und einem beständigen Elternhaus schneiden tendenziell bei späteren Tests der exekutiven Funktionen besser ab.[21]

Umfelder, die Entwicklung fördern

Ein unterstützendes Umfeld ist gekennzeichnet durch direkte Fürsorge, Stetigkeit und Schutz vor Stress. Zur Erinnerung: Erwachsene (sowohl zu Hause, als auch außerhalb des Hauses) fördern die Entwicklung der exekutiven Funktionen (für Planen, Aufgabenerledigung und Selbstkontrolle benötigte Fähigkeiten des Gehirns) eines Kindes. Das gelingt, indem man Kindern gegenüber Vertrauen zeigt und sie schrittweise selbstbestimmt handeln lässt. Das Kind übernimmt die „exekutive" Rolle. Die Kunst liegt darin, Kinder mit angemessenen Erwartungen zu unterstützen und sie so in einem individuellen Tempo vorwärts zu bringen – nicht zu schnell, nicht zu langsam. Junge Kinder brauchen mehr Aufsicht und Unterstützung, um ihre Umwelt zu organisieren. Sobald sie älter werden, brauchen sie zunehmende Möglichkeiten, eigene Entscheidungen zu treffen und zu reifen. Es scheint, als würde eine ordentliche und berechenbare Umgebung die Entwicklung der exekutiven Funktionen begünstigen. Spätere Kapitel dieses Buches beschreiben spezifische Interventionen, um die organisatorische

Entwicklung des eigenen Kindes zu begünstigen. Diese Maßnahmen fordern Kinder zur Übung ihrer exekutiven Fähigkeiten heraus.

Kinder, deren exekutive Funktionen besser unterstützt wurden, sind besser im Umgang mit der Schule und ihren Freunden. Studien zeigen, dass sie früh größere Fortschritte machen. Schon im Kindergarten sind sie besser in Mathe, Sprache und Schreibfertigkeiten. Folglich helfen exekutive Funktionen Kindern akademisch und sozial.[22, 23] Als Erklärung dafür wird angenommen, dass Interaktion Fähigkeiten in den Bereichen Multitasking, Selbstkontrolle, Planen und anderen exekutiven Funktionen fordert. Viele Kinder sind aber nicht auf dem gleichen kognitiven Level wie Gleichaltrige, was zu einer unzureichenden Interaktion führen kann. Als Konsequenz kommt es häufig zu sozialer Isolation. Daher ist es die Aufgabe der Eltern, die Gehirnentwicklung ihrer Kinder nicht mit Karteikarten, sondern mit Imagination, Kreativität und Spiel zu fördern.[24–26] Genaue Aktivitäten werden Ihnen später nahegebracht.

Forscher in den Bereichen Kinderheilkunde, Neurologie, Psychologie und Bildung entdecken ständig neues Wissen über die exekutiven Funktionen. Dieses Buch fasst einen Teil dieses Wissens zu den fünf wichtigsten Schritten, um eigenständige Kinder großzuziehen, zusammen. Die meisten dieser evidenzbasierten Maßnahmen beinhalten praktische Strategien wie „Tun-als-ob" spielen. In Zukunft gelingt es vielleicht, die Entwicklung der exekutiven Funktionen mit moderner Technik voranzutreiben. Ich empfehle Ihnen, einen stetigen Kontakt zu Ihrem Kinderarzt zu halten. So werden Sie schnell über neue Entwicklungen informiert.

 ## Verbesserung des Gedächtnisses

Das Gedächtnis ist das Archivierungssystem des Gehirns. Daher ist es elementar für organisiertes Denken. Unser Speichersystem basiert beim Abspeichern neuer Informationen und Abrufen von Erinnerungen auf einigen wenigen Prinzipien: Vervielfältigung, Bedeutsamkeit und wiederholende Übung. Kinder mit gutem Gedächtnis führen diese Aufgaben unterbewusst aus. Jedoch können diese Strategien auch bewusst ausgeführt werden. So können Schüler ihre Lernfähigkeit aktiv verbessern. Und Sie als Eltern oder Lehrer können diese Lernstrategien vermitteln.

Vervielfältigung

Erinnerungen kann man sich am besten merken, wenn sie gleich an mehreren Orten abgespeichert sind. Wenn Informationen vielfältig archiviert werden, kann man später in diversen Kontexten auf sie zurückgreifen. Unser Arbeitsspeicher kann Informationen an mehreren verschiedenen Orten einsortieren. Dafür scannt dieser unsere mentale „Datenbank" durch und verknüpft neue Erkenntnisse mit bereits erlernten Informationen. Wenn ein Lehrer beispielsweise über Tornados spricht, kann er gleich mehrere neuronale Verknüpfungen eines Kindes ansprechen. Selbst wenn das Kind noch nie von einem Tornado gehört hat, kann es die neugewonnenen Informationen mit anderen Arten tödlicher Stürme (Hurrikans, Wirbel-winde) verbinden. Es erinnert sich vielleicht an die herumwirbelnden Blätter auf dem Spielplatz und verbindet Tornados mit diesem Ereignis. Vielleicht verknüpft es die Informationen sogar mit seinen Erinnerungen von Zwergen und Hexen aus „Der Zauberer von Oz". Jede dieser Verknüpfungen wird zum Speichern verwendet. Diese Verbindungen sind nun Auslöser für das Wissen über Tornados. Neue Informationen in ein bereits gelerntes Muster einzuordnen, ist der Schlüssel für Erinnerungsvermögen. So kann auf verschiedene Weise auf Informationen zurückgegriffen werden.

Wiederholung

Je häufiger wir auf bestimmte Erinnerungen zugreifen, desto ausgeprägter ist die neuronale Verbindung. Dieses Phänomen lässt sich gut durch den Sport veranschaulichen. Manche Sport-Experten schätzen, dass 10.000 Wiederholungen erforderlich sind, bis ein Bewegungsablauf (z. B. Freiwurf im Basketball) automatisch abläuft. Übung lohnt sich. Und Kinder, die unzählige Stunden mit Übung beschäftigt sind, verbessern sich immer. Das Gleiche gilt für ein Kleinkind, das Laufen ausprobiert, ein Kindergartenkind, das das Alphabet lernt, ein Schüler, der mit dem Multiplizieren beginnt oder ein Medizinstudent, der die Hirnnerven auswendig lernt. Jeder Lehrer kennt das Prinzip von Wiederholung und Übung. Und die meisten Schüler finden es leider schlicht langweilig. Also haben Lehrer zahlreiche Strategien entwickelt, um Wiederholung interessant und spaßig zu machen. Wenn

Lehrer das Alphabet beibringen, zeichnen sie es an die Wand, und die Schüler sprechen es nach, sie singen das Alphabet-Lied, Kinder bekommen Arbeitsblätter und Bücher mit verknüpfenden Bildern wie A steht für Apfel. Eltern können das Lernen beispielsweise mit Kühlschrankmagneten, Reimen und dem Aufzeigen von Buchstaben auf Straßenschildern unterstützen. Der Kontakt mit zahlreichen Buchstaben führt zu erfolgreichen Leseanfängen.

 Bedeutsamkeit

Das Verknüpfen neuer Informationen mit bedeutenden Erinnerungen ist eine der mächtigsten Strategien. Die neuen Informationen werden greifbarer. Wenn ein Schüler beispielsweise ein Buch über den Bundestag liest, kann er die Informationen besser verknüpfen, wenn er einen Familienausflug nach Berlin gemacht hat. Dort hat er vielleicht mit seinen Eltern die Kuppel des Reichstags besucht. In anderen Worten: Neue Informationen werden am besten gemerkt, wenn sie für Schüler bedeutend oder wertvoll sind.

Eltern und Lehrer können Lesen einprägsamer machen, indem sie jungen Lesern helfen, Verbindungen herzustellen. Bevor ein Buch gelesen wird, können Eltern mit ihren Kindern Vorhersagen über den Inhalt raten, indem sie das Cover genau betrachten. Oder sie fragen beim Lesen: „Was glaubst du, passiert als nächstes?" Oder: „Wärst du gern mit Harry Potter befreundet?" Je vielseitiger ein Kind über den Inhalt nachdenkt, desto mehr Verknüpfungen stellt es zum Inhalt her. So werden die neuen Informationen gefestigt und das Kind kann besser auf sie zurückgreifen.

Gute Lehrer verwenden sogenannte Advance Organizer als Lernhilfe. Ein Advance Organizer ist ein Einstieg in Form eines Hinweises oder einer Verknüpfung zu einem bereits gelernten Thema. Zum Beispiel kann ein Lehrer zu Beginn der Stunde sagen: „Wisst ihr noch, wie wir herausgefunden haben, dass die Winkelsumme in einem Dreieck immer 180 Grad ist? Nun, heute schauen wir uns die Winkelsumme in einem Rechteck an." Ein guter Basketball-Coach benutzt beim Training auch Advance Organizers. Der

Coach könnte sagen: „Erinnert ihr euch an das Spiel letzte Woche, als wir Schwierigkeiten hatten, die gegnerische Verteidigung zu durchbrechen? Nun, heute zeige ich euch einen Spielzug, um in die Zone zu kommen." Schon bevor das Training beginnt, haben die Spieler ein Bezugsbild im Kopf, an dem sie sich orientieren.

KAPITEL 2

Die 5 Schritte zur Eigenständigkeit eines Kindes

Schritt 1: Sei beständig

Egal welches Buch Sie lesen, oder an welche Erziehungsphilosophie Sie sich halten, ein übergreifendes Prinzip guter Erziehung ist Beständigkeit. Erziehen ist Unterrichten. Und jeder Lehrer kann Ihnen erklären, dass wiederholendes Lernen funktioniert. Übung macht den Meister ... naja, bei Kindern fast den Meister. Übung ist wichtig, ob beim Laufenlernen, Schreiben, Basketballwerfen oder Benehmen. Die sanfte Unterstützung Ihres Kindes und positives Feedback, wenn es eigenständig Fortschritte macht, legen das Fundament guten Benehmens. Mit einer beständigen Erziehung lernen Kinder Schritt für Schritt, was erwartet wird, und sich zu benehmen. Beständig und konsequent zu sein, bildet das Fundament für alle anderen Schritte, um ein eigenständiges Kind großzuziehen. Die fünf Schritte funktionieren nur, wenn sie konsequent durchgeführt werden.

Alex wurde in einem russischen Waisenhaus geboren und im Alter von zehn Monaten von seiner Familie adoptiert. Seine Eltern berichteten, dass sein erstes Jahr mit ihnen extrem schwierig war. Sie erzählten, dass er fast nie mehr als drei Stunden am Stück schlief. Die einzige Möglichkeit, ihn zum Schlafen zu bringen, bestand darin, ihn entweder zu halten oder in einen Autositz auf einer Waschmaschine zu setzen, bis ihn die Vibration beruhigte. Als Kleinkind bekam er regelmäßig Wutanfälle, manche dauerten Stunden. Im Kindergartenalter war er extrem impulsiv, sodass er aus drei Kindergärten flog. Und in der Grundschule wurde Alex regelmäßig zum Schulleiter geschickt. Es gab Zeiten, in denen seine Eltern wöchentlich von Lehrern aufgrund seines störenden Verhaltens angerufen wurden.

Wahrscheinlich hatte das Chaos in dem Waisenhaus Alex' Leben langfristig beeinträchtigt. Aber nun zu den guten Nachrichten. Alex' Eltern waren besonders geduldig, liebevoll und konsequent. Mit regelmäßigen Mahlzeiten und tröstenden Umarmungen haben sie alle physischen und psychischen Bedürfnisse erfüllt. Hatte Alex wieder einen emotionalen Zusammenbruch, haben sie nie überreagiert. Und sie machten jegliche Schulwechsel so reibungslos wie nur irgend möglich, indem sie jede Schule vor der Einschreibung besichtigten. Alex ging in der Grundschule bis an das Limit, doch seine Eltern hielten fest an ihren Prinzipien, indem sie ihm die natürlichen Konsequenzen für sein Verhalten aufzeigten. Zusätzlich bereicherte die Familie Alex mit Kunst und Kultur. Sie lasen ihm jeden Abend vor. In der Oberstufe änderten sich die Dinge. Er kümmerte sich um seine Hausaufgaben und verwickelte sich nicht mehr in Schwierigkeiten. Er machte seinen Schulabschluss und ging auf ein Junior College. Dort erhielt er sehr gute Noten, sodass er für seine letzten zwei Jahre auf eine Elite-Universität wechseln konnte. Es hat lange gedauert, aber die beständige Erziehung hat sich für Alex ausgezahlt.

Berechenbarkeit beruhigt die meisten von uns, während Widersprüchlichkeit und Chaos Ängste verstärken. Tatsächlich kann intensiver oder chronischer Stress der Gehirnentwicklung schaden. Beständige Eltern sind berechenbar. Das beruhigt Kinder, sodass sie einfacher lernen können und besser vor Stress geschützt sind. Ein Kind konsequenter Eltern kann sich sicher sein, dass die eigenen Bedürfnisse erfüllt werden, und kennt die Grenzen des eigenen Verhaltens. Schließlich kann es damit rechnen, nach einem Regelbruch verbessert oder sachlich kritisiert zu werden. Umgekehrt wird das Kind für positives Verhalten konsequent gelobt. Für einen Säugling ist die beständige Erfüllung der Bedürfnisse beruhigend – und auch, wenn es schwer zu glauben ist – zu einem Jugendlichen „Nein" zu sagen, kann auch eine beruhigende Wirkung haben.

Selbst ein beständig erzogenes Kind kann Schwierigkeiten haben, Regeln und Grenzen zu akzeptieren. Seien Sie geduldig. Denken Sie daran, dass organisiertes Denken ein komplexer Prozess ist. Folglich benötigt die Vermittlung von eigenständigen Fähigkeiten und Benehmen seine Zeit. Das Ziel liegt darin, ein Kind zu einem glücklichen und ausgeglichenen Erwachsenen zu erziehen und nicht unbedingt darin, ein „perfektes Kind" zu haben. Denken Sie an all die

Gelegenheiten, in denen Eltern stetig und zuverlässig sein können: Nähren des Kindes, Händehalten auf dem Parkplatz oder bei einer Straßenüberquerung, Einführen von Bett-Routinen, Limitierung der Fernseh-Zeit, eine feste „Nach-Hause-kommen-Zeit" und die Betonung der Wichtigkeit von Bildung – nur um ein paar zu nennen. Es gibt so viele Möglichkeiten konsequenten Handelns, dass Eltern wachsam sein müssen. Sie wollen nicht bei einem Fehler ertappt werden und einen unerwünschten Präzedenzfall auslösen. Dieser könnte dann zu monatelangen Einreden führen (in einem typischen „das ist aber unfair"-Ton): „Aber letzte Woche durfte ich doch Fernsehen vor dem Abendessen schauen."

Kurzsichtige Verhaltensweisen sind einfach für Eltern, denn kurzfristig mögen sie vielleicht funktionieren. Manche Eltern denken, dass Schreien und Versohlen zu schnellerem Gehorsam des Kindes führt. Aber diese Erziehungsweise hat Konsequenzen. Die Amerikanische Akademie für Pädiatrie empfiehlt, mit anderen Methoden zu reagieren. Studien zeigen, dass Prügel und andere physische Strafen ungeeignet sind, um das Verhalten von Kindern zu verändern. In erste Linie beängstigt dieses Verhalten Kinder und kann ihnen durch extremen Stress massiv schaden. Zweitens ist es schwierig diese gewaltsamen Verhaltensweisen mit Konsequenz zu begründen. Denn sie hängen stark von der Laune des Elternteils ab und geschehen meist spontan. Drittens kann Schreien zu einer neuen Schwelle für das Verhalten des Kindes werden. Der Verstand des Kindes missinterpretiert die Botschaft dann. In anderen Worten: Das Kind denkt vielleicht: „Ich muss den Fernseher nicht ausschalten, bis Mama schreit." Oder: „Ich kann schreiend durch das Haus rennen, bis Papa mich schlägt." Viertens ist Schlagen ein negatives Vorbild für aggressives Verhalten. Wenn die wichtigste Person im Leben eines Kindes schlägt, denkt es wahrscheinlich: „Hmm, Schlagen ist okay." Stattdessen ist eine beständige Annäherung langfristig der beste Weg, um Kindern Regeln zu vermitteln.

Die Prinzipien der Eltern begleiten das Kind ein Leben lang. Die Strategien für ein stabiles Umfeld hängen von der Entwicklungsphase ab. Eltern von Säuglingen müssen zum Beispiel jederzeit auf die physischen und emotionalen Bedürfnisse (z. B. Windelwechseln, Füttern sowie Umarmungen, um zu trösten) reagieren. Wenn ein Kind älter wird, müssen Eltern es beschützen und selbst in Zeiten der Frustration über das Verhalten des Kindes beständig reagieren. Inkonsequente Reaktionen und Überreaktionen verwirren das Kind, wenn es gerade die Konsequenzen und Grenzen des eigenen Verhaltens lernt. Eltern können vielmehr klare Regeln und plausible Erwartungen an das Kind festlegen. Und dieser Prozess muss auf dem Weg des Erwachsenwerdens stetig fortgeführt werden. Die Einführung von Routinen ist eine erste wichtige Strategie, um ein stabiles Umfeld zu erschaffen. In jedem folgenden Kapitel wird Ihnen eine Übersicht sowie Empfehlungen für die jeweilige Altersgruppe bereitgestellt: für Säuglinge, Kleinkinder, Kindergartenkinder, Schüler und Teenager.

Schritt 2: Führe Ordnung ein

Wenn man es herunterbricht, kann jede Aufgabe, jede Handlung auf eine Abfolge von Schritten reduziert werden. Jede Durchführung, egal wie groß oder klein sie ist, hat einen Anfang, eine Mitte und ein Ende. Mit anderen Worten: eine Vorbereitungsphase, eine Handlungsphase und eine Wiederherstellungsphase. Zur Essenszeit wird das Essen beispielsweise zunächst vorbereitet, dann serviert und gegessen und schließlich wird die Küche aufgeräumt. Beim Brettspielen wird ein Spiel aufgebaut, gespielt und schließlich weggeräumt. Das Konzept von Ordnung wird durch die Eltern immer wieder vermittelt. Dabei überrascht es nicht, dass diese Art von Ordnung bei Kindern häufig nicht zu erkennen ist. Die betroffenen Kinder haben Schwierigkeiten, rechtzeitig fertig zu sein, Dinge zu erledigen, und machen häufig unachtsame Fehler, da sie wichtige Handlungsschritte auslassen.

Nicole ist eine zwölfjährige Schülerin, deren Eltern über ihre Schulleistungen verärgert waren. Sie hatte immer „glatte Einsen" in der Grundschule, aber ihre Noten gingen in der weiterführenden Schule steil bergab. Sie hatte zwar sehr gute Noten in Klassenarbeiten, aber ihre nicht eingereichten Hausaufgaben zogen ihre Noten runter. „Das Frustrierendste", erzählte mir Nicoles Vater, „ist, dass sie ihre Hausaufgaben zwar erledigt, sie dann aber zu Hause vergisst."

Während Nicole Schwierigkeiten in der weiterführenden Schule hatte, gab es schon frühe Zeichen, dass sie Probleme mit der sequenziellen Verarbeitung besaß. Zunächst hatte sie Probleme, komplizierte Bewegungsaufgaben durchzuführen. Sie spielte Baseball und hatte beim Lernen des Wurfes mehr Schwierigkeiten als Gleichaltrige. Fangen hingegen war kein Problem. Ihre Handschrift war leserlich, aber das Schreiben frustrierte sie ab der fünften Klasse extrem. Nicole hatte Schwierigkeiten, Anweisungen zu folgen. Als junges Mädchen erkannten ihre Lehrer und Eltern, dass sie ihr immer nur eine

> *Aufgabe auf einmal geben konnten. Sie aufzufordern, ihre Zähne zu putzen, ihr Gesicht zu waschen und dann den Schlafanzug anzuziehen, war unrealistisch.*

Nicoles Geschichte ist bei Schülern mit schlechter sequenzieller Verarbeitung üblich. Sequenzielle Verarbeitung basiert auf dem „sequenziellen Arbeitsspeicher". Durch den sequenziellen Arbeitsspeicher, auch prozessuales Gedächtnis genannt, können wir Alltagsaufgaben erledigen, ohne bewusst über diese nachzudenken. Er ist unsere Anleitung. Fahrradfahren, Schuhe binden und Geschirr waschen sind alles Aufgaben, die prozessuales Gedächtnis benötigen. Selbst Aufgaben, die wir als „natürliche Dinge" sehen wie Laufen benötigen prozessuales Gedächtnis. Solche Dinge machen wir zwar einfach, jedoch fällt es uns häufig schwer, den exakten Ablauf zu beschreiben. Diese Art von Gedächtnis findet in anderen Gehirnregionen statt, als unser episodisches Gedächtnis (Gedächtnis von Erfahrungen und bestimmten Ereignissen) – mit einer Gehirnverletzung kann eine Person die eine Fähigkeit verlieren und die andere jedoch behalten. Das ist auch der Grund, warum Personen, die durch eine Amnesie viel ihres persönlichen Lebens vergessen haben, immer noch prozessuales Gedächtnis haben. Sie können beispielsweise nach wie vor eine Gabel benutzen oder Autofahren.

Der Arbeitsspeicher erlaubt dem Gehirn, mehrere Dinge gleichzeitig zu verarbeiten. Damit öffnet er die Tür zu organisiertem Denken. Für das Verständnis von zeitlicher Ordnung bedeutet das, dass ein Kind bereits einen Schritt vorausdenkt. Der sequenzielle Arbeitsspeicher hilft Kindern, sich die Reihenfolge von Aufgaben zu merken. Folglich können wir durch dieses Gedächtnissystem in beide zeitlichen Richtungen denken, Voraussicht und Rückblick. So können Kinder das Prinzip von Zeit verstehen. Und damit gehen wiederum die Fähigkeiten Antizipieren und Planen einher. Für die Entwicklung des sequenziellen Arbeitsspeichers muss man das Konzept von zeitlicher Ordnung erkennen und verstehen, dass alle Handlungen einen Anfang, eine Mitte und ein Ende haben.

Erkennen von zeitlicher Ordnung

Ein aufmerksamer Elternteil erkennt Symptome sequenzieller Unordnung schon im frühen Kindesalter. Ein sequenziell unorganisiertes Kind erkennt nicht, dass es auch eine Zeitkomponente gibt, wie bei der Reihenfolge alltäglicher Routinen. Kindergartenkinder, die für das Erlernen alltäglicher Routinen (z. B. Anziehen, Schlafengehen) länger brauchen, haben häufig Defizite in der sequenziellen Verarbeitung. Diese Defizite sind dann aber erst in der Schulzeit richtig gravierend. Für diese Schüler sind die Menge an Alltagsaufgaben wie rechtzeitig fertig sein, Arbeitsaufträge befolgen, Bewegungen koordinieren und Hausaufgaben erledigen überwältigend. Das Lehren „erster Weisheiten" beginnt schon im Säuglingsalter, indem Eltern stetig auf die Bedürfnisse des Kindes eingehen. Der erste sequenzielle Gedanke ist das Prinzip von Ursache (Schreien) und Wirkung (Resonanz). Bevor Kinder beginnen zu krabbeln, finden sie heraus, dass eine Glocke ein Geräusch von sich gibt, dass ein süßer Laut ein Lächeln der Eltern bewirkt. Großartige Eltern bringen ihren Klein- und Kindergartenkindern das Konzept von Zeit und Ordnung nahe. Sie bringen ihren Kindergartenkindern bei, jegliche Aktivitäten mit dem Aufräumen zu beenden. Wenn Kinder eingeschult werden, sollten sie verstehen, dass alle Handlungen dreiteilig aufgebaut sind – Anfang, Mitte, Ende. Schüler lernen, laut vorzulesen. Hierbei wird das sequenzielle Verarbeiten nochmal besonders trainiert und gefordert. Denn während man ein Wort spricht, muss das nächste schon gelesen werden. Mit zunehmendem Alter werden Kinder immer mehr an der Planung beteiligt, sodass sie ihre Hausaufgaben selbst regeln können. Von Teenagern wird langfristiges Planen erwartet.

Zeit verstehen

Zeit ist eine Sequenz von Ereignissen; und ein Schüler muss lernen, seine Zeit selbst zu regeln: pünktlich im Unterricht erscheinen, Aufgaben rechtzeitig erledigen. Schüler müssen auch lernen, große Arbeitsaufträge in kleine Schritte aufzuteilen. So kann die vermeintlich schwierige Aufgabe Schritt für Schritt leichter gelöst werden. Jüngere Kinder werden bereits mit den Wörtern für Zeit konfrontiert (z. B. später, morgen, gestern, bald). Ältere Kinder lernen die Zeiteinheiten (z. B. Minuten, Stunden, Tage, Jahre) kennen. Und von jungen Schülern wird Zeitgefühl erwartet, von älteren eigenständige Zeitverwaltung. Folglich steigen die Erwartungen mit zunehmendem Alter. Schüler, die das Prinzip von Zeit verstehen und anwenden, werden als besonders verantwortungsvoll betrachtet.

Die folgenden Kapitel bieten Leitlinien für altersgerechte Erwartungen sowie Strategien, um die Entwicklung der organisatorischen Fähigkeiten herauszufordern und zu fördern. Denken Sie daran, dass Kinder Prozessabläufe und Zeit-Management lernen, indem stetig Ordnung im Alltag eingeführt wird – und das schon im frühen Alter.

Schritt 3: Teile allem einen Platz zu

Andys Mutter nennt ihn „den unordentlichsten Neunjährigen auf dem Planeten". Sie sagt, dass jedes Mal eine Bombe in Andys Zimmer hochgehen muss, wenn er nach der Schule nach Hause kommt. Andys Mutter muss ihm überallhin folgen, zur Schule, zum Fußballtraining, nach Hause, um dann seine ganzen Sachen aufzugreifen. Sie sagt, dass „er seine Sachen nicht beisammen halten könne". Nach nur zwei Monaten in der Schule, hat Andy schon zwei Jacken und eine Brotdose verloren.

Der dritte Schlüssel, um eigenständige Kinder großzuziehen, lautet: „Teile allem einen Platz zu." Das hilft Kindern vorbereitet zu sein, jedoch auf eine andere Art als in „Schritt 2: Führe Ordnung ein". Sequenzielle Ordnung hat eine temporale (Zeit) Komponente, während die Platzierung von Dingen eine räumliche (Ort) hat. Der räumliche Arbeitsspeicher erlaubt es uns, große Brocken visueller Informationen zu erkennen, zu speichern und schließlich auf sie zurückzugreifen. Räumliche Organisation heißt, nicht hektisch auf den letzten Drücker Schuhe für die Schule zu suchen oder panisches Suchen nach dem Lieblingsspielzeug. Denken Sie stattdessen daran, dass ein Achtjähriger nach dem Spielen aufräumt, oder ein Zwölfjähriger sein Bett macht und sein Zimmer selbstständig aufräumt. Räumliche Organisation heißt, keine Anrufe des Kindes wie „Ich habe meine Sportsachen vergessen" zu erhalten.

Ort

Vorausschauende Eltern beginnen das Konzept von räumlicher Organisation schon in der frühen Kindheit zu vermitteln, indem sie allem einen Platz zuteilen. Das geschieht anfangs dadurch, dass Säuglinge in vertrauter Umgebung schlafen und gefüttert werden. Für etwas ältere Kinder werden Spielsachen an bestimmten Plätzen aufbewahrt. Eltern sollten ihre Erwartungen an räumliche Organisation mit dem Alter und den bereits erlernten Fähigkeiten des Kindes Schritt für Schritt anheben. Kindergartenkinder brauchen meistens noch Unterstützung beim Aufräumen. Schließlich wird ein räumlich gut organisiertes Kind in der Lage sein, die eigenen Sachen aufgeräumt zu halten.

Räumliche Sprache

Viele räumliche Begriffe sind sehr theoretisch gehalten und eher schwierig zu erlernen. Dennoch hilft das Lehren von Sprache, räumliche Organisation zu stärken. Räumliche Wörter erklären die Größe und Form von Objekten. Präpositionen (z. B. hinter, unter, zwischen) werden benutzt, um die Position in Relation zu einem anderen Objekt zu beschreiben. Sie verleihen Kindergartenkindern ein Gefühl von Organisation in dieser verwirrenden Welt. Schüler lernen, Richtungsanweisungen zu folgen und zu erstellen. Dieses Wissen hilft ihnen später dabei, Funktionsgraphen und Landkarten zu verstehen.

Visuelle Informationen bündeln

Räumliche Verarbeitung ist eine effiziente Strategie, Informationen im Gehirn zu „bündeln". Denn viele Informationen können in ein isoliertes, geistiges Bild zusammengetragen werden. Ein einziges Bild kann Informationen beinhalten, die sich nur durch viele Worte beschreiben ließen. Statt sich Merkmale sequenziell einzuprägen (also Stück für Stück in einer Reihenfolge), können bestimmte Informationen daher besser räumlich, als geistiges Bild, gespeichert werden. Zum Beispiel ist ein Kind am ersten Tag im Klassenzimmer extrem vielen neuen Informationen ausgesetzt. Es sieht die ordentlich angeordneten Tische mit Namensschildern, zusammen mit vielen blauen Stühlen, die alle in Richtung Pult ausgerichtet sind. Es bemerkt, dass jede Wand mit einem anderen Thema dekoriert ist. An einer Wand hängen Briefe, an einer anderen Bilder von Ländern und so weiter. Es wäre jetzt unproduktiv und unrealistisch, sich jeden Tisch und jedes kleine Dekorationsdetail sequenziell, einzeln zu merken. Stattdessen prägt sich das Gehirn ein geistiges Bild, also gebündelte Informationen, automatisch ein; eine sehr effiziente Art, sich Dinge einzuprägen.

Räumliche Organisation in der Schule

Räumliche Verarbeitung wird für einen Schüler immer anspruchsvoller und wichtiger. Kinder, die Wörter visuell schnell erkennen (Stichwort-Lesen), lesen wesentlich schneller. Selbst die Verknüpfung bestimmter Buchstaben mit Lauten benötigt visuelle Verarbeitung. Die Visualisierung des Gelesenen hilft Schülern, Inhalte zu verstehen und zu merken. In Mathematik haben Schüler einen Vorteil, wenn sie Konzepte visualisieren und Funktionsgraphen verstehen können. Natürlich sind Athleten mit einer starken visuellen und räumlichen Verarbeitung meistens besser bei Ballspielen. Die neuronalen Systeme für die visuelle Verarbeitung in der Schule, bei der Musik und beim Sport sind sehr eng miteinander verbunden. Die Forschung vermutet, dass Übung in einem Gebiet auch die Fähigkeiten in den anderen verbessert. Räumliche Verarbeitung und Gedächtnis finden also in zahlreichen Gebieten wie Lesen, Mathematik und Sport Anwendung. Folglich ist die Rolle dieser Fähigkeit entscheidend für die Kindesentwicklung.

Schritt 4: Übe vorausschauendes Denken

Was ist mit „vorausschauendem Denken" gemeint? Vorausschauendes Denken meint organisierte Gedanken über die Zukunft. Es ist wesentlich schwieriger, über morgen als über heute nachzudenken. Zum Beispiel kann man sich im Moment einfach für ein Essen entscheiden, es ist jedoch wesentlich schwieriger herauszufinden, wonach einem morgen für das Mittagessen sein wird. Genauso ist es einfach, eine Jacke anzuziehen, wenn einem kalt ist. Aber ein Wochenendausflug benötigt viel mehr Planung. Kinder unter vier Jahren haben Schwierigkeiten mit vorausschauendem Denken. Und auch Teenager sind Erwachsenen in der Hinsicht meistens unterlegen. Dennoch sind die ersten Anzeichen vorausschauenden Denkens bereits bei sehr jungen Kindern durchaus erkennbar.

Meine Tochter und ich haben an einem Campingausflug für fünf- bis zehn-jährige Mädchen und ihre Väter teilgenommen. Meine gesamte Familie hat schon zusammen gecampt, nun campten wir aber zum ersten Mal zu zweit. Beim Campingplatz angekommen, habe ich unsere Sachen schnell entladen und dann die anderen Väter begrüßt – in der Annahme, dass meine Tochter mit den anderen Mädchen spielen würde. Als ich jedoch nach 15 Minuten nach ihr schaute, hatte sie schon das Zelt aufgebaut und mit Schlafsäcken und Kissen ausgestattet. In ihrem fünfjährigen Verstand hat sie einen Plan entworfen und ausgeführt, was beim Campen zuerst erledigt werden sollte.

In den folgenden Kapiteln beschreibe ich wichtige vorausschauende Fähigkeiten. Dazu gehören Antizipieren, Vorhersagen, Planen und Einschätzen. Wenn Kinder in der Zeit reibungslos vor- und zurückdenken können, beherrschen sie diese Fähigkeit schon sehr gut. Sie können dadurch mittels ihrer Erfahrungen und ihres Wissens die besten Optionen für die Zukunft ausloten. Kinder mit Beeinträchtigungen wie ADHS, kognitiver Einschränkung, Down-Syndrom, fetalem Alkoholsyndrom und Autismus haben häufig Probleme mit vorausschauendem Denken und Schwierigkeiten, aus ihren Fehlern zu lernen – und das ist okay. Denn auch Kinder in diesen Umständen werden Fortschritte machen, wenn auch vielleicht langsamer. Denken Sie daran, dass Fehler auch Teil der Lernerfahrung sind, und als Eltern sind wir Lehrer. Bestrafungen für Fehler sind keine Lösung. Eltern brauchen Geduld. Erklären Sie den Fehler, empfehlen Sie Verbesserungsvorschläge und geben Sie Kindern die Möglichkeit, erfolgreich zu sein. Konsequenz ist hierbei elementar, denn Kinder lernen durch Wiederholung. Sie entwickeln die Fähigkeit zum vorausschauenden Denken schrittweise. Vor dem Alter von etwa vier Jahren können Kinder kaum planen. Erst mit sechs Jahren weisen Kinder diese Fähigkeiten auf. Und mit zehn Jahren können Kinder noch ausgeklügelter planen. Dennoch benutzen einige Zehnjährige diese Fähigkeit nur sehr unregelmäßig. Fehlende Übung führt zu Atrophie (Schwächung der neuronalen Verbindungen („Muskeln") für Planung), sodass es hierbei große Unterschiede unter Teenagern gibt.

Rückblick und Voraussicht

Wie ich schon erwähnte, ist vorausschauendes Denken kompliziert, weil es gleichzeitige Verarbeitung erfordert. Rückblick und Voraussicht sind das Fundament für vorausschauendes Denken. Dies erfordert mehrstufige Erkenntnisverarbeitung. Unsere Erfahrung leitet unsere Sicht auf die Zukunft. Hierfür müssen verschiedene Gehirnregionen zusammenarbeiten. Um vorauszudenken, muss ein Kind den Unterschied zwischen Vergangenheit, Gegenwart und Zukunft erkennen. Sobald ein Kind die Vergangenheit (Rückblick) und die Zukunft (Voraussicht) beachtet, ist es schon eher in der Lage, eine logische Vorhersage zu machen oder Schätzung abzugeben.

Vorhersagen und Schätzen

Schätzen ist ein Prozess vorausschauenden Denkens. Dabei wird ein bestimmtes, zukünftiges Ereignis aus unvollständigen Informationen hergeleitet. Kinder lernen Schätzen vor allem in der Mathematik. Aber es gibt noch so viel mehr Möglichkeiten. Schätzungen ermöglichen es uns, richtige Handlungsweisen für die Zukunft zu erkennen. Zum Beispiel denkt ein Kind vielleicht, dass es doch gestern kalt war und man heute vielleicht eine Jacke mitnehmen sollte. Und ein

Schüler überlegt bei einem neuen Lehrer, welche Anforderungen seine früheren Lehrer an ein Referat oder eine Präsentation hatten. Die eigene Erfahrung für die Vorhersage der Zukunft zu benutzen, ist eine wertvolle Eigenschaft eines organisierten Denkers.

Antizipieren

Antizipation ist eine zentrale Fähigkeit für angemessenes Verhalten sowie sozialen Erfolg und kann nur geschehen, wenn ein Kind vorausdenkt. Und gerade durch Routinen und feste Zeitpläne können Kinder Ergebnisse besser antizipieren. So spaßig Überraschungen auch sein können, mögen Kinder sie meistens nur, wenn sie angenehm sind, wie eine spontane Reise in das Disneyland. Kinder mögen Vorhersehbarkeit. Und ein Kind, das nicht in der Lage ist vorauszudenken und zu antizipieren, lebt in einer unberechenbaren Welt. Unvorhersehbare Veränderungen sind daher für viele schwierig. Und für manche Kinder ist es sogar eine Tortur, die zu einem emotionalen Zusammenbruch führt. Diese Kinder brauchen konstante Routinen im Alltag; für das Aufräumen der Schulsachen nach der Schule, das Händewaschen vor dem Abendessen und das Schlafengehen. Wie schon erwähnt, haben Kinder unter fünf Jahren Probleme vorauszudenken. Deshalb können sie meistens zwischen zweieinhalb und viereinhalb Jahren besonders schlecht mit Veränderung umgehen. Wann Kinder lernen, flexibel zu sein, variiert stark – manche Erwachsene haben noch Schwierigkeiten mit Flexibilität! Eltern können ihren Kindern helfen, Antizipation zu erlernen, indem sie Zeitpläne verwenden und sie zum Vorausdenken motivieren.

Planen

Die Erziehung vorausschauenden Denkens kann in mehrere Etappen eingeteilt werden. Vor dem fünften Lebensjahr werden Kindern Routinen beigebracht. Diese Zeit kann dazu genutzt werden, Planen vorbildhaft zu demonstrieren. Eine Mutter kann beispielsweise sagen: „Lass uns erst die Spielsachen aufräumen, uns umziehen und dann in den Zoo gehen." Indem sie ihren Plan laut vorträgt, bekommt das Kleinkind schon eine Idee von Planung. Nach dem fünften Geburtstag können Eltern ihre Kinder zunehmend zum Vorausdenken animieren. Ein Elternteil könnte fragen: „Lass uns in den Zoo gehen, aber was sollten wir vorher noch erledigen?" Nun hat das Kind die Möglichkeit, einen eigenen Plan zu entwickeln. Ihr Kind sagt „Aufräumen und Umziehen!" und schlägt vielleicht vor, das Lieblingsspielzeug oder den Hund gleich mitzunehmen. Im Alter von zehn Jahren ist es sinnvoll, das Kind zur eigenständigen Alltagsplanung anzuhalten. Neben der Vorbereitung von Schule und Sport können Kinder ihre Hausaufgaben einteilen und ihre Spielzeit selbst gestalten. Teenager können zur eigenen Zukunftsplanung angeleitet werden. Sie können sich Ziele setzen und die benötigten Schritte und Hürden ausloten.

Planung scheint vielen Erwachsenen automatisch. Aber diese Fertigkeit zu beherrschen, ist dennoch sehr schwierig. Als Eltern ist es unsere Aufgabe, unsere Kinder bei diesem Lernprozess zu unterstützen. Sie brauchen Gelegenheiten, um Eigeninitiative zu ergreifen. Heutzutage sind Zeitpläne fast völlig vorbestimmt, sodass Kinder selten die Möglichkeit haben, selbst zu planen. In der wenigen Freizeit wenden sich Kinder automatisierten Videospielen zu, die das meiste Denken für die Kinder übernehmen. Schüler müssen lernen, Spielverabredungen selbst zu organisieren. So können sie gemeinsame Zeit mit Freunden planen. Schüler in weiterführenden Schulen können ihre Wochenenden planen. Und Teenager sollten in der Lage sein, Übungszeiten und Termine selbst zu organisieren. Wenn Eltern keinen Raum für eigene Planung lassen und erlauben, sich Technik hinzugeben, versäumen Kinder wertvolle Übungsgelegenheiten für diese Fertigkeit.

Manche Kinder werden sich gegen den Gebrauch dieser Fähigkeiten wehren, denn wie alle neuen Dinge, ist vorausschauendes Denken anstrengend. Wenn Kinder heranwachsen, werden sie hunderte Fehleinschätzungen machen. Und manchmal ist es für Eltern einfacher, Dinge für das Kind schnell selbst zu erledigen, jedoch sollten Sie hier vorsichtig sein und diesem Drang möglichst widerstehen. Lassen Sie Ihr Kind aus den eigenen Fehlern lernen, vor allem, wenn Ihr Kind noch jung und die Konsequenzen geringfügig sind. Indem Sie Ihrem Kind einige Schwierigkeiten selbst überlassen, stärken Sie dessen Unabhängigkeit mit der Zeit. Und später können Sie Ihrem Kind bei wichtigeren Entscheidungen im Teenageralter viel mehr vertrauen. Vorausschauendes Denken passiert nicht einfach von selbst; es ist eine erlernte Fähigkeit und Eltern können diese mit Aufmerksamkeit vermitteln.

Schritt 5: Fördere Problemlösung

Denken Sie an die am besten organisierte Person, die Sie kennen. Denken Sie an einen Freund, der viele verschiedene Aufgaben gleichzeitig elegant im Griff hat. Vielleicht ist es der Vater, der das Fußballteam seiner Tochter trainiert. Oder vielleicht ist es die Mutter, die für ihren Sohn im Elternbeirat sitzt und deswegen eine Teilzeit-Stelle hat. Die Kinder dieser Eltern sind bei einem Termin selten verspätet und erklären sich häufig bereit, einen freiwilligen Beitrag für ein Fest zu leisten. Um organisiert zu sein, ist es von grundlegender Bedeutung, mehrere Dinge gleichzeitig im Griff zu haben. Ich für meinen Teil denke an einen Kollegen, der immer die passende Antwort zu haben schien. Wenn ich eine Präsentation vorbereitet hatte, wusste er, welche Stichpunkte betont werden sollten. Wenn ich ein Forschungsprojekt geplant hatte, half er mir, die Leitfrage exakt zu formulieren. Wenn es gerade Zeit war, für ein Examen zu lernen, konnte er schon den Inhalt der Prüfung abschätzen. Mein Kollege besitzt eine brillante Auffassungsgabe für das große Ganze. Genau wie eine „Supermom" oder ein „Superdad", die jederzeit eine wundervolle Wahrnehmung für das Geschehen um sie herum besitzen. Organisierte Denker sind mit einem Arbeitsspeicher begabt, der es ihnen erlaubt, reibungslos zwischen vielen verschiedenen Gedanken zu wechseln. Dadurch können sie diverse Möglichkeiten erwägen, das Gesamtbild beachten, und den besten Plan entwerfen.

Wir können nicht alle „Super-Eltern" oder brillante Wissenschaftler sein. Aber wir können unsere organisatorischen Fertigkeiten benutzen, um alltägliche Probleme zu lösen. Von der Perspektive eines Kindes aus betrachtet, wimmelt es nur so vor Problemen, die gelöst werden wollen. Antworten auf Fragen wie „Wie schreibe ich einen Aufsatz?", „Was wünscht sich mein Freund zu Weihnachten?" und „Was soll ich tun, wenn ich gelangweilt bin?" erfordern mehrere kognitive Fertigkeiten auf einmal. Viele Herausforderungen wie das Überwinden von Langeweile, Abwägen mehrerer Möglichkeiten, Erfinden einer Geschichte oder Perspektivenwechsel fordern gleichzeitig Sprache, Gedächtnis und Planung. Der Arbeitsspeicher, die mentale Tafel, wird bei der Problemlösung extrem gefordert. Zum Glück kann, wie bereits erwähnt, der Arbeitsspeiche durch Übung gestärkt werden. Dieser Aufwand wird Ihr Kind zu einem noch besseren Problemlöser machen.

Deshalb lautet die fünfte Erziehungsrichtlinie: „Fördere Problemlösung". Mit anderen Worten: Ermutigen Sie Ihr Kind, das Gesamtbild eigenständig zu begreifen. Übernehmen Sie nicht alles selbst. Eltern können die kognitive Entwicklung von Kindern tatsächlich hemmen, indem sie zu viel für sie tun. Legen Sie nicht den gesamten Zeitplan Ihres Kindes fest, sondern erlauben Sie ihm auch mal, „nichts zu tun" zu haben. Das kann sehr fördernd sein, denn nun muss Ihr Kind eigenständig herausfinden, was es mit der gewonnenen Zeit anfängt. Erlauben Sie Ihrem Kind, selbstbestimmte Entscheidungen zu treffen, in kleinem oder großem Ausmaß. Ermutigen Sie es, die eigenen Gedanken zu organisieren, das Gesamtbild zu begreifen, flexibel zu denken, fantasievoll und sozial zu sein. Diese Fertigkeiten werden häufig kognitive Funktionen höherer Ordnung genannt. Dies begründet sich aus den komplizierten Wechselwirkungen zwischen den für das Denken zuständigen Gehirnregionen.

Imagination und Kreativität

Vorstellungskraft ist eine organisatorische Herausforderung. Denn für kreatives Denken muss ein geistiger Plan erstellt werden. Kreativität ist komplizierter als lineares Denken. Imagination ist mit vielen Einflüssen verbunden: abstrakte Ideen, Erinnerungen an frühere Ereignisse, die Zukunft und manchmal unbegrenzte Möglichkeiten. Simple kreative Gedanken beginnen früh. Zum Beispiel lernen viele Kinder zwischen zwei und drei Jahren Rollenspiele. Aber sie wollen häufig immer die gleiche Rolle und das gleiche Drehbuch. Sie haben Schwierigkeiten, wenn Eltern oder Freunde ein anderes Szenario erfinden. Wenn Kinder älter werden, wird ihr Rollenspiel sowohl komplexer, als auch kreativer. Als meine drei Töchter beispielsweise alle zusammen im Alter von acht, sechs und drei Jahren spielten, haben sie Schulen konstruiert, einzigartige Lego-Welten gebaut und eigene Rollenspiele entworfen. Selbst meine dreijährige Tochter hat verstanden, dass ihre Rolle je nach Situation variiert.

Flexibles Denken

Flexibles Denken ist eine weitere kognitive Funktion höherer Ordnung. Um zu der besten Lösung zu gelangen, muss eine Person mehrere Möglichkeiten berücksichtigen. Meistens gibt es viele Arten, ein Problem zu lösen (z. B. eine Frage in einem Aufsatz beantworten, klären, was an einem regnerischen Tag gespielt werden sollte, wer das letzte Stück vom Dessert bekommt), und auch die komplexe soziale Komponente muss bei einer Entscheidungsfindung berücksichtigt werden. Flexibles Denken beinhaltet Effizienz, Pragmatismus und die Gefühle anderer.

Mit zunehmendem Alter gelingt Kindern flexibles Denken immer besser. Zweijährige Kinder sind ein klassisches Beispiel inflexibler Denker. Ein Zweijähriger, der versucht, etwas mit Blöcken zu bauen, wiederholt den gleichen Fehler vielleicht nochmal oder gibt frustriert auf. Im Alter von vier oder fünf Jahren besitzen Kinder häufig schon genug Problemlösungskapazitäten, um andere Optionen in Betracht zu ziehen. Dennoch sind sie aufgrund ihrer noch begrenzten Perspektive nicht zu Kompromissen bereit. Viele junge Kinder werden durch Regeln geleitet, sodass flexibles Denken für sie sehr schwierig ist. Sie sehen Dinge als richtig oder falsch an und tun sich schwer mit Dingen dazwischen.

Inflexibles Denken wird häufig mit negativem Verhalten verknüpft. So haben inflexible Denker Probleme damit, wenn Dinge nicht nach ihren Wünschen laufen und mühen sich daher mit Planänderungen, Übergängen und manchmal mit dem Verlieren bei Spielen. Um Frustration zu vermeiden, spielen sie daher häufig allein oder bestehen in Gruppen darauf, Dinge auf ihre Weise zu machen. Die Lösung liegt darin, diesen Kindern flexibles Denken beizubringen, indem man ihnen ein Gefühl für Problemlösung vermittelt.

Vor Jahren habe ich mit einem Teenager und seiner Mutter gearbeitet, die sich uneinig über die Bearbeitung der Hausaufgaben und die Aufsicht der Mutter waren. Als die Situation eskalierte, bestand der Teenager, wie viele vor ihm, auf mehr Unabhängigkeit und sagte: „Meine Mutter kontrolliert mein Leben." Das Argument der Mutter war, dass ihr Sohn „sich um nichts kümmern" würde. Ich habe die Problemlösung eingeleitet, indem ich beide gefragt habe, was genau sie jeweils wollten. Die Mutter wollte, dass ihr Sohn seine Hausaufgaben erledigt. Der Sohn wollte nicht ständiges „Genörgel" wegen der Hausaufgaben hören. Also überließ ich das Dilemma dem Sohn: „Was könntest du tun, damit deine Mutter aufhört zu nörgeln?" Nach einer kurzen Diskussion war die Lösung, dass der Sohn seine Hausaufgaben eigenständig macht und sie vor 19:30 Uhr auf den Küchentisch legt. Wenn die Hausaufgaben nicht wie abgemacht bereit lagen, stand es der Mutter frei, sich zu beschweren. Problem fast gelöst, bis ich aufzeigte, dass der Sohn bei diesem Kompromiss die ganze Arbeit macht. Also habe ich gefragt, was passiert, wenn die Mutter vor 19:30 Uhr nörgelt. Der Sohn entschied, dass die Mutter ihm eine Packung Gummibärchen kaufen müsse, wenn sie sich frühzeitig beschwert. Beide waren zu Flexibilität fähig, sobald ich sie dazu bringen konnte, ihre Forderungen auszudrücken.

Drei Wochen später kam der gleiche Teenager niedergeschlagen mit seiner Mutter. Diese beschwerte sich über das unordentliche Badezimmer. Also sagte ich: „Sie wollen ein aufgeräumtes Badezimmer und er will keine ständige Nörgelei Ihrerseits," und bevor ich meinen Satz zu Ende bringen konnte, sagte der Teenager: „Ich weiß es. Wenn ich das Badezimmer jeden Tag bis 19:30 Uhr aufräume und sie vorzeitig nörgelt, muss sie mir eine weitere Packung Gummibärchen kaufen." Der Teenager hat die Dinge besser erkannt als seine Mutter. Vielleicht aufgrund des hohen Blutzuckers! Kindern Flexibilität bei der Problemlösung beizubringen, macht es für alle Beteiligten einfacher.

Perspektivenwechsel

Soziale Interaktion kann für manche Kinder schwierig sein und sie herausfordern. Gefühle anderer zu beachten und eigene mitzuteilen, ist nicht intuitiv. Für ein heranreifendes Kind scheint es daher häufig sinnvoller, immer als Erster dran zu sein, kein Spielzeug zu teilen und immer recht haben zu wollen. Das Konzept des Allgemeinwohls bedeutet einem jungen inflexiblen Menschen nichts. Eine der ersten erworbenen sozialen Fertigkeiten ist das Sich-Abwechseln. Aber wie erklärt man Abwechseln einem Kind, das denkt, Dinge nur auf seine Weise lösen zu können? Kindergartenkinder verstehen, dass man Dinge auf verschiedene Weise tun kann. Aber sie fangen gerade erst an, andere Perspektiven einzunehmen und die Meinungen anderer zu berücksichtigen. Daher schlussfolgern sie meistens, dass ihr Weg der beste ist. Perspektivenwechsel, wie in dem Werk der Logopädin Michelle Garcia Winner „Thinking about You, Thinking about Me" beschrieben, ist sehr kompliziert. Gute soziale Interaktion heißt, den Standpunkt des Anderen mit zu berücksichtigen. Die Perspektive zu wechseln bedeutet manchmal, eine für einen selbst weniger vorteilhafte Entscheidung zu treffen. Zum Beispiel erkennt ein sozial achtsames Kind, dass sein Kumpel im Sport dreimal hintereinander als Letzter gewählt wurde. Also entscheidet es (das Kind), ihn als Ersten zu wählen, auch, wenn damit eine Niederlage im bevorstehenden Spiel einhergeht. Denn das höhere Wohl liegt darin, dem eigenen Freund ein besseres Gefühl zu verleihen. Viele Auseinandersetzungen und Vorurteile kommen von mangelnder Fähigkeit, andere Perspektiven anzunehmen. Je mehr wir unseren Kindern andere Perspektiven und Ideologien erklären, desto besser können diese die Gedanken anderer verstehen. Wie bei jeder Problemlösungsfertigkeit braucht es Übung, um einen Fortschritt zu erzielen. Eltern sind Vorbild für den Perspektivenwechsel.

Überwindung von Langeweile

Zur Überwindung von Langeweile werden Kreativität und Flexibilität benötigt. Ein Kind mit begrenzter Kreativität kehrt bei Langeweile immer wieder zu ein, zwei Lieblingsaktivitäten (z. B. Fernsehen und Videospiele) zurück. Und wenn man dem Kind diese zwei Optionen wegnimmt, ist es schlecht gelaunt. Engagierte und interessierte Kinder können besser auf eine Vielzahl kognitiver Optionen zugreifen, um Langeweile zu überwinden. Sie haben gewissermaßen ein organisiertes „Dropdown-Menü" von Dingen, die sie bei Langeweile zu Hause oder im Klassenzimmer tun können. Die mentalen „Dropdown-Menüs" können mit der Organisation von Computern verglichen werden. Wie bereits erwähnt:

Wenn ein unorganisiertes Kind mit einem Dilemma wie Freizeit konfrontiert wird, greift es auf dieses mentale „Dropdown-Menü" zu. Wenn das Menü jedoch nicht direkt erscheint, entscheidet sich das Kind für eine Standard-Beschäftigung. Dieses Verhalten ist nicht zwingend ein Protest, sondern das Fehlen eines sofortigen „Dropdown-Menüs" diverser Optionen. Kinder erscheinen daher häufig gelangweilt, weil sie keine mentale Liste verschiedener Aktivitäten in Betracht ziehen können.

Die Gehirnentwicklung ist in der Hinsicht faszinierend, dass sich häufig ein Teil des Gehirns auf Kosten eines andern entwickelt. Es ist nicht unüblich, dass Kinder unorganisiert aber begabt („doppelt außergewöhnlich") sind. Eltern solcher Kinder erzählen mir häufig, dass ihre Kinder so intelligent sind, dass sie sich in der Schule langweilen. Ihre Vermutung ist, dass der Lehrer sie nicht genug herausfordert. Es mag wahr sein, dass ein Lehrer in einer Klasse mit dreißig Schülern sich nicht immer um die besten Schüler kümmert. Jedoch denke ich nicht, dass zu wenig Herausforderung Ursprung dieses Verhaltens ist. Tatsächlich behandle ich auch viele Schüler, die talentiert und nie gelangweilt sind. Desinteressierte Schüler haben vor allem das Problem mangelnder Organisation: Sie sind gelangweilt, weil ihnen keine Alternativen in den Sinn kommen, um die gewonnene Zeit zu füllen. Andererseits könnte ein organisiertes Kind zur Bekämpfung von Langeweile beispielsweise Pläne für den Nachmittag schmieden, einen Song schreiben, die Spieler des WM-Finales 2014 aufzählen oder über all die Dinge nachdenken, die man in der Natur machen könnte. In gewisser Hinsicht ähneln die Bemühungen beim Kampf gegen Langeweile der Fähigkeit zu Kreativität und Imagination. Effektive Kreativität kann beschrieben werden als organisierte Suche nach Dingen, die verwandt, und dennoch einzigartig sind. Daher ist die Verknüpfung zwischen Gedächtnis und exekutiven Funktionen (die Fähigkeit des Gehirns, Aufgaben zu planen, zu organisieren und zu erledigen) elementar. Denn dadurch wird nicht nur das Benehmen des Kindes beeinflusst, sondern auch seine Kreativität und seine schulischen Leistungen.

Haben Sie keine Angst, Ihr Kind Langeweile auszusetzen. Langeweile zu überwinden, ist Training für das Gehirn. Widerstehen Sie dem Drang, das iPhone zu zücken, wenn Ihr Kind nichts zu tun hat. Zeigen Sie stattdessen, wie man mit solchen Situationen kreativ und spaßig umgeht.

Das Gesamtbild begreifen

Ich betrachte die Fertigkeit, das Gesamtbild zu begreifen, als den ultimativen Schritt zu organisiertem Denken. Menschen mit diesem Können sind häufig in

Führungspositionen, weil sie das Team-Ziel auf die individuellen Ziele der Teilnehmer an einem Projekt abstimmen können. Viele Erwachsene sind nicht in der Lage, auch mal einen Schritt zurück zu gehen und eine erweiterte Sichtweise zu gewinnen. Daher sind Kinder mit dieser Fertigkeit im Vergleich sehr fortgeschritten. Großzügig zu sein ist ein frühes Zeichen, dass ein Kind das Gesamtbild versteht. Denn dafür muss man die Perspektiven anderer einnehmen und verstehen, was sich andere wünschen. Zusammenfassungen sind ein direktes Beispiel für komplexes organisiertes Denken. Einer anderen Person das Geschehen zu erzählen, scheint zunächst einfach. Aber eine gute Zusammenfassung ist mehr als eine plumpe Aufzählung des Inhaltes. Neben der Darstellung der Ereignisse sollte der Erzähler das Vorwissen der Zuhörer zu diesem Thema mit einbeziehen.

Hier ein Beispiel: Wenn ich meiner Tochter Thanksgiving erkläre, könnte ich sagen, dass Thanksgiving ein Feiertag ist. Dieser wurde eingeführt, nachdem religiös verfolgte Pilger in Europa nach Amerika als freies Land zogen. Als sie in Amerika ankamen, haben sie Ureinwohner getroffen, mit denen sie zusammen ein Erntedankfest hatten. Wenn meine Tochter jedoch kein Vorwissen über Pilger, Europa und religiöse Verfolgung hat, wird sie nur verwirrt sein. Weil ich aber das Wissen meiner Tochter kenne, könnte ich diese Punkte in meiner Zusammenfassung erklären. Eine bessere Zusammenfassung wäre zum Beispiel folgende: Thanksgiving ist ein Feiertag, der begann als Menschen von einem anderen Teil der Erde, Europa genannt, über den Ozean nach Amerika segelten. Sie haben Europa verlassen, weil die dortigen Herrscher ihnen nicht erlaubten, so zu beten, wie sie wollten. Als sie in Amerika ankamen, haben sie Ureinwohner getroffen. Das sind Menschen, die schon in Amerika lebten. Zusammen hatten dann alle ein riesiges Fest, um sich für ihr großes Glück zu bedanken. Demonstrieren Sie Zusammenfassungen vorbildhaft und ermutigen Sie Ihr Kind, die eigenen Erfahrungen zusammenzufassen. So kann es zeigen, dass es in der Situation bereits das Gesamtbild begreift.

Problemlösung ist eine hochentwickelte Fertigkeit, die sich schrittweise ein Leben lang entwickelt. Sie aber legen das Fundament, wenn Ihre Kinder noch sehr jung sind. Ermutigen Sie Ihr Kind heute, morgen und an jedem folgenden Tag, eigenständig zu denken. Die folgenden Kapitel beschreiben altersgerechte Übungen zur Problemlösung.

KAPITEL 3

Erziehung eines organisierten Säuglings: Die Bindungsjahre

Schritt 1: Sei beständig

Ein Säugling ist von den Eltern komplett abhängig. Daher steht die Erfüllung der Bedürfnisse im Fokus der frühen Erziehung. Eltern müssen stetig und vorhersagbar auf physische und emotionale Bedürfnisse reagieren. Zum Glück erfordert die Pflege eines Babys nicht viel: wickeln, lächeln und eine beruhigende Stimme. Beständigkeit ist elementar für den Lernprozess. Indem sie direkt auf die Bedürfnisse ihres Kindes reagieren, bereiten Eltern ihre Kinder auf zukünftigen Erfolg vor. Mangelnde Pflege hingegen kann verheerende Auswirkungen auf den Säugling haben. Ich habe mit vielen Kindern gearbeitet, die das Unglück hatten, in einem ausländischen Waisenhaus zu leben. Dort teilen sich häufig sechs Säuglinge ein Gitterbett, ein Erzieher kontrolliert stündlich die Windeln und die Säuglinge bekommen dreimal am Tag ein Fläschchen.

Beständige Erziehung und Pflege begrenzen den toxischen Stress. Eltern, die die unterschiedlichen Schreie des Babys (z. B. hungrig, gereizt, Windeln) auseinanderhalten können und passend auf diese eingehen, vermitteln ihrem Kind, dass es Hilfe erfährt, wenn es schreit. Folglich sollten Eltern immer direkt bei Bedarf Windeln wechseln, das Kind zum Schlafen bringen und füttern. Das Schreien bewirkt eine Antwort. Das zeigt dem Kind, dass Schreien eine erste Form der Kommunikation ist.

Wenn Eltern beständig sind, festigt sich eine starke Bindung, durch die sich das Kind sicher fühlt. Im Alter von zehn Monaten bevorzugen Säuglinge bekannte Gesichter und zeigen Angst vor unbekannten Personen. Diese Angst ist eine völlig angemessene Reaktion in diesem Alter, und ein Fehlen dieser

Angst kann Anlass zu Besorgnis sein und sollte mit Ihrem Kinderarzt abgeklärt werden. Eine beständige Erziehung schafft eine wundervolle Säuglings-Eltern-Bindung und bereitet das Kind auf viele weitere positive Erfahrungen vor.

In der Säuglingszeit beginnen Babys zu lernen, dass es in der Umgebung eine Ordnung gibt. Während der ersten acht Monate nach der Geburt lernen sie das Konzept von Ursache und Wirkung. In anderen Worten: Sie verstehen die ersten Handlungsabfolgen. Sie lernen alles über ihr Umfeld und freunden sich zunehmend mit diesem an. Sie erkennen, dass das Ablegen im Bett Schlafenszeit bedeutet, dass der Hochstuhl die Zeit zum Füttern signalisiert. Und der Wickeltisch symbolisiert das Warten auf Papa zum Windelwechseln, um ihn genau in dem Moment vollzupinkeln. Und all das hängt von der Beständigkeit der Eltern ab.

Die Spielsachen für Kinder in diesem Alter können die Ursache-Wirkung-Beziehung festigen. Im Alter von acht Monaten haben die meisten Säuglinge ein Verständnis von Ursache und Wirkung und lernen mit Spielsachen dazu. Dieses Spielzeug muss nicht technisch fortgeschritten sein. Einfache Spielsachen sind häufig am besten geeignet, wie zum Beispiel Klopfbänke und Schachtelteufel. Knöpfe und Drehhebel, die Laute von sich geben, zeigen dem Kind die erwünschte Resonanz und lehren, dass jede Aktion eine Reaktion hervorruft.

👍 Empfehlungen für eine beständige Erziehung

- *Antworten Sie direkt auf die Schreie Ihres Babys.*
- *Gehen Sie auf die Bedürfnisse ein: Nahrung, Schlaf und Windelwechsel.*
- *Führen Sie Routinen für das Schlafen und Füttern ein.*
- *Fütter-Routinen können mit festgelegten Zeiten und Orten etabliert werden. Eltern können ihr Kind durch eine ruhige Atmosphäre entspannen.*
- *Säuglinge sollten immer an festgelegten Orten zu festgelegten Zeiten schlafen.*
- *Eltern können besänftigende Routinen vor dem Schlafengehen umsetzen.*
- *Das am besten geeignete Spielzeug sind die klassischen „Ursache und Wirkung"-Spielsachen. Das Kind erkundet und identifiziert die Objekte und ihre Wirkungsweise genau. Sie zeigen dem Baby die eigene Kontrolle über Dinge und sollten ungefähr im Alter von 3 Monaten eingeführt werden.*
- *Die einfachsten Spielsachen sind Rasseln und schwingendes Spielzeug, das durch Einwirkung Laute von sich gibt. Ab dem Alter von sechs Monaten können die „Ursache und Wirkung"-Spielsachen anspruchsvoller werden, sodass das Kind nun Objekte in eine bestimmte Richtung drücken oder drehen muss, um eine Reaktion hervorzurufen (z. B. Geräusch, Melodie oder auftauchendes Spielzeug).*

Schritt 2: Führe Ordnung ein

In den ersten paar Monaten nach der Geburt lernen Babys exponentiell und das erste erlernte Konzept ist das von Ursache und Wirkung – ein Fundament für das Erlernen von Handlungsabfolgen. Schon Neugeborene können die Stimme ihrer Mutter erkennen. Bald lernen sie sich zu besänftigen, indem sie an ihren Fingern oder Daumen nuckeln. Säuglinge zeigen ihr Verständnis von Reihenfolgen schon unter einem Jahr. Folglich sollte die Übung hierfür schon im Säuglingsalter beginnen. In dieser Phase führen Eltern das Konzept von Ursache und Wirkung ein und sind ein Vorbild für Ordnung, indem sie Routinen einführen und schließlich im Kleinkindalter eine geordnete Sprache benutzen.

Beständige Erziehung

Eltern, die stetig auf die Bedürfnisse ihres Kindes eingehen, vermitteln unbewusst Ordnung. Ein Lächeln ist eine Ursache-Wirkung-Interaktion. Wenn ein Familienmitglied das Kind anlächelt, sollte es zurück lächeln. Tatsächlich ist das Fehlen eines sozialen Lächelns bei einem sechs Monate alten Kind ein Warnsignal für die Kindesentwicklung und sollte in jedem Fall mit dem Kinderarzt abgeklärt werden. Ich empfehle Eltern, Zeit damit zu verbringen, das Gesicht ihres Neugeborenen genau zu beobachten. Wenn Ihr Kind eine Grimasse zieht, gehen Sie näher ran und machen Sie die gleiche Grimasse. Wenn Ihr Kind die Zunge rausstreckt, tun Sie es auch, und wenn es irgendetwas plappert, wiederholen Sie es. Ihr Kind wird Ihre Grimassen schon mit ein paar Monaten lustig finden und manchmal laut lachen. Zwischen drei und sechs Monaten wird es Sie genauso imitieren. In gewisser Weise haben Sie damit Ihre erste nonverbale Konversation. Die Grimassen sprechen für sich. Egal bei was, Füttern, Windelwechseln, Spielen oder Kommunikation, Ihr Säugling lernt am besten durch Beständigkeit.

Vermitteln von Ursache und Wirkung

Zwischen sechs und sieben Monaten lernen Säuglinge ihre ersten Zwei-Schritt-Abfolgen. Zum Beispiel können sie eine Glocke schütteln und dadurch klingelt diese. Das Kind macht etwas und bekommt eine Reaktion. Während sie die Welt weiter erkunden, fassen sie alles an und nehmen alles in den Mund, was sie in die Hände bekommen. Die resultierenden Geräusche sind wieder eine Ursache der Einwirkung. Viele mögen die neuen Geräusche und schlagen Dinge noch lauter. Die meisten Kinder lernen dieses Prinzip unabhängig. Dennoch können direkte Reaktionen der Eltern und geeignete Spielsachen den Lernprozess beschleunigen.

Reihenfolgen verstehen

Fangen Sie an, Zwei-Schritt-Spiele mit Ihrem Kind zu üben. Viele Sechsmonatige mögen das Guck-guck-Spiel und simples Verstecken. Beim Guck-guck-Spiel wird das Gesicht verdeckt und gesagt: „Wo ist Papa?", um dann die Hände zu öffnen und zu verkünden: „Hier bin ich!" Beim simplen Verstecken verdecken Sie Ihr Kind nach dem gleichen Prinzip mit einer Decke und fragen: „Wo ist Lisa?" Dann ziehen Sie die Decke weg und sagen: „Hier ist sie!" Noch vor dem ersten Geburtstag lernt Ihre Tochter, die Decke selbst wegzuziehen, denn sie begreift die Reihenfolge im Spiel. Sie können das Verständnis schon darin erkennen, dass sie bei der Vorbereitung breit grinst. Ein weiteres sequenzielles Spiel mit etwa neun Monaten ist „Pizza backen". Die Reihenfolge „Ausrollen", „Belegen" und „Ab in den Ofen" wird Ihrem Kind sehr gefallen.

Die Spielzeuge, die wir für sehr junge Kinder kaufen, haben mehr Bedeutung als nur Spaß zu machen. Säuglinge und Kleinkinder brauchen Ursache-Wirkung-Spielsachen, damit sie das Konzept der Reihenfolge besser verstehen. Vermeiden Sie es, in den Hype von batteriebetriebenen Spielereien zu geraten, mit all den Lichtern und Geräuschen. Die klassischen Spielzeuge bieten alle Feinheiten, die ein Säugling braucht. Sehr junge Kinder bekommen Spielzeug-Mobiles. Sie bekommen Rasseln zum Schütteln und Spielzeug mit Knöpfen, die auf eine bestimmte Weise reagieren. Schachtelteufel und andere Dinge dieser Art sind weitere klassische Ursache-Wirkung-Spielsachen und sie kommen ohne Batterien aus.

Einführen von Routinen

Physiologische Routinen wie schlafen, essen und in höherem Alter auch Toiletten-Training sind perfekt, um das Konzept der Reihenfolge zu vermitteln. Eltern können gar nicht früh genug mit Routinen beginnen. Tatsächlich empfehlen Schlafforscher, Schlafroutinen direkt nach der Rückkehr aus dem Krankenhaus einzuführen. Neben der Wichtigkeit des Ursache-Wirkung-Trainings beruhigt die Stetigkeit geregelter Schlafzeiten den Säugling und vermittelt ihm das Gefühl, dass alles okay ist. Wenn das Kind später dann mal schreiend einschlafen muss, protestiert das Kind vielleicht, aber es hat immer noch ein Gefühl von Sicherheit, dass die Eltern bei wirklichen Bedürfnissen immer da sind.

Zudem trainieren Eltern mit Futter-Routinen den Biorhythmus ihres Säuglings. Unterbewusst stellt regelmäßiges Füttern die biologische Uhr ein. Das Erlernen des Konzeptes von Zeit ist ein elementarer Meilenstein der Organisation. Daher ist die Entwicklung dieser inneren Uhr umso bedeutender.

Beständiges Besänftigen durch die Eltern, die Einführung von Routinen, das Spielen einfacher Spiele und die Benutzung von Spielsachen tragen alle zu dem Verständnis des Säuglings für zeitliche Ordnung bei.

👍 Empfehlungen für das Verständnis zeitlicher Ordnung

Beständige Erziehung

- *Eltern sollten lernen, in einer ruhigen und beständigen Weise auf ihr Kind zu reagieren. Babys schreien, um ihre Bedürfnisse zu kommunizieren, welche zum Glück simpel sind: schlafen, essen und Windelwechsel. Wenn ein Neugeborenes oder ein Säugling unzufrieden ist, können Eltern folgende Schritte anwenden, um auf die Bedürfnisse des Kindes zu reagieren:*
- *Überprüfen, ob die Windel gewechselt werden muss.*
- *Füttern Sie nur, wenn es dafür Zeit ist oder Sie glauben, dass das Kind wirklich hungrig ist.*
- *Nehmen Sie Ihr Kind auf den Arm und versuchen Sie sanft, ein Bäuerchen auszulösen.*
- *Schaukeln Sie es und singen Sie leise dazu.*
- *Wechseln Sie den Ort (z. B. anderer Raum, nach draußen gehen) oder passen Sie die Position des Säuglings an.*
- *Helfen Sie ihm einzuschlafen.*
- *Wenn all das nicht funktioniert, fangen Sie mit der Liste von vorne an, aber seien Sie geduldig. Manchmal sind Babys hektisch, schreien und sind schwer zu trösten.*

Einführen von Routinen

- *Führen Sie regelmäßige Routinen ein für tägliche Aktivitäten wie Füttern, Nickerchen, Baden und Schlafen. Zum Beispiel beinhaltet eine Nickerchen-*

*Routine für einen viermonatigen Säugling eine gewohnte Umgebung
(z. B. Kinderzimmer), Lichter dimmen, Halten des Kindes in einer gewohn-
ten Position und Singen des gleichen Liedes oder Erzählung der gleichen
Gute-Nacht-Geschichte.*

Vermitteln von Ursache und Wirkung

- *Führen Sie „Ursache-Wirkung"-Spielzeug ein.*
- *Ziehen Sie für Säuglinge zwischen einem und sechs Monaten Spielsachen in
  Betracht, die sich unter Einwirkung bewegen oder Laute von sich geben.*
- *Im Alter von acht Monaten können Sie Spielzeug einführen, für das man
  planen muss, wie zum Beispiel der klassische Schachtelteufel oder ähnliches
  Spielzeug.*
- *Etablieren Sie Ursache-Wirkung-Spiele wie das Guck-guck-Spiel oder simp-
  les Verstecken ab sechs Monaten.*

Verständnis von Zeit

- *Verwenden Sie Wörter wie Begrüßungen und Verabschiedungen sowie
  Wörter, die etwas abschließen (z. B. „Hallo", „Tschüss", „Aufräumen").*

Schritt 3: Teile allem einen Platz zu

Das Gehirn eines Kindes wächst in den ersten Jahren nach der Geburt immens.
Der visuelle Cortex ist Teil des Gehirns und wichtig, um visuelle Informationen
zu erkennen und zu verstehen. Der visuelle Cortex eines Säuglings ist noch nicht
voll entwickelt. Die Forschung hat bewiesen, dass Eltern das Wachstum dieser
Gehirnregion signifikant beeinflussen können, indem sie ihrem Kind Kontraste
zeigen.[27] Als Elternteil können Sie das Sehvermögen Ihres Kindes am besten
trainieren, indem Sie schwarz-weiße Streifen oder hell-und-dunkel Kontraste
(z. B. rot, weiß und schwarz) zeigen. Wer auch immer damit angefangen hat, Kinderzimmer mit hübschen, weichen Pastelltönen zu dekorieren, war kein Augen-
arzt. Großeltern lieben diese Farben, jedoch tun diese leider nichts für das Baby.
Wird ein Baby mit weichen Pastelltönen umgeben, wirkt das wie das Tragen
einer Augenbinde. Kontrastreiche Farben sind wesentlich wertvoller für die Gehirnentwicklung eines Säuglings.

Ein geförderter Säugling lernt und wächst mit einer beachtlichen Geschwindigkeit. Nur Tage nach der Geburt lernen Babys schon, ihren Kopf in Richtung einer Stimme zu bewegen. Dadurch demonstrieren sie schon ihr Verständnis, dass ein Reiz mit einem Ort verknüpft werden kann. Indem ältere Kinder ihre Umgebung erkunden, bildet sich die räumliche Verarbeitung zunehmend aus. Das Kind greift nach Objekten in der Nähe und beobachtet Menschen, die das Zimmer betreten. Fördern Sie die Entwicklung der räumlichen Verarbeitung, indem Sie von verschiedenen Stellen im Raum aus mit Ihrem Kind sprechen. Dabei muss das Kind das Geräusch lokalisieren. Dann lächeln Sie es an und nach ein paar Monaten wird es das Muster Ihres Lächelns erkennen und zurück lächeln.

Ein weiterer signifikanter Meilenstein in der Entwicklung ist die Erkennung der permanenten Anwesenheit von Objekten. Dafür muss ein Kind erkennen, dass etwas außerhalb der eigenen Sichtweite tatsächlich weiterexistiert. Dieses Prinzip versteht ein siebenmonatiger Säugling normalerweise. Wenn ein Säugling zum Beispiel einen Löffel vom Hochstuhl fallen lässt, schaut er über den Rand, um ihn wiederzufinden. Vor diesem Alter sind Dinge außerhalb der Sichtweite buchstäblich „außerhalb des Verstandes". Mit dem Prinzip der permanenten Existenz kann sich ein Kind nun also die Position von Dingen merken. Wenn Sie Kinder zwischen acht und zwölf Monaten fragen, ob sie hungrig sind, drehen sie den Kopf vielleicht in Richtung Kühlschrank. Denn sie wissen schon, dass dort das Essen gelagert wird. Wenn Sie Säuglingen sagen, dass es Schlafenszeit ist, lehnen sie sich vielleicht instinktiv in Richtung Bett. Sie können Ihrem Säugling noch so viel mehr Verknüpfungen von Objekt und Ort beibringen. Allem einen Platz zuzuteilen, vermittelt Kindern, dass Dinge auch wirklich an Orten sind, wo man sie erwarten würde.

👍 Visuelle Empfehlungen

- *Säuglinge brauchen optische Kontraste. Gestalten Sie das Kinderzimmer mit hell-dunkel-Streifen.*
- *Kontrastreiche Baby-Mobiles erreichen die Aufmerksamkeit des Säuglings. Achten Sie auch bei Spielzeug, wie zum Beispiel bei Rasseln und Teddybären, auf Kontraste statt weicher Farben.*
- *Babys schlafen die meiste Zeit. Wenn Ihr Kind jedoch wach ist, zeigen Sie ihm etwas. Das Gesicht eines Elternteils reicht schon, um die Aufmerksam-*

*keit des Säuglings zu erregen. Bewegen Sie Ihren Kopf vor und zurück und
sehen Sie, wie Ihr Säugling mit dem Blick folgt.*

- *Halten Sie Ihr Kind in einer Position mit Blickkontakt. Denn die Beobachtung
  von verschiedenen Gesichtsausdrücken fördert die Entwicklung der visuellen
  Verarbeitung und des Einfühlungsvermögens.*
- *Versuchen Sie in der Anfangszeit gleichbleibende Orte für das Füttern,
  Schlafen und Windelwechseln einzuführen.*
- *Eltern können jetzt schon damit anfangen, die räumliche Welt des Säuglings
  zu organisieren. Teilen Sie Spielsachen, Klamotten und Kuscheltieren feste
  Plätze zu.*
- *Spielen Sie das Guck-guck-Spiel und simples Verstecken, wenn Kinder im
  Alter zwischen sieben und acht Monaten die permanente Existenz von
  Dingen erkennen.*

Schritt 4: Übe vorausschauendes Denken

Das Gehirn von Säuglingen ist noch nicht ausgereift für vorausschauendes
Denken. Sie essen, wenn sie hungrig sind, schlafen, wenn sie müde sind. Sie
nehmen nahezu keine Planung oder Antizipation vor. Jedoch wird im Säuglingsalter bereits das Fundament für diese Fertigkeiten gelegt, indem Sie das Prinzip
von Ursache und Wirkung vermitteln. Sobald ein Kind versteht, dass eine Sache
zur nächsten führt, kann es einen Ausgang antizipieren. Indem Sie die „Empfehlungen für das Verständnis zeitlicher Ordnung" beachten, wird genau dieses
Fundament gelegt.

Schritt 5: Fördere Problemlösung

Ein Neugeborenes hat bereits alle nötigen Gehirnzellen für komplizierte Gedanken, aber der Großteil des neuronalen Netzwerks ist noch nicht verknüpft. Ihre
stetigen Bemühungen, die Bedürfnisse Ihres Kindes zu erfüllen, fördern diese
Verknüpfungen. Säuglinge sind noch nicht in der Lage, komplexe Probleme zu
lösen. Jedoch können sie bereits die elementaren Fertigkeiten für Problemlösung wie soziale Interaktion und das Prinzip von Ursache und Wirkung lernen.
Eltern sind ein Vorbild für soziale Interaktion, indem sie sich um ihr Kind kümmern. Sie zeigen, dass Bedürfnisse von Kindern direkte Reaktionen hervorru-

fen. Außerdem sind Eltern Vorbild für eine weitere Fähigkeit – flexibles Denken –, indem sie Anpassungen vornehmen, wenn etwas nicht klappt (z. B. wenn das Windelwechseln das Baby nicht beruhigt, versuchen sie es mit Füttern, Singen oder Schaukeln des Säuglings). Eltern sollten das Gesicht und die Augen ihres Kindes genau beobachten. Säuglinge haben eine beachtliche Fähigkeit, Gesichtsausdrücke zu imitieren. Ziehen Sie Grimassen. Die Imitation legt das Gerüst für Rollenspiele im Kleinkindalter.

👍 Empfehlungen für Problemlösung

- *Reagieren Sie sofort auf Schreie oder Unbehagen Ihres Kindes. Gehen Sie auf die Bedürfnisse ein: angemessene Kleidung für den Temperaturausgleich, Füttern, Schlafen, Windelwechseln.*
- *„Ursache und Wirkung"-Spielzeug sollte im Alter von etwa drei Monaten eingeführt werden. Zur Erinnerung:*
- *Die einfachsten Spielsachen sind Rasseln und schwingendes Spielzeug von der Decke, das Ihr Kind anstupsen kann.*
- *Im Alter von sechs Monaten dürfen die „Ursache und Wirkung"-Spielsachen anspruchsvoller werden, sodass das Kind nun Objekte in eine bestimmte Richtung drücken oder drehen muss, um eine Reaktion hervorzurufen (z. B. Geräusch, Melodie oder bewegliches Spielzeug).*
- *Durch ruhige Reaktionen und Anpassungsgabe sind Eltern ein Vorbild für flexibles Denken.*
- *Halten Sie Augenkontakt mit Ihrem Kind.*
- *Ziehen Sie Grimassen vor Ihrem Kind und imitieren Sie die Gesichtsausdrücke, die es selbst macht. Durch diese Imitation zeigen Sie dem Säugling seinen Einfluss auf die Umwelt und verstärken die Bedeutung von Augenkontakt.*
- *Sobald Ihr Kind rollen, rutschen oder krabbeln kann, platzieren Sie Spielzeug außerhalb der Reichweite. So muss Ihr Kind herausfinden, wie es von A nach B kommt.*

Kapitel 4

KAPITEL 4

Erziehung eines organisierten Kleinkindes: Die großen Abenteurer

Die Kleinkind-Jahre sind eine Zeit erheblicher Entwicklung. Kleinkinder sind zwischen ein und drei Jahren alt. Innerhalb dieser Phase wird Ihr Kind mit dem Laufen und Sprechen beginnen. Und bevor man sich versieht, rennt das Kind und führt Unterhaltungen. Durch Bewegung und Sprache lernt Ihr Kleinkind exponentiell mehr und mehr über die Umgebung. Und die beste Art des Lernens ist in diesem Alter das Spielen. Die Spielgeschicklichkeit Ihres Kleinkinds steigert sich drastisch. Und ab dem dritten Geburtstag kann es schon Rollen spielen und die eigene Imagination benutzen.

Die meisten Kleinkinder sind von Natur aus sozial. Häufig wirkt es so, als hätte die Verbindung zur Familie höchste Priorität. Sie sehen, was wir machen, und versuchen uns zu imitieren. Wenn Papa etwas kocht, lieben sie es, so zu tun, als ob sie kochen würden. Und wenn Mama sauber macht, wollen Kleinkinder den Staubsauger auch herumschieben. Wenn die Eltern jedoch schlafen, hört die Imitation dann doch leider auf. Ich erinnere mich an eine Situation, in der ich meine Frau vor unserem Kleinkind geküsst habe und plötzlich spürten wir, wie sich die Lippen eines Zweijährigen zwischen unsere Gesichter drückte. Unsere Kleinkinder beobachten jede unserer Bewegungen und sind gern in Gesellschaft. Falls sie jedoch keinerlei Interesse an den Personen in der Umgebung zeigen, könnte das ein ernstes medizinisches Problem sein, das mit einem Kinderarzt besprochen werden sollte.

Schritt 1: Sei konsequent

Ihr Kind beobachtet Sie interessiert und lernt dabei alles über Ihre Person. Zum Beispiel den Tonfall Ihrer Stimme und die Ruhe Ihrer Antworten. Es verfolgt auch Ihr Verhalten gegenüber anderen. Ihr Kind beobachtet und bewertet Ihre Prinzipien sowie Ihre Entscheidungen. Daher ist es wichtig, dass Sie als Elternteil und Vorbild die Fähigkeiten vorleben, die Sie Ihrem Kind auch wünschen. Je häufiger und beständiger ein bestimmtes Verhalten auftritt, desto leichter kann Ihr Kind dieses lernen. Inkonsequente sowie unberechenbare Reaktionen und Entscheidungen Ihrerseits stören jedoch diesen Lernprozess. Mir fällt auf, dass gestresste und überlastete Familien eigentlich nur noch durch den Tag kommen wollen. Diese Eltern neigen dazu, Abstriche und Kompromisse bei der Erziehung zu machen. Beispielsweise wird das Kind durch eine Autofahrt zum Schlafen gebracht. Es wäre besser, dem Kind beizubringen, im eigenen Bett zu schlafen. Oder Eltern räumen die Unordnung des Kindes schnell selbst auf, anstatt dem Kind das Aufräumen beizubringen. Das kann ich natürlich nachvollziehen, denn das Leben ist manchmal anstrengend und kompliziert. Dennoch ist der Leitgedanke für die Erziehung: Handle konsequent, bedacht und kontinuierlich.

Wenn Kinder zu laufen beginnen, können sie in unsichere Situationen geraten. Es ist Aufgabe der Eltern, sie zu beschützen. Ab dieser Phase ist es sinnvoll, einheitliche Regeln und Grenzen einzuführen. Dazu gehört die Einrichtung von Schutzmaßnahmen. So können Treppengitter Kinder vor gefährlichen Treppen schützen. Steckdosen werden mit Kindersicherungen versehen, damit die Kinder nichts in die Steckdose stecken. In dieser Phase ist es wichtig, dass Kleinkinder die Bedeutung des Wortes „Nein" erlernen. Und ein Nein bedeutet wirklich, die Aktion sofort zu unterlassen.

Ich habe Eltern gesehen, die in Situationen Nein gesagt haben, in denen Ihr Kind nur etwas berührte, sich schnell bewegte oder scheinbar zu laut atmete. Wenn Eltern jedoch zu häufig Nein sagen, lernt das Kind, sie auszublenden. Verwenden Sie stattdessen Nein nur in den allerwichtigsten Situationen. Dann hat ein Nein wesentlich mehr Bedeutung. Gutes Verhalten des Kindes direkt zu loben, ist eine effektive Strategie. Loben Sie Ihr Kind für positives Verhalten, so erreichen Sie seine Aufmerksamkeit. Ihre Kinder hören dann auch auf ein sporadisches Nein. Eine effektive Richtlinie wäre für einen negativen zehn positive Bemerkungen zu äußern. Damit können Sie Ihre Kinder zum Zuhören bewegen. Anstatt automatisch Nein zu sagen, versuchen Sie Ihr Kind vorsichtig und konstruktiv in die richtige Richtung zu leiten. Zum Beispiel: „Lass uns mit den

Bauklötzen spielen anstatt mit dem Föhn. Föhne sind zum Haaretrocknen, Bauklötze zum Spielen."

Ein Kleinkind ist weiter entwickelt als ein Säugling. Je älter Ihr Kind wird, desto mehr Umsicht und Geschicklichkeit fordert die Erziehung. Das Kleinkind hat – wie ein Säugling auch – immer noch Bedürfnisse, auf die Sie zuverlässig eingehen müssen. Zum Beispiel ist es bezüglich der Nahrung und des Windelwechselns auf Sie angewiesen. Aber Ihr Kind kann schon in alltägliche Routinen eingebunden werden. Es beteiligt sich aktiv am Geschehen und lässt sich nicht nur bedienen.

☞ Empfehlungen für eine beständige Erziehung

- *Kleinkinder benötigen viel Aufmerksamkeit. Es ist wichtig, jederzeit zu wissen, was Ihr Kind wo tut.*
- *Führen Sie einheitliche Grenzen und Regeln ein:*
- *Sicherheitsvorkehrungen sind für Kleinkinder sehr wichtig. Verwenden Sie zum Beispiel immer einen Kindersitz. Nehmen Sie Kinder auf Parkplätzen an die Hand. Verwenden Sie Schutzmaßnahmen wie Treppengitter und Steckdosen-Kindersicherungen.*
- *Legen Sie verständliche Regeln fest: „nicht beißen", „nicht an den Haaren ziehen." Achten Sie darauf, dass Sie keine widersprüchlichen Botschaften senden, indem Sie spielerisches An-den-Haaren-Ziehen oder Beißen erlauben. Lachen über Fehlverhalten hinterlässt bei Kindern den Eindruck, dass ihr Verhalten richtig sei. Kleine Kinder erkennen diesen Unterschied nicht.*
- *Stellen Sie sicher, dass „Nein" eine sehr wichtige Bedeutung hat.*
- *Abwägung ist entscheidend, um die Wichtigkeit des Wortes „Nein" hervorzuheben. Heben Sie sich das Nein für gefährliche und wichtige Situationen auf (z. B. Kind steckt Münze in den Mund). Sagen Sie: „Nein, stecke diese Münze nicht in Deinen Mund!" Wenn Ihr Kind dann nicht sofort stoppt, nehmen Sie die Münze weg.*
- *Vermeiden Sie als Elternteil, das Wort „Nein" übermäßig zu benutzen. Wann immer möglich, sollten Sie Ihr Kind vorsichtig und konstruktiv zum richtigen Verhalten bewegen. Halten Sie sich an die Richtlinie „zehn positive für jede negative Bemerkung".*
- *Setzen Sie Routinen ein, um ein Gefühl der Stetigkeit zu vermitteln. Nach und nach können Sie Routinen, die im Säuglingsalter eingeführt wurden, erweitern. Baden, Windeln wechseln, Gute-Nacht-Geschichten lesen, das*

gleiche Schlaflied singen und Kuscheln können in ihrer Gesamtheit zu einer Schlafroutine zusammengefasst werden. Danach können Sie Ihrem Kind „Gute Nacht" sagen, „wir lieben dich sehr!"

- *Kleinkinder werden ihre Eltern genau testen. Schließlich wollen sie ihre Grenzen erkunden und letztlich auch erlernen. Eltern sollten eine konstant ruhige Haltung einnehmen, wenn sie auf das Fehlverhalten ihrer Kinder reagieren. Durch eine ruhige Erziehung bringen Sie Ihrem Kind bei, auch selbst besser mit eigenem Kummer umzugehen.*
- *Wenn Kleinkinder ihren Eltern ins Wort fallen, können diese ihren Finger hochhalten, um zu signalisieren, dass sie sich gleich um sie kümmern. Und dann können Sie Ihrem Kind nach kurzer Zeit antworten. Das wird Ihr Kind lehren, auch einmal zu warten.*
- *Eine aktive Strategie, um einem Kleinkind das Warten beizubringen, besteht darin, dass das Kind die Hand sanft auf den Arm des Elternteils legt, um zu signalisieren, dass es etwas möchte, jedoch ohne den Elternteil zu unterbrechen. Das Kind weiß, dass es bis zu der Zuwendung seiner Eltern ruhig bleiben sollte. Loben Sie Ihr Kind, wenn es die Handlungsabfolge beherrscht und anwendet.*
- *Lehren Sie das Prinzip von Ursache und Wirkung. Einige dafür geeignete Spielzeuge sind beispielsweise Klopfbänke, Schachtelteufel und Baby-Puppen mit bewegbaren Teilen. Wasser- und Sandspielzeug wie Trichter, Schaufeln und Eimer – zur Verwendung in der Badewanne oder im Sandkasten – sind ebenfalls sehr gut geeignet. Einfache Musikinstrumente sind ein weiteres großartig geeignetes Werkzeug, um das Prinzip „Ursache und Wirkung" zu vermitteln. So helfen Trommeln, Rasseln, Xylophone und das passende Klatschen zur Musik, diesen Lernprozess zu verstärken. Diese Instrumente helfen schließlich, ein Verständnis für musikalische und auditive Reihenfolgen zu entwickeln.*

Schritt 2: Führe Ordnung ein

Das Erlernen von Abläufen ist ein langwieriger Prozess, der in der Säuglingszeit beginnt und sich bis in das Teenageralter fortsetzt. Die Strategien aus dem vorherigen Kapitel 3: „Erziehung eines organisierten Säuglings" sind auch im Kleinkindalter bedeutend. Jedoch sind Kleinkinder in der Lage, anspruchsvollere Reihenfolgen zu beachten. Unterstützen Sie Ihr Kleinkind weiter mit Routinen für Schlafzeiten, Füttern und Baden. Wenn Ihr Kind bereit ist (Alter: zwei bis dreieinhalb Jahre), üben Sie Toilettentraining. Eltern können nun auch kompliziertere Ursache-Wirkung-Spielsachen sowie Hin- und Herspielen einführen. Abwechseln ist eine Art von zeitlicher Ordnung. Daher ist jede Aktivität (z. E. abwechselnd Bauklötze, Fangen oder Verstecken spielen), bei der ein Kind das Prinzip „mein Zug, dein Zug" lernt, eine wertvolle Lektion.

Zusätzlich zu den schnell wachsenden kognitiven Fähigkeiten kann Ihr Kleinkind nun laufen und entdecken. Es ist sehr typisch, wenn ein Kind in diesem Alter in einem Zimmer voller Spielzeug alles durchwühlt wie ein Hund nach einem Knochen und dabei alle Gegenstände umwirft, die sich ihm in den Weg stellen, sodass nur ein Feld der Zerstörung hinterlassen wird. Eltern müssen lernen, ihre Kleinkinder genau zu beobachten, denn ihre Handlungen scheinen zufällig und chaotisch. In diesem Alter haben Kleinkinder ein unterentwickeltes Gefühl für zeitliche Ordnung. Daher ist es nicht nur für das Lernen, sondern auch für die Sicherheit wichtig, dass Eltern ihren Kindern das Prinzip von Reihenfolgen früh nahebringen. Eltern können diesen Lernprozess verstärken, indem sie klare und beständige Grenzen setzen.

Ursache und Wirkung

Während der Kleinkind-Jahre festigen Eltern die Zwei-Schritte-Sequenz von Ursache und Wirkung. Die Spielsachen für unsere Kinder, die Art, wie wir auf ihr Verhalten reagieren und unsere Aussagen sind wichtige Lektionen. Wenn Ihr Kind etwas richtig macht, verstärkt Ihr Feedback die Handlung. Positives Feedback wie „Super gemacht!", wenn Ihr Kind das Spielzeug aufräumt, Ihnen direkt eine neue Windel für den Wechsel bringt oder beim Haarewaschen nicht nörgelt, ist auch Teil von Ursache und Wirkung und führt zu positivem Verhalten. Es ist grundsätzlich konstruktiv, wenn Kinder mehr positives als negatives Feedback bekommen. Halten Sie als Elternteil immer Ausschau nach positivem Verhalten und loben Sie Ihr Kind dafür.

Kleinkinder können fortschrittlichere Spielsachen benutzen als Säuglinge. Nutzen Sie den Vorteil, dass sich Ihr Kind nun fortbewegen kann, und geben Sie ihm Spielzeug, das man durch das Haus schleppen kann. Der klassische Schachtelteufel ist sehr gut für Kleinkinder geeignet, denn es benötigt Fingerfertigkeit, um die Kurbel zu drehen. Kleinkinder lieben Spielzeug mit bewegbaren Teilen. Puppen, die ihre Augen öffnen und schließen, wenn sie hochgenommen oder abgelegt werden, sind auch gut geeignet. Keines dieser Spielzeuge benötigt Batterien. Benutzen Sie die klassischen Ursache-Wirkung-Spielsachen, um das Prinzip von Ursache und Wirkung zu verdeutlichen.

Ordnung von Sprache

Eltern können ihren Kleinkindern das Prinzip von Reihenfolgen auch durch eine geordnete Wortwahl beibringen. Dabei sollten sie Reihenfolgen durch Zählen aufzeigen sowie den Anfang und das Ende von Handlungen besonders betonen. Benutzen Sie Wörter für Reihenfolgen. Begriffe wie „erstens", „zweitens", „als nächstes" und „zum Schluss" sind wichtige temporale (chronologische) Platzhalter, die Ein- oder Zweijährige verstehen können. Diese Begriffe können Sie als Elternteil Ihrem Kleinkind mehr als 20-Mal täglich nahebringen. Als meine Kinder noch jünger waren, erinnere ich mich, überall und alles gezählt zu haben. Wir lebten erst in einer Wohnung mit 13 Stufen, unser erstes Haus hatte elf Stufen und dann sind wir in ein neues zu Hause gezogen mit nur zwei Stufen. Also zählten wir stattdessen, wieviele Schritte wir brauchten, um die steile Auffahrt zu erklimmen: 35.

Nach dem zweiten Geburtstag können anspruchsvollere Zeitkonzepte vermittelt werden. Kinder können nun Aktivitäten mit einer ganz bestimmten Tageszeit verknüpfen. Also benutzen Sie Wörter wie „Frühstück", „Mittagessen", „Abendessen", „Nacht" sowie „Morgen" in Ihren Sätzen. So assoziieren Kleinkinder Aktivitäten mit einem zeitlichen Bezug. Sie können beispielsweise sagen: „Wir können nach dem Mittagessen zum Spielplatz gehen." Oder: „Nach dem Frühstück und Abendessen putzen wir uns die Zähne." Dadurch verstehen Kinder das Prinzip von Zeit, was natürlich sehr wichtig für die Organisation ist, wenn das Kind älter wird.

Ordnung von Spiel

Die Spielsachen, die wir auswählen, die Lieder, die wir singen, und die Spiele, die wir spielen, können alle das Konzept von zeitlicher Ordnung unterstützen. Stellen Sie Spielzeug bereit, das mehrere Schritte erfordert wie zum Beispiel ein Spielzeugtelefon, mit dem man so tun kann, als würde man telefonieren, einfache Puzzles und Bauklötze. Bringen Sie Ihrem Kind Zahlen und Buchstaben bei, indem Sie es zum Beispiel mit nummerierten Bauklötzen spielen lassen. Denken Sie daran, Ihrem Kind zu vermitteln, dass alle Handlungen ein Ende haben. Das heißt, man kann erst die nächste Sache machen, wenn man vorher aufgeräumt hat.

Eltern sollten ihren Kleinkindern jeden Tag vorlesen und vorsingen. Viele Strophen und Geschichten verstärken die Vorstellung von Reihenfolgen. Bilderbücher, bei denen ein Charakter am Ende schlafen geht, sind sehr gut zum Einschlafen geeignet. Und auch die meisten Lieder oder Spiele wie „Pizza backen" besitzen einen geordneten Handlungsablauf. Versuchen Sie, im Alltag auf auffällige Reihenfolgen aufmerksam zu machen. Zeitliche Ordnung ist überall, also bringen Sie diese Ihrem Kleinkind, wann immer möglich, bei.

Empfehlungen für das Verständnis zeitlicher Ordnung

Ursache und Wirkung

- *Klare Grenzen betonen Ursache und Wirkung*
- *Ermutigen Sie zu positivem Verhalten*
- *Benutzen Sie das Wort „Nein" sparsam, aber konsequent, um Ihr Kleinkind sicher in die richtige Richtung zu leiten.*

Lehren von Reihenfolgen

- *Wann immer möglich, vermitteln Sie die Idee, dass alle Handlungen einen Anfang, eine Mitte und ein Ende haben.*
- *Zum Beispiel: Spielzeug nehmen, spielen und aufräumen.*
- *Führen Sie Abwechseln ein, um Reihenfolge zu demonstrieren.*
- *Beim Klötze-Stapeln könnten Sie zum Beispiel sagen: „Mein Zug, jetzt kommt dein Zug." Das Kind wird bald antizipieren, was jeweils als nächstes kommt.*
- *Erweitern Sie Hin- und Herspielen. Spiele wie das Guck-guck-Spiel und simples Verstecken, die im Säuglingsalter eingeführt wurden, können durch Ballspielen und Fangen erweitert werden.*

Reihenfolge beim Spielen

- *Führen Sie Spielsachen ein, bei denen der Effekt erst nach einigen Schritten auftritt.*

- *Für junge Kleinkinder kann das beispielsweise Spielzeug sein, bei dem sie eine Kugel in einem Loch versenken müssen, um eine Kettenreaktion auszulösen oder an einem Drehrad drehen, bei dem der Pfeil auf ein bestimmtes Tier zeigt, woraufhin der passende Laut ertönt.*
- *Die gleichen Instrumente, die Ursache und Wirkung vermittelt haben, können auch für das Verständnis von Reihenfolgen genutzt werden.*
- *Musik selbst ist eine Reihenfolge, also animieren Sie Ihr Kind zu tanzen, zu klatschen, zu singen und mitzuspielen.*
- *Erlauben Sie genügend Zeit „zur freien Erkundung" in der Badewanne und im Sandkasten.*
- *Lassen Sie Ihr Kleinkind herausfinden, wie man eine Sandburg baut, indem man Sand in einen Eimer schaufelt, oder wie man in der Badewanne kreativ mit Wasser spielen kann.*

Zeitliche Ordnung von Sprache

- *Eltern sollten häufig von Ereignissen berichten, um ihren Kindern so die Reihenfolge in unserer Sprache beizubringen.*
- *Ordnen Sie Aktivitäten zeitlich ein (z. B. erstens, zweitens und drittens; Anfang, Mitte, Ende und „Auf die Plätze, fertig, los").*
- *Eltern sollten nach Gelegenheiten suchen, in denen sie vor ihrem Kind laut vorzählen können (z. B. Treppenlaufen, Zählen von Spielsachen, Kochen). Ihr Kind wird es lieben, wenn Sie Lieder vorsingen und Geschichten erzählen. Auch diese festigen die Vorstellung von Reihenfolgen.*

Schritt 3: Teile allem einen Platz zu

Achten Sie darauf, wie Ihr Kind spielt. Kleinkinder können krabbeln, rutschen und laufen – dadurch können sie alles erkunden. Sie sind sich ihrer Umgebung bewusst und mögen räumliche Muster. Ich kann mich daran erinnern, dass unser erstes Kind mit 18 Monaten im Kreis durch das ganze Haus gelaufen ist; von der Küche zum Esszimmer, von dort in das Spielzimmer, dann wieder zum Esszimmer, anschließend in die Eingangshalle und schließlich wieder zum Esszimmer. Wir waren schon in ein neues Haus gezogen, als unser zweites Kind seinen ganz eigenen Lauf erfand: Küche zu Wohnzimmer, von dort zum Spielzimmer und schließlich wieder zurück zur Küche. Diese schwindelerregenden Bahnen zeigen, dass meine Kleinen eine räumliche Vorstellung von ihrer Umgebung hatten.

Als Elternteil finden Sie schnell heraus, wie präzise Ihr Kleinkind erkundet. Es findet jeden Fussel, Müll oder was auch immer auf den Boden gefallen ist. Das zeigt, dass Ihr Kind bereits Muster erkennen kann. Also helfen Sie ihm bei der großen Erkundung der Welt. Zeigen Sie auf interessante Wolken, verrückte Schatten von Bäumen oder die Holzmaserung eines Tisches. So kann ein Kind allgegenwärtige Muster auch wirklich verarbeiten.

Es ist unglaublich, was für eine Unordnung ein Kleinkind hinterlässt, sobald es sich bewegen kann. Da die Aufmerksamkeitsspanne eines Kleinkindes kurz ist, wechselt es von der einen Beschäftigung zur anderen und hinterlässt einen Pfad der Zerstörung. Während Sie gerade die erste Unordnung aufgeräumt haben, wurden schon wieder zwei neue angerichtet. Eltern sollten entsprechende Sicherheitsmaßnahmen im Haushalt vornehmen. Wir nutzen Steckdosensicherungen, die selbst für Erwachsene schwer zu entfernen sind; wir schließen Schränke mit nervigen Schlössern ab; wir haben Treppengitter, über die wir steigen müssen, um hoch zu gehen und wenn wir das Bad benutzen, lassen wir die Badezimmertür offen, um unsere „Mini-Abrissbirne" im Blick zu behalten. Aber natürlich ist Erkundung eine gute Sache – und ich empfehle, sie zuzulassen. Ja, es wird Unordnung geben. Jedoch werden Sie Ihrem Kind mit der Zeit beibringen können, sein Chaos zu organisieren.

Ort

Indem sie allem einen Platz zuteilen, stärken Eltern die Assoziationen von Kindern. Wenn wir dieses Prinzip also früh betonen, werden sie eines Tages beim Aufräumen ihrer Zimmer selbst für kleine Dinge wie einen Stift oder Socken einen ganz bestimmten Ort haben. Für Kleinkinder sind räumliche Assoziationen immer mit Orten für bestimmte Dinge und Aktivitäten verbunden. Zum Beispiel ist der Hochstuhl für das Essen, Mamas Schaukelstuhl ist für das Stillen und der Wickeltisch ist für den Windelwechsel. Nutzen Sie immer dieselben Orte und fügen Sie weitere beschäftigungsspezifische Plätze in Ihrem Heim dazu. Meine Frau und ich hatten ein sehr kleines Apartment, als unser erstes Kind zur Welt kam. Wir mussten das Beste aus dem wenigen Platz herausholen. Laufstall, Spielzeug, Spielmatte und Bälle mussten geschickt verteilt werden. Jedesmal, wenn seine Begeisterung nachließ, bewegten wir unser Kind einfach von einer Stelle im Apartment zur nächsten. Der Punkt ist, dass sich mein Kind von Zone zu Zone bewegt hat, nicht das Spielzeug. Als mein Kleiner dann zu laufen begann, konnte ich ihn nach einem Ball oder seiner Puppe fragen, und er wusste genau, wo er die Sachen findet. Gegenständen einen Platz zuzuteilen, fördert die räumliche Assoziation von Kleinkindern. Das bedeutet, dass Ihr Kind eine mentale Verknüpfung zwischen einem Gedanken, einer Idee oder einem Objekt zu einem Ort herstellt. Ich werde das später noch genauer erläutern, denn diese Art des Denkens wird im Schulalter unglaublich wichtig.

Größe und Form

Ihr Kleinkind ist alt genug, um das Prinzip von Größe und Form zu verstehen. Es versteht das Wort „groß" vielleicht nicht, aber es erkennt, dass ein großer Ball nicht in ein kleines Loch passt. Benutzen Sie einfache Puzzles und Blöcke, um dieses Verständnis voranzutreiben. Blöcke können gestapelt werden, Bälle aber nicht. Dieses Konzept wird im Kindergarten verstärkt Anwendung finden.

Räumliche Sprache

Eltern sollten die räumliche Sprache ihren Kleinkindern früh nahebringen. Wörter, die einen Ort beschreiben, sind viel schwieriger zu lernen als Nomen, die eine Person oder Sache beschreiben. Lokalisierung ist ein abstraktes Konzept. Und es ist verwirrend, weil die Bedeutung relativ ist. Zum Beispiel ist etwas neben Ihnen, nicht unbedingt neben Ihrem Kleinkind. Sie können die Benutzung dieser Sprache beim Spielen vormachen:„Papa ist unter dem Tisch, und Mama sitzt auf einem Ball." Benutzen Sie das Wort „wo", um Ihr Kind zum Suchen zu motivieren (z. B. „Wo ist Mama?" oder „Wo ist Teddy?"). Führen Sie Präpositionen wie „über" oder „unter" ein. Diese wird Ihr Kind dann mit drei oder vier Jahren besser verstehen und beherrschen.

Vermitteln Sie auch das Verständnis, dass Dinge selbst dann existieren können, wenn man sie nicht sieht. Dafür ist zum Beispiel Verstecken gut geeignet. Zweijährige lieben es, Dinge zu finden. Wenn meine Kinder morgens ins Schlafzimmer kamen, habe ich mich unter meiner Decke versteckt. Wenn sie den Hügel unter der Decke nicht erkannt haben, habe ich schrittweise lauter gepiept, bis sie mich schließlich fanden. Dieses Spiel hat sich zum Verstecken im Haus weiterentwickelt. Dabei habe ich mich versteckt und „Kommt und findet mich!" gerufen. Dadurch habe ich ihre Such-Fertigkeiten gefördert und wurde mit einer großen Umarmung belohnt, wenn sie mich schließlich gefangen hatten; wir waren beide Gewinner.

Abschließend sollten Eltern das Konzept, allem einen Platz zuzuteilen, nicht mit Ordnungszwang verbinden. Es ist wichtig, sich zu merken, dass Kinder nicht in einem sterilen Umfeld aufwachsen sollten; es wird Unordnung, ja vielleicht sogar Chaos geben! Unordnung ist eine ganz natürliche Konsequenz eines Entwicklungsprozesses. Eltern sollten diese Möglichkeit des Lernens und Entdeckens nicht vorenthalten, weil sie Angst haben, dass ihr Kind sich schmutzig macht. Ich habe Eltern getroffen, die ihren dreijährigen Sohn noch immer mit dem Löffel fütterten, da sie Angst hatten, er würde das Essen sonst auf den Boden werfen und alles dreckig machen. Aber durch diese Sichtweise hat das Kind kein Chance, die Eigenschaften von Essen selbst zu erkunden und zu erlernen. Folglich konnte das Kind seine Feinmotorik nicht trainieren und vor allem wurde ihm das Selbstbewusstsein vorenthalten, eigenständig essen zu können, ein weiterer Schritt in Richtung Unabhängigkeit. Kinder sollten im Schlamm buddeln dürfen, in Pfützen springen und alle Legosteine im Wohnzimmer auskippen. Dennoch sollten Eltern dafür sorgen, dass die Kinder am Ende alles wieder aufräumen.

 Visuelle Empfehlungen

Teile allem einen Platz zu

- *Achten Sie auf beständige Orte zum Füttern, Schlafen und Windelwechseln.*
- *Teilen Sie Ihr Zuhause in verschiedene Spiel-Zonen ein, in denen bestimmte Spielsachen oder Beschäftigungen sind.*
- *Eltern können zum Beispiel einen Behälter für Stofftiere zuweisen, ein Regal für Puzzles und Bastelmaterial, eine Stelle für eine Eisenbahn, eine Schublade in der Küche für kinderfreundliches Geschirr und einen Bereich für das Herumturnen.*
- *Teilen Sie diese Bereiche schon im jungen Alter ein. So entwickelt sich die Assoziation zwischen einem Ort und einer Aktivität, und das Kind erkennt, dass alles einen Platz hat. Wenn Kinder heranwachsen, können sich die Zonen vielleicht ändern, aber das Konzept bleibt das gleiche.*
- *Seien Sie ein Vorbild für Ihr Kind, indem Sie es beim Saubermachen und Aufräumen zuschauen lassen, und motivieren Sie es, wann immer möglich, auch mitzuhelfen.*

Räumliches Vorstellungsvermögen

- Spielen Sie Spiele, die das räumliche Vorstellungsvermögen fördern.
- Zum Beispiel motiviert das „Wo ist...?"-Ratespiel Ihr Kind dazu, die eigene Umgebung zu erkunden. Man kann sich hinter einer Decke verstecken und „Wo ist Papa?" fragen, um die Decke dann wegzuziehen und zu antworten: „Hier bin ich!" Wiederholen Sie das Spiel, so lange sich Ihr Kind amüsiert. Das Versteckspiel kann natürlich variiert werden, indem sich verschiedene Personen oder Dinge (z. B. Mama, Papa, Schwester, Bruder, Teddybär, Spielsachen) verstecken.
- Diverse Puzzles können Ihrem Kind helfen, optische und räumliche Muster zu erkennen.
- Führen Sie zunächst einfachste Formen-Puzzles ein (z. B. Kreis in das runde Loch, Quadrat in die quadratische Lücke). Dann kann Ihr Kind mit komplexeren Puzzeln spielen. Hierbei hilft es, wenn die Puzzleteile sehr groß und gut greifbar sind.
- Weisen Sie Ihr Kind im Alltag immer wieder auf bestimmte Formen und Gegenstände hin. So wird es wachsamer und kommt später besser mit der Erkennung von Wörtern und mathematischen Buchstaben klar.
- Seien Sie gemeinsam kreativ. Man kann beispielsweise die Landschaft bei einer langen Autofahrt beobachten, Muster in Steinen erkennen, Wolkenformationen erkunden oder verschiedene Tierfelle unterscheiden.

Koordination

- Stellen Sie Spielzeug zur Verfügung, das man durch das Haus schieben (Einkaufswagen) oder ziehen (Hund auf Rädern) kann. So wird das Kind zur Erkundung motiviert.
- Um die visuell-motorische Planungsfähigkeit (Koordination) zu unterstützen, können Sie Ihrem Kind „Obenhalten" beibringen. Dabei wird ein aufgeblasener Ballon in der Luft gehalten und immer wieder mit der Hand nach oben befördert, bevor er auf den Boden auftrifft. Kinder lieben dieses Spiel und sie können es allein sowie mit Familie oder Freunden spielen.
- Kinder können auch mit großen Strandbällen, Handtüchern, Schaumstoffbällen oder Sitzkissen Werfen und Fangen üben und damit ihre Koordination trainieren.

Schritt 4: Übe vorausschauendes Denken

Ein Kleinkind besitzt, wie ein Säugling, noch nicht die kognitiven Fähigkeiten für anspruchsvolles vorausschauendes Denken. Die Angst vor unbekannten Personen ist ein gutes Beispiel für begrenzte Voraussicht (Fähigkeit, vorherzusagen, was als nächstes passiert). Die Angst vor Fremden ist im Kleinkindalter besonders stark. Denn in einem unausgereiften Gehirn entwickelt sich die Furcht, dass Mama für immer weg ist, sobald sie das Haus verlässt. Ein Kleinkind ist noch nicht zur Nachbetrachtung (Fähigkeit, vergangene Ereignisse zu beachten) fähig, um zu merken, dass Mama bisher jedes Mal zurückgekommen ist. Jedoch gewöhnt sich das Kleinkind an die regelmäßige Verabschiedung seiner Mutter und überwindet allmählich diese Angst.

Erste Anzeichen von Voraussicht zeigen sich bereits bei Kleinkindern, wenn Eltern kontinuierliche Routinen anwenden. In diesem Alter sind Kinder nämlich in der Lage, Routinen zu erlernen und den nächsten Schritt zu antizipieren. Zum Beispiel könnte ein Elternteil sagen: „Lass uns zum Spielplatz gehen!" Wenn sie dafür eine Routine etabliert haben, rennt das Kind vielleicht los, um seine Turnschuhe zu holen. Das Kind verknüpft den Spielplatz-Besuch mit der Bedingung, Schuhe anzuziehen. Ebenso kann die Ansage „Zeit für ein Bad!" das Kind dazu bewegen, die Klamotten auszuziehen, da es weiß, dass man nicht mit Klamotten badet. Eltern können ihr Kind zum Vorausdenken ermuntern, indem sie, statt Instruktionen zu erteilen, Fragen stellen. Zum Beispiel könnten die Eltern „Wir gehen zum Spielplatz; was sollten wir mitnehmen?" fragen, um das Kind zum Vorausdenken zu motivieren. Kleinkinder können vielleicht den nächsten Schritt antizipieren. Jedoch können sie beim Vorausdenken häufig noch keine eigenen, originellen Gedanken entwickeln. Denken Sie immer daran, dass beständige Erziehung und Routinen die Assoziationen Ihres Kindes begünstigen. Genau das ist das Fundament für vorausschauendes Denken.

Schritt 5: Fördere Problemlösung

Die meisten Fertigkeiten für Problemlösung sind im Kleinkindalter nur flüchtig zu erkennen. Kleinkinder begreifen das Gesamtbild noch nicht, ihre Einsicht ist begrenzt und sie sind noch nicht fähig, sich in andere Perspektiven hineinzuversetzen. Dennoch zeigen sie erste Anzeichen kognitiver Flexibilität (Fähigkeit, zwischen zwei verschiedenen Konzepten oder Ideen zu wechseln). Das fällt vor allem dann auf, wenn sie herausfinden, wie sie ihre Wünsche erfüllt bekommen. Ein Kleinkind schiebt beispielsweise einen Beistelltisch an ein Regal, um an einen Gegenstand außerhalb seiner Reichweite zu kommen. Nun sind Sie als Elternteil vielleicht frustriert, dass Ihr Kind die Regeln missachtet hat. Aber andererseits erkennen Sie doch direkt, was für eine kognitive Leistung Ihr Kleinkind erbracht hat, indem es herausfinden konnte, wie es an bestimmte Gegenstände gelangt. Weisen Sie Ihr kreatives Kind auf die Regeln hin, aber schimpfen Sie nicht.

Kleinkinder lernen durch Erkundung und Experimentieren. Einen kleinen Gegenstand zu finden, in den Mund zu stecken und ihn dann wieder auszuspucken – wegen einer ernsten Warnung der Eltern –, ist ein Lernprozess. Ein Kind lernt entweder die vermittelte Lektion oder ist „clever" genug, es nochmal zu probieren, wenn die Eltern gerade nicht schauen. Kinder können durchaus mehrere Alternativen abwägen. Hinsichtlich der Sicherheit ist es einfacher, die Erkundung des eigenen Kindes zu unterdrücken, indem es konstant beobachtet wird und für alles Anweisungen bekommt. Aber ich empfehle, die Sicherheit mit dem Erkundungsverhalten des eigenen Kindes in Balance zu halten. Versuchen Sie nicht, absolut alle Bedürfnisse Ihres Kindes zu antizipieren und zu erfüllen. Erlauben Sie ihm, auch mal in Schwierigkeiten zu gelangen und über eine Aufgabe frustriert zu sein. In solchen Situation wird nämlich die Kreativität geweckt. Das Kind entdeckt auf einzigartige Weise, wie es doch noch an Gegenstände gelangt, die außer Reichweite oder zu schwer zum Bewegen und zu groß für die kleinen Hände sind.

Kleinkinder wachsen in ihren Fähigkeiten zu Imagination und Rollenspiel. Das ist sehr wichtig, denn schließlich ist Rollenspiel der Grundbaustein für Problemlösung. Es ist schwer zu sagen, wie viel sich ein Kleinkind merken kann, aber es herrscht ein genereller Konsens, dass Kleinkinder bereits viele Sinneseindrücke, zumindest unterbewusst, wiedergeben können. Im Alter von 15 Monaten beginnt ein organisiertes Kleinkind schon damit, erinnerte Szenen nachzuahmen – und später auch beim Rollenspiel variiert nachzuspielen. Ihr Kind nimmt vielleicht schon ein Telefon und gibt vor, zu sprechen, schiebt einen Staubsauger oder sitzt auf dem vorderen Autositz und imitiert Lenken. Im Alter von zwei Jahren werden Kinder immer kreativer. Vielleicht nehmen sie eine Banane oder einen Schuh als Telefon oder eine Puppe als „eigenes" Baby. Beim Spielen mit einer Puppe kann Ihr Kind Sie imitieren, indem es Küsse und Umarmungen gibt. Eltern sollten imitierendes Spielen fördern und später auch zum Rollenspiel motivieren. Wenn Ihr Kind zum Beispiel beim Spielen einen Topf umrührt, können Sie eine Alternative empfehlen; zum Beispiel einen Kuchen zu backen. Oder – noch besser – erkundigen Sie sich, was Ihr Kind gerade macht und fragen Sie, was es sonst noch alles machen kann. Kleinkinder sind Meister im Erkunden der Umgebung und ihres Verstandes. Mit Rollenspielen können sie ihr Umfeld noch besser erkunden sowie ihre Sprache und Imagination trainieren.

Die meisten Zweijährigen sind ungeduldig. Was auch immer sie wollen, sie wollen es sofort. Als Eltern haben wir immer den Instinkt, unseren Kindern zu helfen. Es gibt jedoch einen Zielkonflikt, wenn Eltern immer nachsichtig sind. Natürlich demonstrieren sie einerseits Liebe, aber andererseits kann dieses Verhalten Kinder vom Lernen abhalten. Kinder zum Warten aufzufordern, fördert die Fähigkeit zum Perspektivenwechsel. Erklären Sie: „Mama kann dich gerade nicht tragen, weil sie telefoniert." Oder: „Papa kann dir keine Schokolade bringen, wenn er auf der Toilette ist." Versuchen Sie nicht „Ich mache es in einer Minute" zu sagen, außer natürlich, Sie tun es wirklich in einer Minute. Denn Kleinkinder entwickeln ihr Zeitgefühl noch und sind daher leicht zu verwirren. Außerdem wird Ihr Kind dazu motiviert, die eigene Langeweile zu überwinden, indem Sie es kurz warten lassen. Kurzum: Die Kreativität und das flexible Denken werden gefördert. Und glauben Sie mir, Sie werden froh sein um jedes bisschen flexibles Denken, das Ihr Kind entwickelt, bevor es in die „fürchterlichen" Jahre von zwei bis vier kommt. Und es wird Sie immer noch lieben, selbst wenn Sie es in manchen Situationen kurz warten lassen.

Empfehlungen für Problemlösung

Imagination

- *15-Monatige sind schon zu Imitation fähig, also fördern Sie Kreativität, Imagination und Spiel.*
- *Sobald Ihr Kind beim Spielen Imitation beherrscht, bringen Sie ihm Rollenspiel nahe. Zum Beispiel kann es so tun, als wäre es ein Löwe, Arzt oder Fischer. Ihr Kind lernt somit anspruchsvolles Denken und Perspektivenwechsel.*

Erkundung

- *Geben Sie Ihrem Kind die Möglichkeit, eigenständig zu denken. Natürlich sind angemessene Grenzen notwendig. Aber Ihr Kind sollte dennoch* erkunden, lernen und sich amüsieren. Versuchen Sie nicht, alle Bedürfnisse zu antizipieren. Wenn es festsitzt oder frustriert ist, ermutigen Sie Ihr Kind einfach, um Hilfe zu bitten.

■ Geben Sie Ihrem Kleinkind noch vor dem zweiten Geburtstag Buntstifte, abwaschbare Stifte und Kreide, um erste Zeichenversuche auf Blättern und Gehsteigen zu starten. Junge Kinder lieben es auch, zu malen. Machen Sie ihm Komplimente für seine Kreativität und bemühen Sie sich, die „Kunst" angemessen zu präsentieren (z. B. Bilderrahmen im Wohnzimmer).

■ Stellen Sie außerdem Knete bereit, damit Ihr Kleinkind simple Figuren kneten kann (z. B. Kuchen, Blume, Schlange, Bär). „Forschen" Sie zusammen im Sandkasten und in der Badewanne. Dafür eignen sich Becher, Trichter und Eimer. Zeigen Sie, wie man Wasser oder Sand von einem Gegenstand in den anderen transportiert.

Problemlösung

■ Motivieren Sie Ihr Kind schrittweise, eigenständige Entscheidungen zu treffen. Anstatt „Ja oder Nein"-Fragen zu stellen, ermutigen Sie Ihr Kind, mehrere Optionen abzuwägen. Zum Beispiel können Sie fragen: „Willst du Milch oder Wasser trinken?" Ältere Kinder können ganz freie Fragen wie „Was möchtest du trinken?" gefragt werden. Vermitteln Sie, dass man manchmal auch warten muss. Das zu erlernen, fordert die Überwindung von Langeweile, indem über verschiedene Optionen und Alternativen nachgedacht wird.

Perspektivenwechsel

■ Bringen Sie Perspektivenwechsel mit Spiel und Spaß bei. So kann man überlegen, wie man sich gegenseitig zum Lachen bringen kann.

■ Augenkontakt ist wichtig für den Perspektivenwechsel. Schauen Sie Ihrem Kind beim Sprechen in die Augen und motivieren Sie es, dies ebenfalls zu tun.

Kapitel 5

KAPITEL 5

Erziehung eines organisierten Kindergartenkindes: Rasante Gehirnentwicklung

Im Alter von drei bis fünf Jahren erkennen Kinder, dass auch sie eine Stimme haben und beginnen sich durchzusetzen. Die „fürchterlichen" Jahre finden zwischen zweieinhalb und vier statt, sodass Eltern ihre Erziehung intensivieren und ihre Nerven stärken müssen. Da Ihr Kind die neue Unabhängigkeit durchsetzen will, wird es ab und zu emotionale Zusammenbrüche und Wutanfälle haben. Diese passieren, weil die Fähigkeiten zum Perspektivenwechsel und zur Sprachverarbeitung noch sehr unausgereift sind. Obwohl das zu schwierigen Auseinandersetzungen und Frustration führen kann, müssen Eltern verstehen, dass dieser Lebensabschnitt doch ein ganz wichtiger Teil der Entwicklung ist. Wenn ein Kind einen gesunden Fortschritt in dieser Lebensphase macht, reift es zu einem kompetenten und relativ unabhängigen Fünfjährigen.

Während Kindergartenkinder vielleicht schon Unabhängigkeit und Eigeninitiative anstreben, ist ihr Urteilsvermögen noch begrenzt. Sie fangen gerade erst an, Dinge zu verarbeiten, Wissen anzuwenden, zu analysieren, zu schlussfolgern, zu evaluieren und zu entscheiden. Folglich müssen sie vor den Gefahren dieser Welt geschützt werden. Es ist unsere Aufgabe als Eltern, einerseits die Unabhängigkeit unserer Kinder zu fördern und andererseits diese vor sich selbst zu schützen. Wenn ich mit meinem Vierjährigen einkaufen ging, wanderte dieser gern umher und erkundete alles, wobei er manchmal zu weit wanderte und mich aus den Augen verlor. Natürlich hätte ich ihn eng an die Hand nehmen und seine Erkundung unterdrücken oder ihn für das Verhalten ausschimpfen können. Aber stattdessen habe ich seine Erkundung zugelassen und ihn sehr, sehr genau beobachtet. Beim Erkunden hat mein Kind Selbstbewusstsein und Unabhängigkeit erlangt. Dennoch hat es gelernt, sich schließlich umzudrehen und nach mir zu schauen. Er erlebte immer wieder kurze Momente von Angst, wenn er mich nicht direkt sah. Diese Sorge vermittelte ihm, lieber häufiger nach mir zu schauen. Wenn ein Kind eine Lektion selbst lernt, ist das viel nachhaltiger, als wenn diese verbal vermittelt wird.

Im Zuge der Entwicklung werden Sie von den zahlreichen klugen Handlungen Ihres Kindes beeindruckt sein. Das liegt daran, dass vier- und fünfjährige Kinder Routinen eigenständig lernen können und in der Lage sind, vorausschauend und rückblickend zu denken. Sie fangen an, Nachbetrachtung zu verwenden, um so aus ihrer Erfahrung zu lernen. Und sie benutzen Voraussicht, um Auswirkungen zu antizipieren. Sie werden also ihre neuen Fertigkeiten bei vorausschauendem Denken verwenden, um Sie zum Lachen zu bringen. Und manchmal verwenden sie die gleichen Fähigkeiten, um Sie wütend zu machen. Insgesamt sollten Sie erkennen, wie kreativ Ihr Kind sein kann. Imagination und Rollenspiel sollten eine wesentliche Komponente beim Spielen sein. Gewöhnlich entwickeln Kindergartenkinder imaginäre Figuren und Freunde. Dadurch können sie in manchen Situationen ihre Perspektive wechseln. In diesem Alter hatte mein Sohn einen imaginären Freund, Paul Walter, der uns anscheinend überall hin folgte. Es war erstaunlich, wie aufmerksam mein Vierjähriger zu seinem Freund war, wie zum Beispiel: „Mama, Paul möchte auch ein Eis haben." Wann immer möglich, fördern Sie die Imagination Ihres Kindes. Denn Rollenspiel ist eine exzellente Möglichkeit, um Perspektivenwechsel, vorausschauendes Denken und Problemlösung zu trainieren.

Schritt 1: Sei beständig

Beständige Regeln einzuführen und einzuhalten, ist eine der schwierigsten Aufgaben als Eltern, denn es gibt zahlreiche Variablen (z. B. „Wir spielen mit einem Ballon, aber nicht mit einem Ball im Haus."). Aber Kinder erkennen diese feinen Unterschiede häufig nicht. Wenn ein Elternteil zum Beispiel ausnahmsweise ein Handy-Spiel in einem Restaurant erlaubt, wird ein Kind häufig bei Langeweile sofort wieder danach fragen. Das Gleiche gilt, wenn das Kind noch nach der Schlafenszeit wach sein darf, um eine Fernsehsendung anzuschauen oder eine Kissenschlacht mit Papa vor dem Einschlafen machen darf. Das Kind wird mehr wollen. Also ist Beständigkeit wichtig. Man muss deswegen nicht immer Nein sagen, aber Ausnahmen müssen für Kinder plausibel erklärt werden. Dies kann mann beispielsweise so vermitteln: „Du kannst mein Handy für ein Spiel haben, weil der Kellner gesagt hat, dass es noch dreißig Minuten dauert und das ist wirklich lang." Oder: „Du kannst heute lang wachbleiben, weil Freunde zu Besuch sind, und das ist eine besondere Situation." Wenn Kinder wachsen, werden auch die Umstände zunehmend komplizierter. Aber Eltern können immer noch Regeln einführen und diese plausibel begründen, um beständig und flexibel zugleich zu sein.

Das positive Verhalten eines Kindes wird durch eine beständige Erziehung deutlich begünstigt. Emotionale Zusammenbrüche, wenn mal etwas nicht nach der eigenen Vorstellung geht, sind bei Kindergartenkindern verbreitet. In dieser Entwicklungsphase sind Wutanfälle normal, aber die Häufigkeit kann durch beständige Zeitpläne und Routinen reduziert werden. Kindergartenkinder sind noch ungeübt beim Antizipieren und Dinge laufen nicht immer so, wie sie es gern hätten. Unerfüllte Erwartungen, wie in einem Spiel zu verlieren oder nicht als Erster dran zu sein, können in Wutanfällen resultieren. Lassen Sie sich von solchen Anfällen nicht unterkriegen. Sie wollen schließlich dieses Verhalten nicht verstärken, indem Sie Ihrem Kind zeigen, dass dies eine effektive Strategie ist. Wenn Ihr Kind unbedingt etwas im Supermarkt haben will, lassen Sie sich nicht unter Druck setzen. Nehmen Sie sich Zeit, die Dinge plausibel zu erklären.

Wie Sie wissen, können sich Drei- und Vierjährige sehr schnell bewegen. Ein Vierjähriger kann sich schnell losreißen, die Einfahrt runterrennen und auf die Straße laufen. Diese neu erworbene Mobilität fordert von Eltern höchste Aufmerksamkeit. Es ist wichtig, auf einem Parkplatz Hände zu halten, aber man kann sein Kind nicht den ganzen Tag an die Hand nehmen – selbst, wenn Sie gerne würden. Daher ist es wichtig, die grundlegenden Sicherheitsregeln zu vermitteln. Das gelingt Eltern auf verschiedene Arten: So können in brenzligen Situationen schon Vorwarnungen gegeben werden wie: „Papa macht jetzt den Ofen auf, also komme nicht zu nah – er ist sehr heiß!" Oder: „Lass einen Hund vorher an deiner Hand schnüffeln, bevor du ihn streichelst." In sehr gefährlichen Situationen können Eltern eine strenge Stimme benutzen wie: „Renne nicht auf die Straße." Eltern können auch physisch reagieren und so beispielsweise das Kind auf einem verkehrsreichen Parkplatz an die Hand nehmen. Aber am wichtigsten ist es, diese Botschaften regelmäßig und beständig zu wiederholen. Nur so prägen sich Kinder diese Lektionen auch wirklich ein. Kindergartenkinder sind anfällig. Sie bewegen sich mit hohen Geschwindigkeiten, verletzen sich aber leicht. Und sie bekommen emotionale Zusammenbrüche, wenn Dinge nicht nach ihren Vorstellungen laufen. Aber mit einer beständigen Erziehung können Eltern diese schwierigen und gefährlichen Verhaltensweisen reduzieren.

👍 Empfehlungen für eine beständige Erziehung

- *Regeln und Grenzen müssen für junge Kinder klar festgelegt werden.*
  Eltern müssen:
  - *grundsätzliche Verhaltensregeln vermitteln und durchsetzen (z. B. kein Schlagen, in der Stadt nicht von den Eltern weglaufen, kein Essen werfen).*
  - *grundsätzliche Sicherheitsregeln vermitteln und durchsetzen (z. B. Hände halten auf Parkplätzen, nicht den heißen Ofen berühren, an überfüllten Orten immer maximal eine Armlänge von Mama oder Papa entfernt sein).*
- *Regeln und Freiraum zur Erkundung müssen in Balance gehalten werden.*
  - *Es ist wichtig, Grenzen festzulegen, aber seien Sie vorsichtig. Zu allem Nein zu sagen, mindert die Bedeutung von kritischen Situationen.*
  - *Fürchten Sie keine emotionalen Zusammenbrüche oder Wutanfälle. Das ist ein normaler Teil der Kindesentwicklung in dieser Phase. Kinder lernen ihre neue Unabhängigkeit kennen und wollen diese durchsetzen.*
  - *Regeln müssen in der Öffentlichkeit wie auch zu Hause beständig gelten. So kann sich das Kind mit seinem Verhalten besser einstellen.*
  - *Mit Routinen lässt sich Beständigkeit betonen. Etablieren Sie Routinen für das Aufstehen, Essen und Schlafengehen.*
- *Vermitteln Sie, wie man aufräumt.*
  - *Unterstützen Sie Ihr Kind beispielsweise nach dem Spielen beim Aufräumen.*
  - *Motivieren Sie Ihr Kind geduldig, immer nur mit einem Spielzeug gleichzeitig zu spielen und dieses aufzuräumen, bevor mit dem nächsten gespielt wird.*
- *Eltern müssen beständige Erwartungen hegen.*
  - *Vermitteln Sie das Konzept von Zeit (z. B. noch 5 Minuten) und Ort (z. B. Kind räumt seine Schuhe eigenständig in den Schrank). Achten Sie auf Ihre Aussagen und bleiben Sie diesen selbst treu.*
  - *Geben Sie nicht mehrfache Warnungen, selbst wenn Ihr Kind ungeduldig ist. Mit der Zeit wird es lernen, was die Botschaft „noch 5 Minuten" bedeutet. Mehrfache Warnungen sind eine Form der Unbeständigkeit.*
  - *Eltern selbst müssen beständig und angepasst reagieren. Halten Sie die Verärgerung proportional zur Schwere des Verstoßes, der Verletzung oder der Situation.*

Schritt 2: Führe Ordnung ein

In den Kindergarten-Jahren wird Ihr Kind eine beachtliche Entwicklung bei Sprache, Imagination und dem Verständnis von Konzepten zeigen. Dadurch erlangt es auch eine wesentlich bessere sequenzielle Verarbeitung (Verständnis von Reihenfolgen). Zwischen drei und vier Jahren wächst auch das Verständnis von konzeptioneller Sprache, sodass Eltern ihren Kindern neue zeitliche Vokabeln vermitteln können. Mit vier Jahren sollte Ihr Kind zeitliche Präpositionen (z. B. nach, bevor, während, dann) sowie komplexere zeitliche Konzepte wie gestern, heute und morgen verstehen. Dieses Verständnis können Eltern durch die Verknüpfung von Zeit mit visuellen Hinweisen fördern. So kann dem Kind von morgen erzählt werden, während man auf den entsprechenden Kalendertag zeigt, oder fünf Minuten werden mit den Uhrzeigern erklärt. Je besser Kinder Zeit mit Erfahrungen verknüpfen können, desto einfacher können sie dieses Konzept verstehen. So können Kinder zum Beispiel beim Schuhe binden bis sechzig Sekunden zählen oder beim Zähneputzen einen Timer auf zwei Minuten stellen, um sich Zeiteinheiten besser einzuprägen. Auch im Alltag können Eltern immer wieder Zeitintervalle verdeutlichen. So können sie „Wir gehen in fünf Minuten los." sagen und demonstrieren damit eine gewisse Zeitspanne. Natürlich muss man beachten, dass dies nur funktioniert, wenn man sich tatsächlich an die fünf Minuten hält. Als Eltern waren wir schon alle in der Situation, viel zu tun zu haben. Und es ist einfach „Okay, in 5 Minuten." zu sagen und daraus werden zehn Minuten und dann fünfzehn. Tatsächlich wird damit aber das wachsende Zeitverständnis von Kindern nur verwirrt, anstatt es zu trainieren.

Ordnung von Sprache

Wussten Sie, dass unsere Sprache gegenüber Kindern Ordnung besitzen kann? Geschichten und Witze haben Ordnung und sind perfekte Lektionen für junge Kinder. Viele Bücher für beginnende Leser starten („Es war einmal vor langer Zeit") und enden („Das Ende") in einem typischen Schema. Das lehrt junge Leser und Geschichten-Zuhörer, dass es eine Ordnung – einen Anfang, einen Mittelteil und ein Ende – in jeder Geschichte gibt. Vielleicht erkennt Ihr Kindergartenkind diese Ordnung nicht automatisch, aber Sie selbst können die Struktur verdeutlichen, indem Sie diese bei Ihrem Vortrag besonders hervorheben. Versuchen Sie, tagsüber Zeit für das Vorlesen von Geschichten zu finden. Motivieren Sie Ihr Kind, einfache Geschichten wie „Die drei kleinen Schweinchen" und „Der Grüffelo" zu lernen und zu erzählen, so kann es Sequenzen erlernen (Einprägung der Reihenfolge von Geschichten). Kinder lieben es, Geschichten zu erzählen. Und wenn Ihr Kind die eigenen Geschichten mit „Es war einmal vor langer, langer Zeit" beginnt und mit „Das Ende" beendet, wissen Sie als Eltern, dass es eine wichtige Lektion dazu gelernt hat.

Witze sind eine weitere Form von Sequenzen und die meisten kleinen Kinder lieben es, Witze zu erzählen und zu kichern. Häufig werden Sie den Humor Ihrer Kinder nur mäßig lustig finden, aber dennoch ist es wichtig, Kinder zum humorvollen Experimentieren zu ermutigen. Das Schema und die Pointe eines Witzes zu erkennen, zeigt, dass Ihr Kind das Prinzip von Witzen versteht.

Eltern sollten ihren Kindern Zahlen und das Zählen nahebringen. Kindergartenkinder sind schon dazu fähig. Als Erstes beginnen Kinder damit, Zahlen in einer Reihenfolge aufzuzählen. Kurz danach können sie schon Objekte zählen, ihnen also jeweils eine Zahl zuteilen. Genau wie bei Ihrem Kleinkind, ist die Integration von Zahlen in den Alltag weiterhin sinnvoll. Zahlen sind gut geeignet, um Gespräche zu beginnen wie: „Wieviele Äpfel sind auf dem Tisch?" oder: „Wie viele Pizzastücke hast du gegessen?" Vierjährige verstehen schon simple Zahlen-Fragen, also fragen Sie: „Auf welcher Seite sind mehr Äpfel?" Diese Fragen sind eine gute Übung für das Zählen.

Ein Kindergartenkind kann vielleicht noch nicht die Zeit ansagen, aber Sie können schon damit beginnen, Ihrem Kind Uhren zu erklären. So können Sie erklären, dass es Schlafenszeit ist, wenn der kleine Uhrzeiger auf die acht und der große Uhrzeiger auf die zwölf zeigt, oder wenn auf der digitalen Uhr „8, 0, 0" steht. Ich kann mich daran erinnern, wie meine dreijährige Tochter gefragt hat, wie lange es noch bis zu einem bestimmten Ereignis dauert. Sie fragte mich mit ihrer liebenswürdigen, piepsigen Stimme: „Wie oft muss ich noch schlafen?" Sie verstand Wörter wie morgen oder Tage noch nicht, aber sie hatte schon ein Gefühl von Zeit anhand ihres Schlafzyklus. Und so wird auch Ihr Kind Fortschritte machen.

Ordnung vermitteln

Zeigen Sie Ihrem Kind, dass alle Aufgaben in Schritte eingeteilt werden können. Wenn es zum Beispiel Zeit ist, das Zimmer aufzuräumen, erklären Sie: „Als Erstes heben wir die Kleidung auf; zweitens, legen wir die Kuscheltiere zur Seite; und drittens sammeln wir die ganzen Legos ein." Eine weitere Möglichkeit für das Vermitteln von Reihenfolgen sind Zeitpläne. Wenn Sie zum Beispiel viel zu erledigen haben, können Sie Ihrem Kind beschreiben: „Als Erstes gehen wir zum Trockner; als Nächstes holen wir deine Schwester von der Tanzstunde ab;

und schließlich gehen wir zum Supermarkt." Denken Sie daran, dass zwar viele Kinder mit vier Jahren sich drei oder mehr Schritte merken können, aber nicht alle. Manchmal hilft es, die Schritte aufzuschreiben. Und da viele Kindergartenkinder nicht lesen können, fangen Sie mit Bild-Zeitplänen an (siehe Anhang E: Einführung von Mini-Routinen), die die Reihenfolge von Schritten für Aufgaben visuell darstellen.

Einführen von Routinen

Routinen. Routinen. Routinen. Routinen machen uns effizienter und Vertrautheit sowie Wiederholung wirken beruhigend auf die meisten Menschen. In jedem Alter, selbst meinem Alter, ist es wichtig, physiologische Routinen für Schlafen, Essen und das Badezimmer weiterzuführen. Eltern von Kindergartenkindern können nun damit beginnen, feinere Routinen zu implementieren. Viele Eltern denken noch nicht einmal über das Anziehen, Frühstücken und Verlassen des Hauses nach. Aber effektive Eltern entwickeln bestimmte Rituale für diese Aktivitäten. Eltern können Bild-Listen erstellen, wenn nötig für alle elementaren Aktivitäten. Diese simplen Abläufe sind eine Übung für spätere kompliziertere Routinen (z. B. fertig für die Schule machen, Hausaufgaben erledigen, Aufsatz schreiben), die Kinder später meistern müssen. Nachfolgend finden Sie weitere Beispiele für Routinen.

Gängige Routinen für Kindergartenkinder

- *Badezimmer benutzen*
- *Anziehen*
- *Bettfertig machen*
- *Mahlzeiten essen*
- *Haus verlassen*
- *Auf Autofahrt vorbereiten*
- *Zuhause ankommen*

Ordnung von Spiel

Die Fähigkeit zu imaginativem Spiel bietet die Möglichkeit, Routinen zu üben. Denn Kinder können so tun, als wären sie ein Koch, ein Lehrer oder als würden sie eine Puppe bettfertig machen. Jede dieser Handlungen beinhaltet einzelne Teilschritte. Motivieren Sie Ihr Kind, jeden dieser Schritte zu bedenken. Wenn ein Schritt übersprungen wird, weisen Sie auf diesen spaßhaft hin, wie: „Warte mal; legst du deine Puppe etwa nackt zum Schlafen? Das Baby darf nicht nackt sein, sondern braucht noch Windeln." Diese Erinnerungen sind einerseits lustig und sie geben den Hinweis, dass die Reihenfolge unvollständig ist. Beim Spielen können Eltern ihren Kindern außerdem Aufmerksamkeit entgegenbringen und wertvolle Zeit mit ihnen verbringen. Eltern sollten ihre Vorbildfunktion und Hilfestellungen beim Spielen mit der Kreativität ihrer Kinder immer in Balance halten. Da so gut wie jede Aufgabe eines Kindes Schritte beinhaltet, ist es wichtig zu vermitteln, dass jeder dieser Schritte folgerichtig und geplant ist.

Eine spaßige Möglichkeit, Reihenfolgen zu vermitteln, sind Brettspiele. Denken Sie daran, dass schon allein das Rausholen, Spielen und Aufräumen des Spieles eine Reihenfolge ist. Es gibt außerdem viele Spiele, die Abwechslung und Ordnung beinhalten. Sie können sich auch eigene Spiele mit Ihren Kindern ausdenken. Ich habe mit meinen Kindern ein simples Geheimagenten-Spiel erfunden. Hierbei habe ich sie auf streng geheime Missionen geschickt, wie „Geht in die Waschküche, findet eine Socke und dann versteckt sie in einem blauen Buch im Bücherregal." Kinder werden durch Kreativität und Spaß motiviert, also können geschickte Eltern Bildung in das kreative Spiel einbauen.

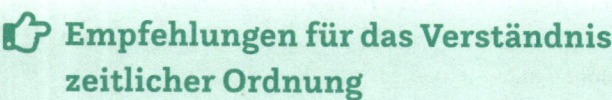

Empfehlungen für das Verständnis zeitlicher Ordnung

Sprache der Ordnung

- *Erweitern Sie Ihre alltägliche Benutzung von Sprache, um Reihenfolgen zu betonen. Benutzen Sie temporale und numerische Platzhalter wie:*
  - *Erstens, zweitens und drittens*
  - *Am Anfang, dann und schließlich*
  - *Dein Zug und dann mein Zug*
  - *Erst das, als Nächstes das und schließlich das*
- *Zählen Sie immer wieder im Alltag. Zum Beispiel, wenn Sie Treppen laufen.*

- Führen Sie spielerisch Fragen (z. B. „Wieviele Äpfel haben wir gekauft?")
  und Spiele ein, die Zählen und relative Mengen beinhalten (z. B. „In welchem
  Korb sind mehr Birnen?"). Lebensmittel-Einkäufe sind perfekt für diese
  Fragen geeignet, z. B. „Was ist günstiger?"
- Durch Zählen kann auch jetzt schon gezeigt werden, dass Zahlen die Zeit
  darstellen können. Zum Beispiel können Eltern laut zählen, während das
  Kind die eigenen Schuhe anzieht.
- Führen Sie schon die mathematischen Zeichen plus und minus ein. Ermun-
  tern Sie Ihr Kind, zum Beispiel mit den Fingern herauszufinden, wieviele
  Äpfel eine Person mit drei Äpfeln hat, wenn sie zwei dazu bekommt.
- Geben Sie Kindergartenkindern die Chance, auch mal geschriebene
  Anweisungen zu befolgen. Das kann bei alltäglichen Aktivitäten geschehen,
  wie dem Backen nach Rezept oder der Zubereitung nach Anleitung auf der
  Packung.
- Betonen Sie bei Geschichten oder Witzen Wörter, die die zeitliche Reihen-
  folge beschreiben.

Zeit lehren

- Nehmen Sie das Konzept von Zeit immer wieder in der Alltagssprache auf
  (z. B. später, bald, bevor, nach, morgen, gestern). Auf dem Weg zum
  Kindergarten können Sie zum Beispiel sagen: „Nach dem Kindergarten
  fahren wir zur Post." oder: „Morgen gehen wir mit Oma in den Zoo." Diese
  kleinen, stetigen Beispiele vermitteln Ihrem Kind schrittweise das Konzept
  von Zeit.
- Es ist auch wichtig, dass Ihr Kind ein Gefühl für Zeit bekommt (z. B. fünf,
  zehn oder dreißig Minuten). Als Eltern waren wir schon alle in der Situation,
  dass unser Kind anfängt zu weinen, wenn wir aus dem Zoo gehen wollen.
  Eine hilfreiche Strategie besteht darin, dem eigenen Kind eine klare Vorstellung oder „Vorwarnung" zu geben, bevor man den Zoo verlässt. Sie können
  sagen: „Wir werden in zehn Minuten gehen, also gehe nochmal zu deinem
  Lieblingstier." Das Kind kann den Übergang so wesentlich besser verarbeiten und freut sich, nochmal sein Lieblingstier zu besuchen. Manche Eltern
  stellen sogar einen Timer auf dem Handy, sodass Kinder das Prinzip besser
  nachvollziehen können. Denken Sie aber daran, dass die ausgemachten
  Zeiten auch eingehalten werden. Fünf Minuten sollten auch immer fünf
  Minuten bedeuten.

■ *Ich empfehle, geregelte Zeiten für Mahlzeiten und Schlafen einzuführen.*
Kleine Erinnerungen, dass beispielsweise in zwanzig Minuten Schlafenszeit
ist, unterstützen das Verständnis von Kindern für Zeit.

Einführen von Routinen

■ *Führen Sie einfache Routinen für alltägliche Aktivitäten ein: zum Beispiel*
anziehen, bettfertig machen, Auto fahren und verabschieden nach einer
Verabredung. Wenn Ihr Kind Schwierigkeiten hat, sich die Schritte zu
merken oder zwischen diesen zu wechseln, können Sie Mini-Routinen mit
Bildern erstellen. Diese Bild-Karten zeigen die Reihenfolge an und verdeutli-
chen die Erwartungen (siehe Anhang B: Einführung von Mini-Routinen).

■ *Mini-Routinen sind ein Mittelweg zwischen elterlichem Coaching und*
Unabhängigkeit. Diese sollten jeweils nicht mehr als fünf Schritte auf
einmal beschreiben. Und sie sollten in exponierter Lage hängen, wo Kinder
sie nicht übersehen können. Bild-Listen können insbesondere für junge
Kinder oder Kinder mit Autismus hilfreich sein (siehe Anhang B: Einführung
von Mini-Routinen).

■ *Benutzen Sie „Rückwärtsverkettung", um Ihrem Kind eine neue Routine*
schrittweise zu vermitteln. Bei dieser Technik lösen die Eltern vorerst alle
Schritte bis auf den letzten. Diesen muss das Kind selbst lösen, um die
Aufgabe zu meistern. Als Nächstes werden alle Schritte bis auf die zwei
letzten von den Eltern gelöst und das Kind ist wieder gefordert. Das geht so
lange weiter, bis das Kind die Routine völlig allein ausführen kann. Anziehen
und Aufräumen sind perfekte Beispiele für die Einführung dieser Technik im
Kindergartenalter.

Lehren von Reihenfolgen

■ *Betonen Sie, dass jedes Projekt einen Anfang, eine Mitte und ein Ende hat.*
Erinnern Sie Kindergartenkinder daran, erst eine Aufgabe fertig zu machen,
bevor sie mit der nächsten weitermachen. Stellen Sie zum Beispiel sicher,
dass sie die Toilette spülen, Zahnpastadeckel wieder zu schrauben und den
Teller vom Tisch räumen.

Ordnung von Spiel

■ *Spielen Sie Spiele, bei denen man sich abwechseln muss.*

Seien Sie keine „wir machen das schon" Eltern

Eine Falle bei der Erziehung eines Kindes mit mangelnder Organisation besteht darin, alles für dieses selbst zu erledigen, sobald es zu irgendwelchen Schwierigkeiten kommt. Sei es aus Sorge oder um das Kind irgendwie durch die täglichen Herausforderungen zu bringen. Am ersten Tag im Kindergarten wecken Eltern ihr Kind auf, legen die Klamotten bereit, machen das Frühstück und schauen nach, ob es auch wirklich seinen Rucksack hat. Wenn Eltern das auch noch nach zwei Jahren machen, gibt es vielleicht ein Problem mit der Organisation des Kindes oder der mangelnden Fähigkeit der Eltern loszulassen. Aber genau diese Anstrengungen der Eltern stören vielleicht die Entwicklung der organisatorischen Fähigkeiten des Kindes. Denn das Kind hat so keine Möglichkeit, den sequenziellen Arbeitsspeicher des Gehirns zu trainieren.

Schritt 3: Teile allem einen Platz zu

Ein Kindergartenkind erfährt eine beachtliche Entwicklung der Sprache. Dahingegen passiert die Entwicklung des räumlichen Denkens eher schrittweise. Während der visuelle Cortex (Teil des Gehirns, der die sensorischen Informationen des Auges verarbeitet) noch sehr unterentwickelt ist, wird das Gedächtnis zunehmend effektiver. Ihr Kind besitzt ein wachsendes Verständnis von Routinen und kann sich visuelle Assoziationen (wie die Buchstaben des Alphabets) einprägen. In diesem Alter beginnen sie (hoffentlich) endlich, das Prinzip von Aufräumen zu verstehen. Auch die motorischen Fähigkeiten entwickeln sich weiter, sodass Kinder nun Bälle werfen und fangen können. Unsere Aufgabe als Eltern besteht darin, die Entwicklung dieser Fertigkeiten weiter zu fördern.

Ort

Das Gedächtnis wird im Kindergartenalter immer effektiver. Kinder erkennen Assoziationen so schnell, dass Eltern beginnen zu denken, sie hätten das klügste Kind der Welt; Kindergartenkinder lernen, ob wir sie unterrichten oder nicht. Doch wenn wir sie nicht unterrichten, liegt das Problem darin, dass sie vielleicht die wichtigsten Lektionen verpassen. Wenn es zu räumlicher Verarbeitung kommt, spielen die Konzepte von Ort, Form und visueller Assoziation eine zentrale Rolle. Zeigen Sie auch weiterhin, dass alles einen Platz hat. Genau wie auch in Ihrer Küche Gabeln, Löffel und Messer einen bestimmten Platz haben (was Ihr Kind nun gelernt hat), kann Ihr Kind lernen, seinen Schuhen, seiner Zahnbürste, seiner Unterwäsche und seinem Lieblingsshampoo einen Platz zuzuteilen

Nachdem die Plätze festgelegt wurden, sollten Sie Ihr Kind dazu motivieren, die Dinge auch eigenständig aufzuräumen. Denken Sie aber daran, dass Aufräumen komplizierter ist, als es scheint. Aufräumen benötigt einen Plan, und zu Beginn müssen Eltern diese Aufgabe vielleicht noch durch eine Struktur oder eine Liste von aufzuräumenden Dingen unterstützen. Natürlich haben Gegenstände einen ganz bestimmten Platz (z. B. im Schrank), aber dennoch beeinflussen zahlreiche Variablen den Prozess des Aufräumens. Wenn ein Kind mit dem Spielen fertig ist, sind meistens viele verschiedene Spielsachen auf dem Boden verteilt. Obwohl es offensichtlich scheint, ähnliche Spielzeuge in Gruppen einzuteilen, kommt ein Kind vielleicht nicht auf diesen Gedanken und benötigt Hilfe. Es ist unrealistisch, zu erwarten, dass Ihr Kind immer daran denkt, seine Sachen aufzuräumen. Aber durch beständige Hinweise (z. B. „Denk' dran, deine Schuhe in das Regal zu räumen.") und dem Einteilen der Aufgabe in viele Schritte (z. B. „Lass uns als Erstes alle Blöcke finden und aufräumen."), kann Ihr Kind sich die Dinge merken.

Räumliche Sprache

In dieser wichtigen Lebensphase wird Ihr Kindergartenkind ein Vokabular mit Tausenden von Wörtern erwerben. Es wird Pronomen und Präpositionen verstehen. Eltern können dieses verbale Wachstum nutzen, um ein räumliches Bewusstsein zu vermitteln. Verwenden Sie in Gesprächen mit Ihrem Kind Präpositionen für den Ort, wie zum Beispiel: „Bringe mir bitte deine Socken, die oben auf dem Wäschekorb liegen." Im Alter von fünf Jahren kennen Kinder meistens schon die geläufigen Präpositionen (s. S. 101 oben). Diese Wörter können auch in entsprechenden Spielen mit verbalen Anweisungen benutzt werden, wie „Bringe den Ball hinter den Tisch." oder: „Lege den Ball zwischen uns, aber ein bisschen näher zu dir." Folglich kann die Sprachentwicklung Ihres Kindes eine wunderbare Übung für das räumliche Denken sein.

Übliche Präpositionen für Ort oder Richtung

abseits von	durch	nebeneinander
auf	hinauf	oben
außen	hinaus	oberhalb von
außerhalb von	hinein	über
bei	hinter	um etwas herum
daneben	hinunter	unter
darauf	in	unterhalb von
darin	innen	vor
darunter	innerhalb	zwischen
darüber	nahe bei	
draußen	neben	

Jetzt, da Ihr Kind Sprache und Gedächtnis weiterentwickelt hat, kann es die Namen von Objekten lernen. Beim Vermitteln von Formen, Zahlen und Buchstaben bin ich Befürworter einer naturalistischen Unterrichtsmethode. Ich bin der Meinung, dass ein Kindergartenkind dieses Wissen durch Spiel erwerben sollte, nicht durch Lernkarten. Anstatt täglich genau 30 Minuten dem Lehren von Zahlen, Formen und Buchstaben zu widmen, halten Sie doch stattdessen den ganzen Tag nach Möglichkeiten Ausschau. Wenn Sie zum Beispiel fahren, fragen Sie doch, ob Ihr Kind Kreise, Vierecke oder Sechsecke finden kann. Beim Vorlesen können Sie Ihr Kind motivieren, bestimmte Buchstaben aufzuzeigen. Und gehen Sie auf Zahlen-Jagd im Supermarkt. Machen Sie Lernen spaßig und unterhaltsam. Auf diese Weise wird Ihr Kind immer lernen wollen. Kindergartenkinder können schon Puzzles lösen und Sie können die Schwierigkeit schrittweise erhöhen. Geben Sie Ihrem Kind Zahlen-Blöcke und Schaumstoff-Buchstaben, sodass es sich eigene Wörter ausdenken kann. Lesen Sie Alphabet-Bücher vor, die Bilder und Laute mit den Buchstaben verbinden. Stelle Sie auch Mathe-Bücher bereit, in denen Zahlen mit Objekten verknüpft werden. Lektionen sind überall und können durch die passende Vermittlung durch Eltern oder Großeltern richtig amüsant sein.

Räumliches Spielzeug

Dieses Lehrkonzept lässt sich auch auf die Spielsachen und Spiele unserer Kinder übertragen. Diese sollten vor allem eine räumliche Komponente haben, sodass Kinder so ihr räumliches Denken trainieren können. Das können vorerst Konstruktions-Spielsachen sein wie beispielsweise Eisenbahnen und Blöcke. Wenn Ihr Kindergartenkind dem Schulalter näher kommt, kann das Spielzeug verfeinert werden, wie zum Beispiel mit Lego-Steinen, K'nex-Sets und ähnlichem Spielzeug. Denn dieses Spielzeug fördert die Kreativität. Konstruieren fördert außerdem das Gefühl für räumliche Relationen und trainiert die Koordination. Nutzen Sie diese neue Imagination Ihres Kindes und motivieren Sie es, auch mal etwas Eigenes zu bauen. Indem Sie fragen „Was baust du gerade?" oder „Was wollen wir bauen?", beginnt Ihr Kind vielleicht damit, einen eigenen Plan zu entwickeln. Vergessen Sie das Versteckspielen nicht. Dieses wird endlich ein bisschen spaßig für die Eltern, denn Kindergartenkinder werden sich raffinierter verstecken und nicht jedes Mal hinter dem Vorhang stehen. Sie können auch Gegenstände verstecken, wie eine Cent-Münze, und Hinweise geben (z. B. „Dort wird es schon wärmer."), um das systematische Suchen zu fördern. So helfen Sie Ihrem Kind, effizient, schnell und aktiv nach Informationen oder Gegenständen in der Umgebung zu suchen.

Kunst ist auch eine großartige Form der Erkundung. Geben Sie Ihrem Kind Gelegenheiten zum Zeichnen, Malen, Kleben und zum Modellieren mit Knete. Fürchten Sie sich nicht vor der unausweichlichen Unordnung, die durch diese Aktivitäten entsteht. Stellen Sie nur sicher, dass Sie in Ihrem Zuhause einen bestimmten Bereich für Kunst-Projekte haben, sodass die Kunst nicht plötzlich auf den Wänden, Böden und dem neuen Sofa landet.

Ballspiele sind ein grundlegendes Lernmittel räumlichen Denkens. Bei diesen Spielen bewegt sich der Ball relativ zum Kind. Folglich muss das Gehirn kontinuierlich die Orte aller Objekte berechnen. Stellen Sie sich nur mal die kognitiven Berechnungen vor, die allein für das Fangen nötig sind. Das Gehirn muss die Geschwindigkeit und den Winkel berechnen, um den Händen schließlich zu befehlen, wie schnell und in welche Position sie sich bewegen müssen. Nur so ist das Kind tatsächlich auf das Fangen vorbereitet, wenn der Ball ankommt. Um diese ganzen Gleichungen auf Papier zu berechnen, braucht es viel Physik. Kinder hingegen lernen diese Bewegung ganz intuitiv. Im Alter von fünf Jahren sollte ein Kind in der Lage sein, einen großen Ball zu fangen. Fangen Sie damit an, einen Ball hin und her zu rollen. Das reduziert die Komplexität. Oder Sie benutzen Ballons oder Strandbälle, die wesentlich langsamer fallen. Zeigen Sie Ihrem Kind, wie man Bälle schießt, wirft und schlägt, denn all diese Fertigkeiten entwickeln den visuellen Cortex. An alle Eltern, die vielleicht nicht besonders sportlich sind: Jeder kann mit seinem Kind simplen Sport betreiben.

Denken Sie vor allem daran, dass Ballspiele wie Mathematik für den visuellen Cortex sind. Sie wollen doch sicher, dass Ihr Kind diese mentalen und motorischen Fähigkeiten schon lange beherrscht, bevor es mal Zeit ist, selbst Auto zu fahren.

Kindergartenkinder haben eine unstillbare Begeisterung für das Leben. Sie wollen erkunden, lernen und den ganzen Tag spielen. Machen Sie Lernen unterhaltsam und es wird unendliche Möglichkeiten für wertvolle Lektionen geben.

 Visuelle Empfehlungen

Teile allem einen Platz zu

- *Teilen Sie auch weiterhin allem einen Platz zu und zeigen Sie, was wo hingehört. Man muss nicht von Ordnung besessen sein: Kindergartenkinder sind nun mal unordentlich. Das Ziel ist, durch Wiederholung zu zeigen, dass alles einen Platz hat.*
- *Etablieren Sie ein Ordnungssystem für Spielzeug. Werfen Sie nicht alles in eine große Spielkiste. Denn dadurch lernt Ihr Kind nicht, Dinge wiederzufinden und aufzuräumen. Benutzen Sie stattdessen Behälter (am besten durchsichtig) für bestimmte Spielsachen. Zum Beispiel kann es einen Behälter für Lego-Steine geben und einen anderen für Spielzeugautos.*
- *Da die meisten Kindergartenkinder zwar wissen, wo Dinge hingehören, aber häufig vergessen, die Dinge auch aufzuräumen, sollten Sie bestimmte Zeiten zum Aufräumen etablieren; zum Beispiel vor Mahlzeiten oder vor dem Schlafen. Natürlich werden Eltern immer noch das meiste aufräumen, aber auch Kinder können einen angemessenen Anteil übernehmen. Sagen Sie beispielsweise: „Du kannst die Blöcke aufheben, während ich mich um diese Sachen kümmere (was wahrscheinlich alles andere ist) und wenn ich vor dir fertig bin, kann ich dir auch helfen."*

Räumliche Sprache

- *Benutzen Sie häufig Präpositionen und Sprache von Ort und Richtung (z. B. über, unter, nahe, neben).*
- *Eltern können geometrische Formen im Alltag aufzeigen: Reifen sind Kreise, ein Stop-Schild ist ein Achteck, ein Vorfahrtszeichen ist ein Dreieck und Tische sind Rechtecke. Wählen Sie Bücher, die Buchstaben und Zahlen mit Bildern verbinden, sodass Ihr Kind Wort-Assoziationen bilden kann.*

Räumliche Spiele

- *Puzzles sind typische Spiele für Kindergartenkinder. Sie vermitteln Beziehungen von Größe und Form. Bei Anfänger-Puzzles muss ein Teil mit einer ähnlichen Form verknüpft werden. Bei fortgeschrittenen Puzzles müssen Dutzende Teile zu einem Bild zusammengefügt werden. Im Kindergartenalter kann ein Kind vielleicht schon 24- bis 48-Teile-Puzzles vervollständigen. Stellen Sie sicher, dass die Puzzles auf einem angemessenen Niveau sind; sonst sind Kinder entweder gelangweilt oder frustriert.*

- *Viele Spiele fördern die räumliche Verarbeitung. Um das Konzept von links und rechts zu verstehen, ist zum Beispiel das Spiel „Simon says" geeignet (z. B. Simon sagt: „Berühre dein linkes Knie mit deiner rechten Hand."). Ein weiteres Beispiel ist das „Spiegel-Spiel", bei dem Kinder zu zweit spielen und sich gegenüberstehen. Ein Kind führt, indem es Bewegungen vorgibt, das andere spiegelt die Bewegung, sodass die Kinder das Gleiche zur gleichen Zeit machen. Sie funktionieren wie Bild und Spiegelbild. Dieses Spiel fördert Achtsamkeit auf den eigenen Körper, Balance sowie Koordination, räumliches Denken und motorische Fertigkeiten. Mit Übung können Kinder immer komplexere Bewegungen perfektionieren.*

- *Verstecken ist ein gut geeignetes Spiel, um das räumliche Denken zu trainieren. Anfänger verstecken sich häufig sichtbar, ohne zu verstehen, dass man sie sehen kann, wenn sie einen selbst sehen. Fortgeschrittene Spieler verstecken sich hinter einem Objekt wie einem Vorhang oder Stuhl. Schließlich wird sich Ihr Kind in Schränken oder unter Betten verstecken, sodass die Suche nochmal wesentlich schwieriger ist.*

- *„Etwas fehlt!" ist ein Spiel, das das visuelle Gedächtnis fördert. Zuerst werden ein paar Gegenstände auf den Tisch gelegt. Dann werden ein oder zwei Gegenstände weggenommen, während das Kind wegschaut. Nun muss das Kind sagen, welche Gegenstände entfernt wurden. Mit einer zunehmenden Verbesserung des Gedächtnisses können mehr Gegenstände hinzugefügt werden.*

- *Um Bewegungen und Koordination zu fördern, fangen Sie mit dem Werfen und Fangen von Bällen an. Da die meisten Kindergartenkinder zum ersten Mal fangen, wäre es gefährlich, von einer großen Distanz zu werfen. Stattdessen beginnen Sie, einen Ball hin und her zu rollen. Wenn das Kind im zweidimensionalen Bereich sicher agiert, kann im dreidimensionalen*

Bereich weitergespielt werden. Fangen Sie hierfür mit einem langsam fallenden Objekt wie einem Ballon oder Strandball an. Veranlassen Sie das Kind, den Ballon beim Herunterfallen nach oben zu schlagen, sodass dieser immer in der Luft bleibt. Sobald diese Aufgaben gemeistert wurden, starten Sie mit dem Fangen von Softbällen und Sitzkissen.

Schritt 4: Übe vorausschauendes Denken

Im Kindergartenalter sind Kinder nun endlich zu Voraussicht und Rückblick fähig. Dadurch können sie zunehmend vorausschauend denken und Vorhersagen treffen. Wenn unser Vierjähriger heimlich einen Keks von der Küchenplatte stibitzt, antizipiert er schon die Konsequenzen, erwischt zu werden. Oder wenn unsere Fünfjährige eine Geschichte erfindet, wie roter Textmarker an die Küchenwand gekommen ist, denkt sie schon über die Konsequenzen der Wahrheit nach. Ich erzähle diese „negativen" Beispiele, um den stetigen Lernprozess zu betonen. Und was wie eine Lüge oder „Stehlen" scheint, ist vielleicht ein noch ungehaltenes Kind mit sich gerade entwickelnder Fähigkeit zu planen. Meistens ist vorausschauendes Denken jedoch eine positive Sache, wie an seine Regenjacke zu denken oder ein Bilderbuch für die Autofahrt einzupacken.

Eine simple Messmethode für vorausschauendes Denken sind die „Türme von Hanoi". Hierbei bekommen Kinder ein vermischtes Scheiben-Puzzle und sehen die aufgebaute Lösung. Dann müssen sie die Scheiben in so wenigen Schritten wie nur möglich so anordnen, dass ein Turm entsteht.[10] Bei dieser Aufgabe konnten Vierjährige einen Schritt antizipieren, Fünfjährige schon ein paar Schritte. Bei einem ähnlichen Experiment müssen Kinder eine effiziente Route durch einen Zoo planen. Mit fünf Jahren beginnen Kinder, diese Aufgabe erfolgreich zu lösen. Am Ende des Kindergartens ist die Entwicklung von Kindern weit genug fortgeschritten für vollwertiges vorausschauendes Denken. Und wie jede andere Fertigkeit, muss auch diese stetig geübt werden.[28]

Vorbild für vorausschauendes Denken

Als Eltern denken wir ständig voraus. Wir planen unsere Termine, unsere Fahrrouten. Wir planen, was wir sagen und wie wir uns verhalten. Kinder lernen von uns, also kann Transparenz helfen. Sprechen Sie bestimmte Gedankengänge aus. Reden Sie mit Ihrem Kind über Pläne. So erkennt es, was es eigentlich braucht, um von A nach B zu kommen. Sprechen Sie über Pünktlichkeit und Zeitmanagement. Wenn Ihr Kind zum Beispiel fragt, ob es noch eine Fernsehsendung anschauen darf, fragen Sie vielleicht: „Wie lange dauert die Sendung, denn wir gehen in 45 Minuten los." Wenn Sie dann herausfinden, dass die Sendung dreißig Minuten lang ist, können Sie weiter fragen, wie lang Ihr Kind noch zum Vorbereiten braucht. Und sie können vorschlagen, dass es sich vor der Sendung fertig macht. In diesem Beispiel demonstrieren Sie Ihre Planung und lassen Ihr Kind an dem Prozess teilhaben.

Ihr Kind entwickelt das eigene vorausschauende Denken, aber es scheint noch recht schwierig und die Gedankengänge wirken vielleicht noch unvollständig. Bevor ein Kind fünf Jahre alt ist, liegt der Schlüssel darin, die Wichtigkeit von Planen zu betonen. Teilen Sie Aufgaben zu Beginn in mehrere Schritte ein. Demonstrieren Sie, wie man beispielsweise in mehreren Schritten bettfertig ist (z. B. Zähne putzen, Toilette benutzen, Hände und Gesicht waschen und Schlafanzug anziehen). Wenn Ihr Kind Probleme hat, sich diese Schritte zu merken, können Sie Bilder-Reihenfolgen benutzen (siehe Anhang B: Einführung von Mini-Routinen), um Ihrem Kind die Schritte zu verdeutlichen. Sie können diesen Prozess auch gut in Gesprächen unterstützen. Zusammen können Sie und Ihr Kind einen gemeinsamen Plan konstruieren. Die folgende Konversation ist ein Beispiel für vorausschauendes Denken mit einem vierjährigen Kind.

Vater: Heute gehen wir zum Strand.
Kind: Können wir im Wasser spielen?
Vater: Ja, aber das Wasser wird kalt sein.
Kind: Wir können doch einen Neoprenanzug benutzen.
Vater: Was brauchen wir sonst noch?
Kind: Ein Handtuch.
Vater: Gute Idee, und welches Spielzeug nehmen wir mit?
Kind: Wir könnten eine Schaufel und einen Eimer mitnehmen. Kommt Lisa auch mit?
Vater: Wir hatten das letzte Mal eine Menge Spaß mit Lisa, also frage ich ihre Mutter, ob sie mit uns kommen darf.
Kind: Okay!
Vater: Ich hole einen Rucksack und Sonnencreme; was kannst du auftreiben?

Zusammen haben Vater und Kind einen Plan für den Strandbesuch konstruiert. Dieser wäre vielleicht unvollständig, wenn das Kind ihn allein erstellt hätte.

Planen ist ein Prozess, bei dem die nötigen Handlungen bedacht und organisiert werden, um an ein Ziel zu gelangen. Planen erscheint in vielen Formen.

Folglich gibt es viele Methoden, um Ihrem Kind Planen beizubringen. Bei einem Baseballwurf gibt es zum Beispiel einen Bewegungsplan, bei der Vorbereitung auf eine Klausur einen Zeitplan, bei Langeweile einen Brainstorming-Plan und bei jeder Aufgabe gibt es natürlich einen Handlungsplan. Da Planen auf so viele Arten stattfindet, gibt es reichlich Gelegenheiten, um den Prozess zu vermitteln.

 **Lehre zu planen**

Bewegungsplan

Ein Kind lernt Werfen, indem es einen Ball mit der starken Hand fasst. Dann kann es den entgegengesetzten Fuß nach vorne stellen. Als Nächstes hält es den Ball hinter dem Kopf in einem 90 Grad-Winkel zum Ellenbogen. Schließlich schleudert das Kind die Ballhand nach vorne und lässt den Ball los, sobald der Arm vollständig gerade ist.

Zeitplan

Wenn man sich auf ein Ereignis vorbereitet, gibt es einen Zeitplan. Wenn wir wissen, dass der Film um 14:00 Uhr beginnt und wir 15 Minuten zum Kino laufen müssen, müssen wir zwischen 13:40 Uhr und 13:45 Uhr losgehen. Bevor wir losgehen, werden wir noch einen schnellen Snack essen, unsere Jacken raus- holen und Geld mitnehmen, um das Kino zu bezahlen. All diese Sachen zu erledi- gen, dauert ungefähr zwanzig Minuten. Also sollten wir um 13:20 Uhr anfangen, uns fertig zu machen.

Brainstorming-Plan

Beim Brainstorming fragt sich ein Kind: „Welche Möglichkeiten gibt es?" *Manchmal kann der Denkprozess des Brainstormings durch ganz bestimmte Leitfragen angestoßen werden. Bei Langeweile könnte sich das Kind fragen: „Was könnte ich in meinem Zimmer machen?", „Was kann ich in der Garage machen?" Oder: „Welche Sachen kann ich mit einem Freund unternehmen?" Diese Fragen helfen dabei, eine große Liste von Optionen zu erstellen, durch die das Kind die Langeweile schließlich überwinden kann.*

Geduld üben

Geduld zu üben geht Hand in Hand mit Planen. Beim Warten muss ein Kind über all die Vorteile von freier Zeit nachdenken. Erinnern Sie sich noch an das klassische Experiment, in dem ein Kind mit einem Marshmallow in einem Zimmer gelassen wird? Der Forscher beschreibt, dass es später einen zweiten bekommt, wenn es den Marshmallow jetzt nicht aufisst. Die Studie zeigt, Kinder mit vier oder fünf Jahren beginnen, ihre Impulse zu hemmen. Sie besitzen die Vernunft und Geduld, dass zwei Marshmallows später viel besser sind als einer sofort.[29] Eltern sollten ihren Kindern Geduld beibringen. Und dass die Belohnungen – genau wie im Marshmallow-Experiment – für das Warten viel besser sind als die sofortige Belohnung.

Junge Kinder neigen zum Unterbrechen. „Mama, Mama, Mama" ist das Mantra vieler Kindergartenkinder, die die sofortige Aufmerksamkeit ihrer Mutter fordern. Ihr Kind stürmt vielleicht in den Raum, wenn Sie kochen, in einem Gespräch sind oder gerade etwas auf dem Computer tippen und sagt: „Mama, Mama, Mama, ich will die neueste Barbie-Puppe." Wenn das geschieht, haben Sie zwei Möglichkeiten. Entweder unterbrechen Sie Ihre Beschäftigung, oder sie benutzen die – wie ich sie nenne – „Warte eine Minute"-Technik. Werfen Sie einen strengen Blick zu und zeigen Sie mit einem Finger nach oben (um eine Minute darzustellen) und warten Sie dann schnell auf eine gute Gelegenheit zur Unterbrechung. Dann können Sie Ihr Kind anlächeln und sich für das Warten bedanken und die Frage beantworten. Das Training besteht also aus einer negativen Verstärkung, indem nicht direkt geantwortet und ein harter Blick für die Unterbrechung zugeworfen wird, und einer positiven Verstärkung durch das Dankeschön und das Lächeln für das Warten. Das Ziel besteht darin, dass Ihr Kind höflich „Entschuldigung Mama" sagt und dann auf Ihre Aufmerksamkeit wartet, um weiter zu fragen: „Können wir später in den Zoo gehen?" Detailliertere Strategien werden für Schulkinder im nächsten Kapitel 6: „Erziehung eines organisierten Schülers" erläutert. Die Geduld eines Kindes ist ein klares Zeichen, dass vorausschauendes Denken stattfindet.

Antizipieren

Antizipieren ist eine Form des vorausschauenden Denkens. Sobald ein Kind ein Ergebnis antizipieren kann, ist es eher in der Lage, Pläne zu machen und mit einem enttäuschenden Ausgang besser umzugehen. Wenn Sie Ihrem Kind Antizipation vermitteln, kann das die Folgen unerwarteter Planänderungen mildern. Ihr Kind ist eher in der Lage, sich zu fassen, wenn Dinge mal nicht nach den eigenen Vorstellungen laufen. Der Nr. 1 Grund, warum Eltern ihre Kinder mit gegensätzlichem Verhalten in meine Praxis bringen, liegt in der Schwierigkeit dieser Kinder, mit unerfüllten Erwartungen umzugehen. In anderen Worten: Sie sind gestresst, wenn Dinge nicht so laufen, wie sie es wollen. Sie sind folglich zum Beispiel verärgert, wenn ihre Freunde etwas spielen wollen, was sie nicht spielen wollen, wenn sie eine Spielsache im Spielzeugladen nicht bekommen, wenn ihre große Schwester die Tür vom Hotelzimmer öffnen darf oder sie nicht mehr vom Nachtisch bekommen. Der Großteil dieser Kinder gleicht sich in der Eigenschaft mangelnder Voraussicht. Und folglich sind sie von scheinbar offensichtlichen Ergebnissen überrascht. Sie antizipieren nie, dass sie in einem Spiel auch verlieren können, wenn sie es beginnen, bis sie plötzlich verlieren und völlig überwältigt sind. Die Eltern dieser Kinder berichten mir jedoch, dass das Verhalten im Rahmen von Routinen wesentlich besser ist. In anderen Worten: Wenn das Kind exakt weiß, was es erwartet, ist das Verhalten am besten. Routinen machen die Ergebnisse vorhersehbarer. Folglich muss das Kind nicht mit der Belastung eines „überraschenden" Ergebnisses umgehen. Logischerweise ist es für die Eltern dann hilfreich, beständig zu sein und möglichst viele Routinen zu benutzen, um unvermeidliche Ausgänge für Kinder vorhersehbarer zu machen.

Ein Kind im Kindergartenalter hat ein wachsendes Potenzial zu vorausschauendem Denken. Und auch hinsichtlich der Organisation können Eltern in dieser Phase bereits ein solides Gerüst bieten, um diese Fähigkeit noch weiter zu fördern. Ein Kindergartenkind benötigt dennoch Übung, um das eigene Potenzial voll zu entfalten. Seien Sie sich bewusst, dass das Gehirn in diesem Alter die Fähigkeit zum Planen erst noch entwickelt. Geben Sie Ihrem Kind die Möglichkeit, verschiedene Optionen abzuwägen und eigenständig zu planen, indem Sie auch mal Freizeit zur Selbstgestaltung lassen. Seien Sie konstant mit Zeitplänen und Routinen, sodass Ereignisse besser antizipiert werden können und vermitteln Sie Geduld.

Empfehlungen für vorausschauendes Denken

Planen üben

- *Nutzen Sie Gespräche, um zusammen mit Ihrem Kind Pläne zu konstruieren und helfen Sie beim vorausschauenden Denken. Ihre Art zu kommunizieren und die Unterstützung von Gedankengängen bilden das Gerüst für die zukünftige Voraussicht Ihres Kindes. Typische Vokabeln, wie morgen, als Nächstes und später sind bereits eine Einführung in das vorausschauende Denken.*

- *Seien Sie bei Ihrer Planung transparent und zeigen Sie zum Beispiel, wie man eine Reiseroute plant.*
- *Teilen Sie Aufgaben in viele Schritte ein. Führen Sie Mini-Routinen ein und benutzen Sie visuelle Zeitpläne (mit Bildern unterstützt), um einen Plan darzustellen.*
- *Lassen Sie Ihr Kind Bilderbücher zusammenfassen. Dafür muss das Kind die Intention des Autors beachten.*
- *Zeigen Sie Ihrem Kind ein Bild für das Ende einer Geschichte und motivieren Sie es, sich anschließend eine eigene entsprechende Kurzgeschichte auszudenken.*
- *Eltern können Antizipation fördern, indem sie zukünftige Situationen mit ihrem Kind schon im Voraus besprechen. Vor dem gemeinsamen Einkauf wird dem Kind angeboten: „Wenn du beim Einkaufen bei mir bleibst, darfst du dir am Ende eine Süßigkeit aussuchen." Indem Sie Ihrem Kind klare Erwartungen vermitteln, kann es also Voraussicht üben und das eigene Verhalten anpassen. Mit der Zeit können Sie Ihr Kind auch motivieren, selbst Vorschläge für das eigene Verhalten zu machen.*

Zeit verstehen

- *Beginnen Sie mit der Vermittlung von Zeit, indem Sie temporale Vokabeln (z. B. eine Stunde, morgen, eine Woche) benutzen. Jüngeren Kindern kann vielleicht die Assoziation von Zeit mit einem bekannten Ereignis (z. B. eine Fernsehsendung, Essenszeit, Schlafenszeit) helfen, um das Konzept zu begreifen.*

Geduld üben

- *Lehren Sie Ihr Kind das Warten durch die „Warte eine Minute"-Technik.*

Zeitmanagement

- *Für Kinder mit organisatorischen Problemen müssen die Eltern vielleicht Zeitmanagement vermitteln (z. B. „Lass uns an diesem Morgen die Dinge schnell vorbereiten." Oder: „Okay, jetzt lassen wir uns Zeit und denken genau darüber nach, was wir einpacken müssen."). Loben Sie Ihr Kind, wenn es seine Zeit eigenständig im Griff hat.*

Schritt 5: Fördere Problemlösung

Erst im Kindergartenalter beginnen Eltern, die Problemlösungskapazität ihres Kindes zu erkennen. Ein Kind in diesem Alter zeigt immer mehr unabhängige Gedanken. Der Leitspruch lautet: „Das kann ich selbst machen." Das ist großartig, denn das übermäßige Selbstbewusstsein bringt Kinder in schwierige Situationen. Und diese zu lösen, fördert Kreativität. Jedoch findet Ihr Kind vielleicht nicht immer die beste Lösung oder ist erfolglos. In diesen Situationen ist es wichtig, Ihr Kind zu ermutigen. Über die Jahre wird es noch viele weitere Chancen geben. Also seien Sie geduldig und haben Sie keine Angst vor Fehlern.

Meine Tochter Alexis, die jüngste meiner fünf Kinder, wurde zu unzähligen Proben und Trainingsstunden ihrer Geschwister mitgenommen. Diese Ereignisse haben sie wirklich gelangweilt, aber sie hat immer eine Beschäftigung gefunden. Manchmal hat sie sich auch mit einem anderen Kind angefreundet. Zumindest hat sie immer ein Spielzeug oder Bücher mitgebracht (mit Erinnerung ihrer Mutter). Manchmal hatte sie Glück und es war ein Fußballfeld in der Nähe das sie abenteuerlich erkunden und auf dem sie spielen konnte. Immer ein Auge auf unsere abenteuerlustige Fünfjährige zu werfen, hat das Zusehen beim Fußball zwar schwierig gemacht, aber das sind nunmal die Opfer, die wir als Eltern erbringen. Alexis hat gelernt, Langeweile zu überwinden, und das ist eine ganz wichtige Problemlösungsübung für Kinder.

Erkundung

Lassen Sie Ihr Kind neue Dinge ausprobieren und auch mal Schwierigkeiten haben. Denn Lernen geschieht, wenn wir Probleme bewältigen. Anstatt die Lösung vorzusagen, geben Sie besser Tipps. Wenn Ihr Kind zum Beispiel etwas nicht erreichen kann, empfehlen Sie einen Hocker zu nehmen, anstatt die Sache einfach selbst zu greifen. Lassen Sie Ihr Kind den eigenen Erfolg erarbeiten. Denn dadurch entsteht Selbstbewusstsein, das Sie mit einem zeitnahen Kompliment noch mehr festigen können.

Wenn Ihr Kind andererseits eher schüchtern ist und das Ausprobieren neuer Dinge vermeiden möchte, läuft es Gefahr, diese Phase der Erkundung und der Steigerung des Selbstbewusstseins zu verpassen. Bewahren Sie Ihr Kind deshalb vor Stagnation (Aufgaben-Vermeidung), indem Sie es immer wieder ermutigen. Ein geschicktes „Du schaffst das!" und dann „Super gemacht!" ist elementar, um Ihr Kind schrittweise aufzubauen. Bringen Sie Ihrem Kind Aktivitäten behutsam nah, um das Selbstbewusstsein vorsichtig zu stärken. Das heißt zum Beispiel, dass man eine Fünfjährige nicht direkt in einen Fußballverein einschreibt. Stattdessen können Sie mit Ihrer Tochter in einem Park den Ball ein bisschen hin und her spielen. Seien Sie vorsichtig: Meistens ist es einfacher, Dinge für das Kind einfach selbst zu erledigen. Es ist viel wichtiger, dass es lernt, Dinge selbst zu erledigen. Und Ihr Vertrauen in ein Kind mit einer scheinbar fragilen Problemlösungsfähigkeit wird sich später umso mehr auszahlen.

Bei der Erkundung von Grenzen bringen sich Kinder in schwierige Situationen. Porzellan wird zertrümmert, Getränke umgekippt und Unordnung angerichtet. Wenn das geschieht, erfindet Ihr Kind vielleicht eine Geschichte (die nicht wirklich viel mit der Wahrheit zu tun hat), um die Situation zu erklären. Die eigentliche Wahrheit ist jedoch meistens offensichtlich. In diesem Alter sind Kinder kognitiv noch auf dem Level, dass sie bei der Frage „Hast du das gemacht?" denken: „Hmm, wenn sie mich das fragen, habe ich eine 50:50 Chance, dass sie nicht wissen, dass ich es war." Folglich leugnen sie häufig ihre Beteiligung. Als Eltern fühlt es sich natürlich wie eine Lüge an, und es ist streng genommen auch eine. Aber lassen Sie sich nicht von dieser Unehrlichkeit blenden. Denn die Erklärung Ihres Kindes ist ein Zeichen von Problemlösungsverhalten. Es versucht eine Antwort zu geben, die für alle Beteiligten am besten ist – natürlich ohne die langfristigen Konsequenzen von Lügen zu beachten. Gehen Sie auf das Problem ein, nicht auf die „Lüge". Wenn Ihr Kind beispielsweise nicht weiß, wie die Pflanze umgefallen ist, antworten Sie: „Wenn eine Pflanze umfällt, müssen wir die Stelle sauber machen. Hole die Kehrschaufel und wir räumen hier zusammen auf." Dadurch lösen Sie das eigentliche Problem: die umgeworfene Pflanze. Würde das Kind für diesen Vorfall gerügt werden, würde gleichzeitig das Erkundungsverhalten gehemmt. Und es wäre außerdem wesentlich unwahrscheinlicher, dass das Kind Unfälle in Zukunft den Eltern meldet.

Imagination

Natürlich sind nicht alle Handlungen eines Kindergartenkindes spitzbübisch. In dieser Phase blüht die Kreativität auf und die Spiel-Fertigkeiten entwickeln sich. Als Kleinkind hat Ihr Kind noch imitierende und funktionale Spiele gemacht (Spielzeug wird zweckmäßig benutzt). Im Kindergartenalter hingegen werden sich die Fähigkeiten Ihres Kindes von diesem funktionalen zum repräsentativen Spiel (ein Gegenstand steht mit viel Imagination für einen ganz anderen Gegenstand) weiterentwickeln. Ihr Kind wird es lieben, sich zu verkleiden, Rollen zu spielen, zu bauen und zu erfinden. Vielleicht hat Ihr Dreijähriger sogar einen imaginativen Freund. Und vielleicht wird dieser sogar in alltägliche

Aktivitäten einbezogen; zum Beispiel, wenn Ihr Kind noch vor dem Einschlafen darauf wartet, dass sein Freund seine Zähne fertig putzt. Lassen Sie diese Albernheit zu, denn Rollenspiel ist Übung für spätere echte soziale und emotionale Rollen im Leben. Wenn Ihr Kind eine Rolle spielt, experimentiert es und übt damit Perspektivenwechsel. Wenn Ihr Kind verschiedene Charaktere erfindet, findet es auch heraus, wie es sich wohl in ihrer Haut anfühlen muss. Dadurch wird eine ganz wichtige Fähigkeit entwickelt: Empathie. Ihre Aufgabe als Eltern besteht darin, die Imagination Ihres Kindes zu fördern. Motivieren Sie zu kreativem Spiel, indem Sie Requisiten und Kostüme sowie nicht-elektronische Spielsachen wie Lego, Bauklötze, Puppen und Spielküchen bereitstellen; Spielzeug, mit dem schon wir Eltern in unserer Kindheit gespielt haben. Erweitern Sie das Spiel. Lassen Sie Ihr Kind nicht nur Polizist sein, sondern empfehlen Sie, einen Räuber zu fangen oder ein Auto zu verfolgen. Wenn Ihr Kind in der Spielzeugküche Pfannkuchen brät, können Sie empfehlen, verschiedene Zutaten oder Garnituren zu wählen und die Leckereien auch angemessen zu servieren. Rollenspiel zeigt Ihrem Kind, dass es alles erreichen kann!

Wenn Sie beim imaginativen Spiel Ihres Kindes mit seinen Spielsachen oder Freunden lauschen, werden Sie möglicherweise Wörter oder Ausdrücke hören, von denen Sie nie dachten, dass es diese kennt! Rollenspiel hilft Ihrem Kind beim Erlernen von differenziertem Sprachgebrauch und Ausdrucksweisen. Außerdem lernt es beim Rollenspiel mit anderen (z. B. Eltern, Freunde), dass Wörter ihm die Möglichkeit geben, das Spiel mit verschiedenen Anweisungen zu steuern. Das Kind lernt durch Rollenspiel also, die eigenen Gedanken durch Sprache zu organisieren.

 ## Nachspielen ist noch keine Kreativität

Kinder, die immer wieder das gleiche Rollenspiel spielen, brauchen häufig mehr Denkanstöße für Kreativität. Beim Nachspielen wird eine Situation dargestellt, die das Kind gesehen und sich gemerkt hat. Manche Kinder mit Autismus wollen immer den gleichen Charakter spielen. Wenn man sie dann zu einem anderen Charakter herausfordert, spielen sie dennoch nur eine bereits gesehene Szene (z. B. aus einer Fernsehsendung) nach. Nachspielen trainiert die gleichzeitige Verarbeitung des Gehirns nicht in dem Maß wie Kreativität. Um diese Kreativität jedoch zu fördern, können Eltern universelle Spielsachen bereitstellen wie Autos, Puppen, Bausteine und Spielküchen. Diese Spielsachen haben keinen genau vorbestimmten Zweck.

Perspektivenwechsel

Zwischen vier und fünf Jahren sollte sich gemeinsames Spiel bei Ihrem Kind entwickeln. Verabredungen und Gruppenaktivitäten sollten gefördert werden. Durch gemeinsames Spiel lernen Kinder, sich abzuwechseln, zu teilen und Probleme kreativ zu lösen. Gemeinsames Spiel hat viele komplizierte Eigenheiten, aber Teilen ist häufig am schwierigsten zu erlernen. Denn diese Fertigkeit fordert einen Perspektivenwechsel. Verabredungen laufen besser, wenn beide Spielpartner glücklich sind. Und das zu lernen, erfordert Übung. Anfänger brauchen vielleicht noch Unterstützung, um erfolgreiche Verabredungen im Kindergartenalter zu erleben. Eltern können Aktivitäten empfehlen (z. B. Kunstprojekte, Bauen oder Verkleiden), die Teilen beinhalten, müssen dann häufig aber auch genügend Hilfestellung bieten. Fortgeschrittene Spieler können schon unabhängig agieren, eigene Aktivitäten erfinden und die Interessen der Gleichaltrigen reflektieren. In dieser Situation müssen Eltern dann nur noch motivierendes Lob aussprechen (z. B. „Ihr beide seid wirklich gut im Teilen." Oder: „Ich liebe es, wie schön ihr zusammen spielt.") – und natürlich daran erinnern, eine Sache aufzuräumen, bevor man zur nächsten Aktivität kommt.

Zusammenfassen

Anhand von Zusammenfassungen können Sie gut erkennen, ob Ihr Kind die Ordnung von Ereignissen erkennt. Ein fünfjähriges Kind sollte eine einfache Geschichte wie „Frau Holle" erzählen können. Genauso sollte es von seinem Tag berichten können. Geben Sie ihm die Möglichkeit, das Erzählen von Geschichten zu üben. Motivieren Sie Ihr Kind, die eigenen Erfahrungen und Abenteuer im Kindergarten mit Ihnen zu teilen. Mit Übung werden die Berichte immer prägnanter, Ihr Kind erzählt also nur das Wichtigste. Denn bald wird Ihr Kind in der Schule zusammenfassen müssen.

Problemlösung mit Wörtern

Kindergartenkinder können sehr lustig sein. Eine Art, Sprache zu erkunden und Perspektiven zu verstehen, ist Humor. Lustig zu sein bedeutet, zu verstehen, was das Publikum mag. Am Anfang hat Ihr junger Komiker vielleicht noch Schwierigkeiten. Denn anfangs versuchen Kinder, die Struktur eines Witzes zu imitieren, ohne den Inhalt zu verstehen. Ich denke, dass ein bisschen Sarkasmus durchaus eine gute Einführung für Humor darstellt. Ein Kind muss das Gesamtbild begreifen, um Sarkasmus zu verstehen. Wenn meine Fünfjährige zum

Beispiel fragt, ob sie Nachtisch vor dem Abendessen haben kann, antworte ich mit einem Lächeln: „Natürlich kannst du Nachtisch haben. Wie wäre es, wenn wir zum Süßigkeitenladen gehen, alles kaufen und nie wieder gesunde Sachen essen. Der Zahnarzt wird uns lieben." Meine kleine Detektivin weiß durch mein Lächeln und die Albernheit meiner Antwort, dass ich nur Witze mache.

Vierjährige Kinder haben einen Wortschatz von mindestens 1.000 Wörtern und die meisten kennen schon bis zu 5.000 Wörter. In diesem Alter verstehen sie außerdem schon die Sprachkonzepte von Ort und Zeit. Und sie haben jetzt genug Sprachkenntnisse, um Erklärungen zu verstehen. Ihr Kind wird häufig warum fragen. Geben Sie klare und prägnante Antworten. Sagen Sie nicht einfach: „Weil ich das sage!" Denn das würde Inflexibilität demonstrieren. Ihre Antworten helfen Ihrem Kind, das Gesamtbild zu verstehen. Ihr Kind fragt vielleicht: „Warum muss ich ins Bett gehen, Mama?" Und Sie können antworten: „Weil kleine Jungs mit viel Schlaf stark und gesund sind." Mit Ihrer Hilfe hat das Kind ein bisschen mehr über die Bedeutung von Schlaf erfahren. Ihr Kind hat vielleicht die Angewohnheit, auf jede Antwort mit einer neuen Frage zu reagieren: „Warum sind Jungs mit viel Schlaf stärker?" Dann können Sie es dazu motivieren, sich selbst darüber Gedanken zu machen: „Warum, glaubst du, könnte Schlaf gut für das Gehirn und den Körper eines kleinen Jungen sein?" Dadurch haben Sie einen Hinweis (für das Gehirn) gegeben und Ihr Kind kann seine Fertigkeit für Problemlösung üben.

Mit wachsender Sprache kommt die Fähigkeit zur Vernunft. Experimente wie die klassische Marshmallow-Studie – vorher in diesem Kapitel im Abschnitt „Geduld üben" erklärt – zeigen, dass Kinder im Alter von ungefähr vier oder fünf Jahren „vernünftig" werden. Sie können die Entwicklung dieser Fähigkeit durch die Erklärung Ihrer Handlungsweisen fördern. Aussagen wie: „Wir können heute Mittag nicht zum Essen gehen, weil ich deine Schwester von der Schule abholen muss und ich nicht zu spät sein will." Oder: „Wir haben keine Zeit für diese Fernsehsendung, weil wir jetzt zum Zahnarzt gehen müssen. Aber wenn wir später wiederkommen, ist vor dem Abendessen noch Zeit, um etwas zu schauen." demonstrieren Ihrem Kind, wie man Probleme vernünftig angeht.

Inzwischen haben Sie realisiert, dass Gelegenheiten für Lektionen der Problemlösung überall sind. Wie ein Kind spielt, erkundet und kommuniziert, hängt von der mentalen Reife ab. Ihrem Kind Problemlösung zu vermitteln, ist eine der wichtigsten Lektionen, die es zukünftig zu einer unabhängigen Person reifen lassen: Eine Person, die mit 18 bereit ist, in die große Welt zu starten.

Bereiten Sie Ihr Kind auf Veränderung vor

Wenn ich gerade eine Fernsehsendung sehe und meine Tochter aus dem Nichts den Sender wechselt, macht mich das verrückt. Wenn sie hingegen fragt, ob sie in ein paar Minuten etwas anderes sehen darf, ist es keine große Sache, denn ich kann mich auf den Senderwechsel einstellen. Dieses Prinzip lässt sich analog auch auf einen mentalen „Senderwechsel" übertragen. Das ist die Fähigkeit, von einem Plan zum nächsten zu wechseln. Für ein inflexibles Kind kann es extrem enttäuschend sein, wenn es eigentlich Verstecken spielen will, aber der Spielkamerad bei der Verabredung ein anderes Spiel bevorzugt. Der Freund mit einer anderen Vorstellung von der Verabredung wechselt den mentalen „Sender". Und der Stress, keine Kontrolle über die eigene mentale „Senderliste" zu haben, resultiert in einem emotionalen Zusammenbruch. Wir können inflexible Kinder unterstützen, indem wir sie durch Zeitpläne, Routinen und Strategien der Voraussicht auf Veränderungen vorbereiten. Dadurch kann sich das Kind auf die Veränderung einstellen und seinen mentalen „Sender" eigenständig ändern.

 ## Empfehlungen für Problemlösung

Imagination

- *Geben Sie Ihrem Kind Spielzeug und Requisiten, die kreatives Rollenspiel fördern. Baby-Puppen, Action-Figuren, Spielküchen, Bauklötze und Kostüme inspirieren zu Kreativität. Ihr junger Rollenspieler spielt vielleicht auch gerne Sie. Folglich ist es sinnvoll, Ihrem Kind Dinge des alltäglichen Lebens wie Telefone, Einkaufstaschen oder Aktenkoffer bereitzustellen, um die Imagination weiter anzuregen.*
- *Fortgeschrittenere Rollenspieler brauchen weniger Hilfestellungen und können viele Gegenstände in ihr Rollenspiel einbauen. Stellen Sie große Karton-Schachteln, Stoffe, Spielgeld und Kunstmaterialien bereit. Dehnen Sie das Rollenspiel Ihres Kindes gemeinsam aus. „Sei nicht nur ein Feuerwehrmann, sei ein Feuerwehrmann auf einem Abenteuer." „Backe nicht nur einen Kuchen, feiere eine ganze Geburtstags-Party." Fördern Sie genau diese Aktivitäten, indem Sie zusammen mit Ihrem Kind spielen. Und erweitern Sie Spaß und Spiel mit neuen, einzigartigen Ideen.*

- *Erfinden Sie zusammen mit Ihrem Kind imaginative Geschichten. Wechseln Sie sich mit dem Ausdenken von Charakteren, Rahmenbedingungen und Handlungssträngen immer ab – das ist vor allem eine großartige Beschäftigung, wenn Sie zusammen im Auto oder anderen Transportmitteln unterwegs sind.*
- *Machen Sie sich keine Sorgen, wenn Ihr Kind einen imaginären Freund hat. Unterstützen Sie die Kreativität, aber machen Sie es mit einem Lächeln. So ist Ihrem Kind bewusst, dass Sie sich im Klaren darüber sind, dass der Freund nicht wirklich existiert.*

Perspektivenwechsel

- *Ermöglichen Sie gemeinsames Spielen. Zu Beginn benötigen Verabredungen vielleicht noch eine Struktur (z. B. ein Kunstprojekt oder Verkleiden), damit die Kinder gut zusammenarbeiten können. Erinnern Sie Ihr Kind daran, auch zu teilen und sich abzuwechseln. Vermitteln Sie, was für eine hohe Bedeutung es hat, dass auch wirklich beide Freunde Spaß haben. Sprechen Sie über die Sichtweise anderer. Wenn ein Baby beispielsweise weint, können Sie Ihr Kind fragen, warum der Säugling so aufgebracht ist. Kinder können auch selbstständig darüber nachdenken, was ein Freund vielleicht spielen möchte.*

Gesamtbild begreifen

- *Fördern Sie das Verständnis Ihres Kindes für Humor, indem Sie Albernheit, höflichen Sarkasmus und Ironie zeigen.*

Zusammenfassen

- *Motivieren Sie Ihr Kind zum Zusammenfassen. Seien Sie geduldig und hören Sie den Erklärungen gut zu. Haken Sie nach, wenn die Erklärung unlogisch oder lückenhaft ist. Dann können Sie die Gedanken Ihres Kindes nochmal selbst in prägnanterer Sprache wiederholen.*

KAPITEL 6

Erziehung eines organisierten Schülers: Meister der Routinen

Die Schulzeit umfasst eine große Zeitspanne, in der sich Kinder in alle möglichen Richtungen entwickeln können. In dieser Zeit lernen sie Benehmen, Regeln und Verhalten in der Gruppe. Und ihre kognitive Fähigkeit, Aufgaben und Routinen zu befolgen entwickelt sich auch zunehmend. Wenn Schüler Interessen entwickeln, entfalten sie auf diese Weise eine beachtliche Sachkenntnis. Sie fangen mit Sportarten an und diejenigen, die strategisch über ihre Spielweise nachdenken können, haben einen klaren Vorteil. In der Schulzeit wird Ihr Kind Freundschaften aufbauen und oft einen besten Freund haben. Und natürlich gehört die Schule auch dazu, wo sie Lesen und Schreiben sowie Mathematik lernen. Jedoch sind einige organisatorische Fähigkeiten für den Erwerb dieser elementaren Fertigkeiten nötig. Und wenn sich die organisatorischen Fähigkeiten nicht mindestens so schnell wie die Lernfähigkeiten entwickeln, füllen Eltern meiner Erfahrung nach diese Lücke. Sie wecken ihre Kinder für die Schule auf, verwalten ihre Hausaufgaben, bereiten die Mahlzeiten zu, planen ihre Aktivitäten und räumen ihre Sachen auf. Anstatt gerade die Phase der Schulzeit zu nutzen, um Organisation zu vermitteln, konzentrieren sich manche Eltern nur auf den Sport oder akademische Meilensteine ihrer Kinder. Und wenn diese Kinder dann in die Oberstufe kommen, unvorbereitet auf die organisatorischen Anforderungen, werden die Konsequenzen signifikanter.

In diesem Moment wacht Lisa, eine achtjährige Schülerin in der dritten Klasse, morgens auf. Sie ist ein Wirbelsturm in Person. Sie kommt im Schlafanzug in der Küche an und ihre Mutter erinnert sie umgehend daran, dass sie in

30 Minuten zur Schule fahren. Ihre Mutter schickt Lisa zurück in ihr Zimmer, damit sie sich ihre Haare kämmt, Zähne putzt und sich endlich die Klamotten anzieht, die Lisas Mutter am Vorabend rausgelegt hat. Zehn Minuten später hat Lisas Mutter das Frühstück gemacht und wartet auf sie. Sie ruft nach ihr und Lisa antwortet: „Komme!" Sie kommt wieder in die Küche – immer noch im Schlafanzug. „Was hast du die ganze Zeit gemacht?" fragt Lisas Mutter in einem leicht verärgerten Ton. „Mit meinen Puppen gespielt," antwortet Lisa mürrisch und sagt weiter: „Ich habe meine Zähne geputzt." Lisas Mutter schickt sie wieder los, um ihre Haare zu kämmen und sich anzuziehen und glaubt nicht wirklich, dass sie sich ihre Zähne tatsächlich geputzt hat. Lisa kommt zehn Minuten später wieder zurück. Ihre Mutter packt schon ihr Frühstück für die Autofahrt zur Schule ein. Dann fragt Lisas Mutter erstaunt: „Wieso passen deine Socken nicht zusammen?" „Ich konnte meine andere Socke nicht finden", antwortet Lisa. Ihre Mutter fängt gerade an zu erklären, dass gestern Abend noch beide da waren, wird aber unterbrochen, als sie Lisa vor dem Fernseher sieht. „Du willst mich auf den Arm nehmen", schimpft ihre Mutter. „Deine Schuhe sind noch nicht angezogen; du hast dein Frühstück noch nicht gegessen und dein Pausenbrot muss noch gemacht werden." Lisa zieht ihre Schuhe an, während ihre Mutter das Pausenbrot vorbereitet. Das Pausenbrot wird gemacht, aber ihre Schuhe sind noch nicht gebunden, also sind Schuhe binden und Frühstück essen für die Autofahrt zur Schule bestimmt. Sobald sie in das Auto kommen, erklärt Lisa, dass sie ihren Ranzen vergessen hat und rennt nochmal in das Haus. Sie kommen fünf Minuten zu spät in der Schule an, zum siebten Mal in diesem Jahr.

Als Lisas Mutter zu Hause ankommt, ist sie frustriert und ausgelaugt. Und als das Telefon klingelt, schreckt sie zusammen, denn sie hat ein Gefühl, wer da gerade anruft. „Mama", sagt Lisa, „ich habe meine Hausaufgaben auf dem Bett liegen gelassen." Nach einem kurzen Ausdruck von Verärgerung sucht sie die fehlenden Aufgaben. Als sie Lisas Zimmer betritt, ist sie von der Unordnung überwältigt. „Wie kann das sein?" fragt sie sich, „Ich habe hier gestern Abend aufgeräumt." Sie fängt mit dem Aufräumen an und findet unter den Spielsachen die Hausaufgaben und unter den Hausaufgaben die fehlende Socke. Verlegen gibt sie die Hausaufgaben Lisas Lehrer, um nicht zu riskieren, dass Lisa die Aufgaben nochmals verliert.

Organisation lässt sich in vielen Situationen vermitteln. Als Elternteil sollten Sie nach diesen Situationen Ausschau halten und differenziertes Denken lehren. Die Geschichte über Lisa zeigt, dass selbst simple Handlungen wie das Aufstehen und Fertigmachen für die Schule eine Vielzahl von organisatorischen Herausforderungen darstellen. Also halten Sie einen Moment inne und denken Sie über die 5 Schritte zur Erziehung eines eigenständigen Kindes nach. Denn dieses Wissen bereitet Ihr Kind auf das Leben vor, nicht nur auf die Schule.

Schritt 1: Sei beständig

Kinder im Schulalter werden zunehmend hartnäckig und ihr aufstrebendes Verständnis von Logik kann es Eltern noch schwerer machen, beständig und gelassen zu reagieren. Schüler können Eltern sehr gut manipulieren, indem sie sie überlisten oder zermürben. Ihr Kind wird zum Beispiel viele Gründe erfinden, warum es noch nach der Schlafenszeit wach bleiben darf (z. B. Hausaufgaben, eine besondere Fernsehsendung, ein besonderer Gast, ein noch nicht zu Ende gespieltes Videospiel, mehr Zeit mit Mama und Papa verbringen). Jedes Mal, wenn Eltern jedoch ins Schwanken kommen und eine bestehende Regel nicht konsequent umsetzen, schädigt das ihre Glaubwürdigkeit. Und wie ein Elefant vergisst ein Kind im Schulalter niemals etwas. Es wird sich an die letzte Ausnahme erinnern und Sie daran erinnern – immer und immer wieder. So erarbeitet es sich seine Wunscherfüllung (z. B. „Aber du hast mich letzte Woche nach der Schule Videospiele spielen lassen.").

Eltern von Kindern im Schulalter müssen aufpassen, nicht in Streitigkeiten und Fangfragen ihrer Kinder zu geraten. Das gelingt, indem man immer das Gesamtbild betrachtet. Das Gesamtbild besteht aus den grundsätzlichen Regeln und Lektionen. Am Beispiel der Schlafenszeit bedeutet das Gesamtbild, dass Kinder achteinhalb bis elf Stunden Schlaf brauchen, um gesund zu wachsen. Da jede Verletzung dieser Regel die zukünftige Durchsetzung noch schwieriger machen wird, sollten nur die allerwichtigsten Umstände Berücksichtigung finden. Es ist einfacher, zukünftige Auseinandersetzungen zu vermeiden, wenn dieses Gesamtbild konstant gefestigt wird. Wenn Kinder im Schulalter eine Antwort bekommen, die ihnen nicht gefällt, werden sie häufig dieselbe Frage immer wieder stellen. Eltern sollten nicht in diese Debatte einsteigen, sondern sich auf das Gesamtbild beziehen: „Kinder in deinem Alter brauchen Schlaf, um gesund zu sein." Wenn Ihr Kind niemanden zum Streiten hat, lernt es schnell, dass sich streiten nicht lohnt.

In diesem Alter wird Ihr Kind wahrscheinlich gefährliche Entscheidungen treffen, wenn es unbeaufsichtigt ist. Daher müssen Eltern ihre Kinder weiterhin penibel beaufsichtigen und ein sicheres Umfeld bieten. Ein Kind im Schulalter wird viele Dinge machen wollen, für die es noch nicht alt oder reif genug ist. Daher ist es Aufgabe der Eltern, klare Grenzen zu setzen. Lange aufzubleiben ist eine dieser, aber es gibt noch viele mehr, einschließlich sexuell ausgeprägte Filme zu schauen, gewaltsame Videospiele zu spielen, Fastfood zu essen und auf dem Beifahrersitz zu fahren, obwohl das Kind noch zu klein ist, um nur ein paar zu nennen. Wenn Sie Nein sagen zu diesen Aktivitäten, die für ein erwachsenes Publikum bestimmt sind, sagen Sie in Wirklichkeit: „Nein, weil ich mich um dich kümmere."

Eltern können ihren Kindern schrittweise mehr Freiheit und Verantwortung geben, indem sie ihren Interessen nachgehen dürfen. Kinder werden sich um viele Dinge kümmern müssen, wie Fußballvereine, Arbeitsgemeinschaften in der Schule, Hausaufgaben, Freunde und Hausarbeiten. Diese Aktivitäten ziehen das Kind in viele verschiedene Richtungen, was die Übersicht über die eigenen Pflichten vielleicht noch schwieriger macht. Wenn Kinder in die weiterführende Schule kommen, sollten Eltern noch mehr Freiheiten erlauben. Das funktioniert aber nur, wenn das Kind beweist, dass es der eigenen Verantwortung auch wirklich nachkommt.

Benehmen sollte in dieser Entwicklungsphase unbedingt gefestigt werden. Benehmen vor diesem Alter wurde meistens einfach nachgeplappert. Das Elternteil sagt: „Sag' ‚Dankeschön', Timmy." Und Tim antwortet: „Dankeschön." Im Schulalter sollte Benehmen jedoch schon automatisch funktionieren. Jedoch sollten Eltern den Umständen entsprechend keine Perfektion erwarten. Wenn Manieren beständig vermittelt wurden, sollte schon ein kleines Nicken oder ein kurzer Blickkontakt reichen, um das Kind auf eine bestimmte Handlung (z. B. Bedanken, Teller aufräumen, leiser sprechen) hinzuweisen. Achten Sie darauf, Ihr Kind nicht zu beschämen, indem Sie es im Beisein anderer tadeln.

Ihr Kind wird Schwierigkeiten haben, das eigene Verhalten zu kontrollieren, wenn die physischen Bedürfnisse nicht konstant erfüllt werden. Und dennoch sind Kinder nicht immer gut darin, genügend zu schlafen oder zu essen. Wenn Ihr Kind krank, hungrig oder müde ist, kann es sich vielleicht nicht mehr richtig kontrollieren. Die beste Lösung, um diese Probleme im Keim zu ersticken, liegt in geregelten Mahlzeiten und Schlafenszeiten. Seien Sie bei diesen wichtigen Routinen beständig. Jedoch ist genau diese Beständigkeit in der Schulphase nicht immer möglich, wie zum Beispiel bei einer Übernachtung. In diesen Fällen müssen Regeln abgeändert werden und das gelingt durch klare Erwartungen. Zum Beispiel: „Wenn du woanders übernachtest und lange aufbleibst, denke bitte daran, dass du am nächsten Tag für dein Verhalten verantwortlich bist. Wenn du griesgrämig bist, geh' in dein Zimmer und ruh' dich aus."

Ein Schüler ist alt genug, um die logischen Konsequenzen seiner Handlungen zu verstehen, wenn diese konsequent und beständig gefestigt werden. Die logische Konsequenz bei dem eben genannten Beispiel kann beispielsweise darin liegen, dass es einen Monat lang (bis es reifer ist) keine Übernachtungen mehr machen darf. Denn es hat noch nicht gezeigt, dass es verantwortungsvoll mit einer Übernachtung umgehen kann. Ein weiteres gängiges Beispiel besteht darin, dass Kinder ein Videospiel nicht ausschalten können. Ein Teil der Verantwortung über die Bildschirmzeit (z. B. Computerspiele, Videospiele, Spiel auf Smartphone und iPad) liegt ganz klar darin, zu wissen, wann es genug ist. Genauso bedeutet es für Erwachsene, verantwortungsvoll mit dem Genuss von Alkohol umzugehen, zu wissen, wann sie aufhören müssen. Wenn die Erwartungen klar erklärt wurden und Ihr Kind nicht nach der festgelegten Zeit aufhört, ist es für den unbeaufsichtigten Gebrauch von Elektronik noch nicht alt genug. Natürliche Konsequenzen sind elementar, um Ihr Kind auf das Leben in der echten Welt vorzubereiten. Das Schöne an natürlichen Konsequenzen ist, dass der Elternteil keinesfalls der Bösewicht ist. Solange Eltern die Erwartungen im Voraus klar festlegen, ist das Kind bei Schwierigkeiten selbst verantwortlich. Ihr Kind hätte bei der Übernachtung früher schlafen können, aber es hat sich entschieden, nach Mitternacht noch aufzubleiben. Sehr geschickte Eltern können sich sogar auf der Seite des Kindes positionieren (z. B. „Das ist wirklich schade, denn ich mag es sehr, wenn du bei Freunden übernachtest. Ich schätze, wir können das häufiger machen, wenn du ein bisschen älter bist.").

Die Rolle der Eltern eines Kindes im Schulalter ändert sich mit der Zeit. Im frühen Grundschulalter dienen Eltern als Coach. Aber sobald Kinder in die weiterführende Schule kommen, sollten sich die Eltern eher wie Manager verhalten. Ein Coach bietet Empfehlungen und Strategien, wie man neue Aufgaben bewältigt, und gibt Rückmeldung zu den täglichen Leistungen. Der Manager ist immer verfügbar, wenn er gebraucht wird, beobachtet die Entwicklung des Kindes und geht auf Tendenzen in die richtige oder falsche Richtung ein.

👍 Empfehlungen für eine beständige Erziehung

- *Im Kindheitsalter erlernte Gewohnheiten werden häufig bis ins Erwachsenenalter behalten. Also betonen Sie die Wichtigkeit von beispielsweise Mithilfe im Haushalt, regelmäßigem Schulbesuch und die Erledigung von Hausaufgaben.*

- *Denken Sie daran, dass die Sicherheit der Kinder immer noch in der Verantwortung der Eltern liegt. Folglich ist es wichtig, klare Grenzen zu setzen (z. B. keine gewaltsamen oder expliziten Bildinhalte, Benutzung eines Kindersitzes, Benutzung des Sicherheitsgurts und nicht auf dem Beifahrersitz sitzen).*
- *Eltern müssen ihren Kinder auch gesunde Angewohnheiten vermitteln. Eltern sollten daher beständige Schlafenszeiten, Zähneputzen, Kochen von gesundem Essen und täglichen Sport durchsetzen.*
- *Sobald Kinder raffinierter und manchmal auch manipulativer werden, gehen sie häufig bis an die Grenzen. Eltern müssen daher eine gleichbleibende Botschaft vermitteln und sich auf das Gesamtbild fokussieren. Dadurch werden Regeln und Grenzen konsequent und mit plausiblen Begründungen durchgesetzt.*
- *Im Schulalter ist es besonders wichtig, beständige Regeln festzulegen (z. B. Aufräumen nach einer Unordnung oder Auszeit, wenn ein Spielzeug unangemessen benutzt wurde).*
- *Vermeiden Sie Ausnahmen von Regeln aus Bequemlichkeit oder aus „Nettigkeit". Diese Ausnahmen rächen sich spätestens, wenn Ihr Schulkind schließlich weitere Ausnahmen möchte.*
- *Seien Sie nicht wütend, wenn sich Ihr Kind nicht benimmt. Aber erinnern Sie es beständig auf eine subtile nicht-bloßstellende Art daran, höflich zu sein.*
- *Setzen Sie angemessene natürliche Konsequenzen durch. Hierbei handelt es sich nicht um eine Bestrafung, sondern um eine logische und bedachte Reaktion auf Fehlverhalten. Eltern sollten in ihren emotionalen Reaktionen beständig sein, denn so können auch Kinder ihre emotionalen Reaktionen regulieren.*

Schritt 2: Führe Ordnung ein

In der Grundschule tritt bei den meisten Kindern eine regelrechte Verwandlung der organisatorischen Fähigkeiten ein. Sie kommen wie kleine Moleküle in diese Phase und zeigen Entropie, da sie sich in alle Richtungen zufällig bewegen und immer wieder gegen Wände und andere Moleküle stoßen. Und wenn sie die Grundschule verlassen, sind ihre Handlungen bedacht, effizient und weitgehend unabhängig. Kinder führen Ordnung in ihren eigenen Kosmos ein und erkennen, dass das Leben voller Mini-Routinen ist, die auch sie meistern können. In der frühen Grundschule beherrschen sie schon physiologische Routinen wie Badezimmerbenutzung, das Anziehen am Morgen, Essen, eine geregelte Schlafenszeit und Schlafen. Viele Sechs- und Siebenjährige können schon simple Hinweise und vorsichtige Lenkung durch die Eltern (z. B. „Komm', mach dich bettfertig." Oder: „Scheint, als müsstest du mal das Badezimmer besuchen.") korrekt befolgen. In der dritten Klasse können viele Schüler schon ihre täglichen Routinen aktiv verwalten (z. B. Baden gehen oder Mittagessen machen). Am Ende der fünften Klasse können die meisten Schüler schon unabhängig Hausaufgaben erledigen und eigenständig lernen. Die Fähigkeit, auch schon komplexe Routinen zu lernen, zeigt die erhebliche Entwicklung des sequenziellen Gedächtnisses (Gedächtnis für Reihenfolgen) des Gehirns. Jüngere Schulkinder können sich Aufgaben mit drei Schritten merken. Und in der weiterführenden Schule kann man schon das Verständnis von Vier- oder Fünf-Schritt-Anweisungen erwarten.

🡒 Routinen, die von Schulkindern durchgeführt werden *(mit Erinnerung und vorsichtiger Anweisung durch die Eltern)*

Fünf- bis Siebenjährige

- *Bettfertig machen (Schlafanzug, Zähne putzen)*
- *Toilette benutzen (Abwischen, Spülen und Händewaschen)*
- *Anziehen (Kleidung auswählen und anziehen)*
- *Frühstück vorbereiten (Schüssel und Löffel holen, Müsli und Milch einfüllen und essen)*

Acht- bis Neunjährige

- *Bad nehmen (Abflussstopfen einstöpseln, Wasser einfüllen, baden und abtrocknen)*
- *Pausenbrot zubereiten (Sandwich machen und in Brotdose legen)*
- *Hausaufgaben verstehen und erledigen (Aufgaben lesen, ausführen und fertige Hausaufgaben in den Rucksack legen)*

Zehn- bis Zwölfjährige

- *Übungsmaterialien einpacken und eigenständig wiederholen*

- *Hausarbeiten eigenständig erledigen (lang- und kurzfristige Hausarbeiten verwalten, Hausaufgaben erledigen und daran denken, vollständige Arbeiten pünktlich einzureichen)*

 ## ADHS kann Desorganisation manifestieren

Aufmerksamkeitsdefizite können manchmal die gezielte Aufgabenerledigung in der Schule und zu Hause stören. Denn gerade die Ablenkung verhindert die Registrierung von Informationen im Gedächtnis. Wenn Sie vermuten, dass die Aufmerksamkeit ein Problem darstellt, suchen Sie einen Kinderarzt auf.

Einführung von Routinen

Wenn Ihr Kind eingeschult wird, haben Sie bei der Vermittlung von Organisation endlich Unterstützung. Denn Reihenfolgen sind jedem Schultag innewohnend. Ein guter Lehrer wird tägliche Routinen etablieren (z. B. erst lesen, dann schreiben, anschließend eine kurze Pause und dann Besprechung in der Runde). Es wird Rituale für den Start in den Unterricht und die Pausen geben, sodass der Schulalltag für alle Kinder vorhersehbar ist. Wenn Ihr Kind Glück hat, wird der Lehrer extrem organisiert und beständig mit Routinen umgehen. Ein solcher Lehrer wird die einzelnen Schritte von Projekten erklären und außerdem das Verständnis der Kinder für Zeit unterstützen. In der Schule werden außerdem zum ersten Mal vielleicht die Schwachstellen und Stärken Ihres Kindes im Vergleich mit Gleichaltrigen auffallen. Ein Kind mit unterentwickeltem sequenziellen Bewusstsein (die Fähigkeit, die Ordnung von Aufgaben zu erkennen) wird vielleicht vorerst Schwierigkeiten in der Schule haben. Normalerweise kann ein Lehrer diese Kinder mit einer klaren und beständigen Struktur auffangen, aber eben nicht immer. Kinder mit Schwierigkeiten bei diesem Teilbereich der Organisation prägen sich vielleicht wichtige Routinen nicht ein und das kann sehr frustrierend für das Kind sein. Und frustrierte Kinder fallen natürlich auf. Wenn Ihr Kind also häufig Schwierigkeiten bei komplexeren Aufgaben zeigt, ziehen Sie organisatorische Defizite als mögliche Ursache in Betracht.

👍 Dinge, die es zu beachten gilt, wenn ein Kind deutliche Probleme beim Befolgen von Anweisungen hat

- *Fünfjährige können das Alphabet schon aus dem Gedächtnis aufsagen. Selbst Erwachsene können sich nur begrenzt Zahlen an einem Stück merken. Wenn man jedoch längere Zahlenfolgen wie eine Handynummer in Teilstücke einteilt (z. B. 415/555-121), kann sich selbst ein Fünfjähriger die Handynummer seiner Eltern merken. Wenn Kinder Schwierigkeiten haben, sich Reihenfolgen zu merken, liegt häufig eine Störung der neuronalen Entwicklung (Schwäche bei der „Denkfähigkeit" des Gehirns) vor. Wenn Sie so etwas bei Ihrem Kind feststellen, kontaktieren Sie Ihren Kinderarzt, um die Beobachtungen genau zu besprechen.*

- *Eine Störung der neuronalen Entwicklung ist häufig für die Schwierigkeiten eines Kindes bei der Befolgung von Anweisungen verantwortlich. Mögliche Ursachen für Schwierigkeiten beim Zuhören finden Sie auf Seite 131. Kinder mit Problemen bei der Aufmerksamkeit zeigen häufig diese beiden Defizite: Oberflächliche Verarbeitung und Ablenkbarkeit. Ein gutes Beispiel für oberflächliche Verarbeitung ist, wenn man versucht mit einem Kind zu reden, wenn es gerade Fernsehen schaut: „Räume bitte nach der Sendung deine Schuhe auf." Das Kind scheint zuzuhören und antwortet mit einem bestätigenden Ausdruck wie: „Mhm". Jedoch denkt das Kind nicht über das Gesagte nach. Die Wahrscheinlichkeit, dass das Kind daran denkt, nach der Sendung seine Schuhe wegzustellen, ist gleich Null. Sie können sicherstellen, dass Ihre Botschaft ankommt, indem Sie den Fernseher ausschalten oder sich direkt vor das Kind stellen. Dann fordern Sie Ihr Kind dazu auf, das Gesagte noch einmal laut zu wiederholen. Durch die Wiederholung haben Sie dann eine ziemlich gute Versicherung, dass die Botschaft auch wirklich angekommen ist.*

- *Das andere Problem bei der Befolgung von Anweisungen bei Kindern mit Problemen der Aufmerksamkeit ist Ablenkbarkeit. Eine Mutter erzählte mir: „Susie will mir morgens wirklich helfen, aber sobald sie für eine simple Aufgabe, wie beispielsweise Anziehen, außerhalb meiner Sichtweite gerät, verschwindet sie in eine Welt voller Fantasie. Ich bin immer davon amüsiert, wo ich sie finde und was sie dort macht. Wenn wir spät dran sind, ist es natürlich nicht mehr so amüsant." Ablenkungen kommen von innen (z. B. die Gedanken, Ängste oder Fantasien einer Person) oder außen (z. B. Spielzeug,*

Haustiere, Fernsehen). Um Ablenkungen effektiv zu vermeiden, ist es oft nötig, sämtliche inneren und äußeren Reize zu eliminieren. Einstudierte Routinen können manchmal innere Ablenkbarkeit mindern. Wenn die Ablenkung wirklich besorgniserregend ist, holen Sie den medizinischen Rat Ihres Kinderarztes ein.

- *Der dritte Erklärungsansatz für die mangelnde Fähigkeit, Anweisungen zu folgen, ist eine Störung des sequenziellen Gedächtnisses. Diese Störung verhindert, dass sich Kinder mehr als ein oder zwei Schritte auf einmal merken können. Ein funktionierendes sequenzielles Gedächtnis öffnet die Tür für viele akademische Möglichkeiten. Der Unterricht in der Schule setzt voraus, dass Schüler sich Lektüren merken, lange Buchstabenabfolgen buchstabieren und Abläufe ausführen können. Das Gehirn ist ein bemerkenswert komplexes Organ. Und Schwächen bei der Aufmerksamkeit können die Organisation eines Kindes maßgeblich beeinflussen. Diese Kapitel fokussiert sich auf die dritte Ursache: die Störung des sequenziellen Gedächtnisses. Denn das sequenzielle Gedächtnis ist eine elementare Komponente für Organisation.*

- *Es gibt noch drei weitere Erklärungen für die mangelnde Fähigkeit, Anweisungen zu befolgen. Diese sind zwar selten, sind aber dennoch erwähnenswert und verdienen professionelle Hilfe. Manche Kinder mit Sprachverzögerung haben vielleicht Schwierigkeiten beim Verständnis von Anweisungen. Dann ist das Missverständnis das Problem, im Gegensatz zur oberflächlichen Verarbeitung, bei der das Problem darin liegt, dass Kinder die Anweisung gar nicht erst registrieren. Wenn Ihr Kind häufig Informationen missversteht, sprechen Sie mit Ihrem Kinderarzt und ziehen Sie eine Sprachuntersuchung in Betracht. Andere Kinder sind wiederum einfach inflexibel und sagen reflexartig zu allem Nein. Diese Kinder befolgen keine Instruktionen. Es gibt Gründe, warum Kinder mit mangelnder Organisationsfähigkeit sich widersetzen, das werde ich später in diesem Kapitel im Abschnitt „Schritt 4: Übe vorausschauendes Denken" genauer erläutern. Für diese Kinder kann die Konsultation eines Psychologen oder eines Kinderarztes mit Spezialisierung auf Entwicklungspsychologie hilfreich sein. Und schließlich kann die Missachtung von Anweisungen manchmal auch zu einer Diagnose von Schwerhörigkeit führen. Wenn Sie diese Vermutung haben, besprechen Sie mit Ihrem Kinderarzt die Konsultation eines Gehörspezialisten.*

💡 Übliche Erklärungen, warum ein Kind keine Anweisungen beachtet

- *Oberflächliche Verarbeitung*
- *Ablenkbarkeit*
- *Mangelndes sequenzielles Gedächtnis*
- *Schwaches Verständnis durch Sprachverzögerung*
- *Nutzen oder unabsichtliche Belohnung für negatives Verhalten, Angst oder Depression*
- *Gehörschäden*

Lehren von Reihenfolgen

Genau wie ein Pflanze gegossen werden muss, muss auch ein Schüler gefördert werden. Eltern und Lehrer sollten Schüler zur Entwicklung ihrer organisatorischen Fähigkeiten herausfordern. Das gelingt durch Aufgaben mit viel Eigeninitiative. Der Schlüssel ist, keine Erwartungen anhand altersgerechter „Richtwerte" an Schüler zu richten; stattdessen motivieren erfolgreiche Eltern ihre Kinder, jeden Tag, immer wieder, ein bisschen mehr zu lernen als gestern. Wie jede Lehraufgabe kann diese Betreuung zu Beginn sehr zeitintensiv sein, aber mit der Zeit wird es einfacher. Meistens ist es für Eltern bequemer, die organisatorischen Aufgaben ihres Kindes einfach selbst zu übernehmen. Aber diese Praxis hindert den Lernprozess des Kindes und führt später nur zu Frustration bei Eltern und Kindern. Übermäßig verhätschelnde Eltern tendieren leider dazu, abhängige Kinder zu erziehen.

Wie immer, ist Beständigkeit ein wichtiges Leitmotiv für die Vermittlung von Konzepten; und das Prinzip von Reihenfolgen und Routinen ist keine Ausnahme. Benutzen Sie weiter die Routinen der frühen Kindheit zum Beispiel für Schlafens- und Mahlzeiten. Führen Sie aber auch neue Routinen ein zur Stärkung der Eigeninitiative (z. B. den eigenen Sportbeutel packen mit frischer Wasserflasche und Sportschuhen, gesundes Essen für die Schule zubereiten) und bezüglich zugeteilter Aufgaben (z. B. Hausaufgaben und Hausarbeiten). Denken Sie daran, dass Ihr Kind bei der Etablierung jeder neuen Routine zunächst Unterstützung braucht, um diese schließlich zu beherrschen. Lassen Sie Ihr Kind erfolgreich sein, indem Sie es schrittweise in Richtung Unabhängigkeit leiten. Es ist unrealistisch, von Ihrem Kind zu fordern, dass es ab sofort jeden Morgen für das Füttern des Hundes verantwortlich ist, und direkt Perfektion zu erwarten.

Anfangs werden Sie es noch jeden Morgen erinnern müssen, aber mit der Zeit reicht vielleicht schon ein Post-it-Marker. Wenn Ihr Kind das Füttern dann vergisst, besprechen Sie mögliche Strategien für die Lösung des Problems.

Ein Kind im Schulalter entwickelt Eigenkompetenz und zeigt diese durch das Streben nach Unabhängigkeit und den Widerstand gegen externe Kontrolle. Die Tendenz, Grenzen zu erkunden und bis ans Limit zu gehen, entspricht der Entwicklungsphase, aber es macht die Erziehung teils auch schwierig. Wir wollen, dass Kinder Dinge hinterfragen, die keinen Sinn ergeben und gefährlich oder unfair scheinen. Aber wir wollen auch, dass sie die Bedeutung von Routinen für ein funktionierendes Miteinander erkennen. Lassen Sie sich nicht von emotionalen Ausbrüchen ablenken; Kinder müssen gelegentlich Dampf ablassen, denn sie haben die emotionale Regulation (Fähigkeit, Laune und Verhalten in bestimmten Situationen zu kontrollieren) noch nicht gemeistert. Ich wünschte, ich könnte Ihnen eine Strategie geben, die die Erziehung leicht macht. Aber beständige Routinen und Regeln machen zumindest das Vermitteln neuer Lektionen einfacher. Konsequenz drückt Ihrem Kind ganz klar aus, dass manche Regeln nicht verhandelbar sind. Denn Sie vermitteln dadurch das Prinzip, dass die Familie nur so funktioniert. Wenn Sie beständig sind, lernt Ihr Kind, dass sich Protest bei manchen Dingen nicht lohnt. Die tägliche Beständigkeit der Eltern ist elementar. Denn wenn Kinder sich selbst überlassen werden, können Routinen schnell zerbrechen und das Verhalten kann wirklich schwierig werden. Durch Beständigkeit werden Eltern auch ihrer Vorbildrolle gerecht, da sich Kinder wertvolle Eigenschaften abschauen können. Effektive Eltern von Kindern im Schulalter lassen Spielraum für Unabhängigkeit, aber bieten eine tägliche Betreuung und Erinnerungen (wenn nötig) bezüglich Erwartungen.

Eigenständige Planung von Projekten und Zeitmanagement fördern die sequenzielle Organisation des Gehirns. Als die Kinder noch jünger waren, haben wir ihnen vor allem beim Aufräumen gezeigt, dass jede Aufgabe einen Anfang, eine Mitte und ein Ende hat. Kinder im Schulalter können ihre organisatorischen Fähigkeiten jedoch schon auf Projekte und Hausaufgaben übertragen (s. S. 133). Schon ein simpler Buchbericht zeigt zum Beispiel die vielen Schritte, die mit alltäglichen Schulprojekten einhergehen. Ein guter Schüler liest sich die Aufgabe vor der Bearbeitung genau durch; dann liest er das Buch (wobei möglicherweise Notizen gemacht werden), plant durch einen Entwurf, was genau erläutert werden soll, dann wird der Text geschrieben und schließlich bearbeitet – und die Hausaufgaben werden natürlich pünktlich beim Lehrer abgegeben. Ein zentrales Ziel von Schülern besteht darin, die ganzen Schritte eines Projektes selbst zu identifizieren. Bis Kinder diese Fähigkeit erwerben, müssen Eltern sie jedoch bei der Herangehensweise an die Hausaufgaben beraten. Denken Sie bei der Förderung Ihres Kindes daran, dass vor allem die Vermittlung der richtigen Planung wichtiger ist, als die Perfektion der Hausaufgaben.

 ## Schritt für Schritt: Hausaufgaben

- *Erfassung der Aufgabenstellung*
- *Nötiges Material (z. B. Bücher, Experimente) nach Hause bringen*
- *Hausaufgaben gründlich erledigen*
- *Bearbeitete Aufgaben in den Rucksack legen*
- *Hausaufgaben pünktlich beim Lehrer abgeben*

Zeitmanagement

In einer Gesellschaft, in der die meiste Zeit unserer Kinder bereits verplant ist, gibt es dennoch viele Gelegenheiten für Kinder, mehr über Zeit zu lernen. Erlauben Sie Ihrem Kind, an der Planung und Verwaltung des eigenen Zeitplans teilzuhaben. Eltern lenken ihre Kinder instinktiv von der Schule zum Fußballplatz und von dort zum Musikunterricht. Jedoch nimmt diese Herangehensweise Kindern die Möglichkeit, selbst über Zeit nachzudenken.

Ich empfehle, Kinder nicht übermäßig zu verplanen. Eine mögliche Technik liegt hingegen darin, dass Kinder motiviert werden, draußen zu spielen und die Zeit selbst einzuteilen und um 17:30 Uhr rechtzeitig zum Essen wieder zu Hause zu sein. Jetzt muss das Kind selbst über Zeit nachdenken. Es muss nicht nur pünktlich wieder zu Hause sein, sondern auch noch darüber nachdenken, welche Aktivitäten man in dieser Zeitspanne noch realistisch starten kann: Das ist der Anfang von Zeitmanagement.

Anfangen und Beenden

Ein Projekt anzufangen und adäquat zu beenden, kann für ein Kind sehr schwierig sein. Es wird zu viel Zeit damit verbracht, sich Sorgen um etwas zu machen, sich zu fragen, was man machen will, oder sogar, wie man überhaupt anfängt. Wenn nötig, geben Sie Ihrem Kind eine Starthilfe. Das gelingt zum Beispiel durch eine Empfehlung oder durch den Vergleich mit einem bereits fertigen Projekt. Eine exzellente Lehrerin erzählte mir, dass sie bei einer Aufsatz-Hausaufgabe den ersten und letzten Satz für ihre noch unorganisierten Schüler schreibt. Sie hat herausgefunden, dass ihre Schüler nun logisch von Anfang bis zum Ende schreiben konnten, da sie Anfang und Ziel genau vor Augen hatten. Dann haben sie ihre Schlusssätze schon selbstständig geschrieben. Sie hat jedoch herausgefunden, dass die einleitenden Sätze anschließend am längsten brauchten. Vielleicht liegt es daran, dass es beim Start eines Projekts so viele Optionen gibt, dass ein großer Arbeitsspeicher (Planung) benötigt wird, um herauszufinden, womit man startet.

In der Grundschule und Mittelstufe sollte ein Schüler zu einem sogenannten „Closer" („Vollender") heranwachsen. Im Baseball übernimmt der „Closer" im letzten Spielabschnitt die Verantwortung für den Wurf, wenn das eigene Team in Führung liegt. Auch die Trainer von Baseballmannschaften erkennen die Bedeutung dieser Pitcher (Werfer). Baseball-Spiele sind nicht vorüber, bis der letzte Wurf gemacht ist. Deswegen haben Trainer bestimmte Spieler auf diese Situationen spezialisiert. Diese Spieler sind meistens die am härtesten werfenden und willensstärksten Werfer. Und meistens sind diese Spieler auch einzigartig. Alle wirklich erfolgreichen „Closer" teilen die Eigenschaft, ihre Fehler in den wirklich wichtigen Situationen auszublenden und sich zu fokussieren. Es ist schwierig zu sagen, woher solche Spieler kommen. Aber die Förderung spielt eine elementare Rolle. Die Teamkameraden führen diese Spieler durch sehr stressreiche Situationen, um zu ermitteln, ob sie auch wirklich die Nerven behalten. Um erfolgreich zu sein, müssen Kinder „Closer" werden und Schulen sowie Eltern sollten mit der Förderung schon im sehr jungen Alter beginnen.

Aber was bedeutet das jetzt bezogen auf das echte Leben? „Closing" bedeutet, dass Aufgaben gründlich erledigt werden. In der Schule bedeutet das, Aufsätze zu überprüfen, nochmal zu lesen, nach Fehlern zu schauen oder sicherzustellen, dass ein Bericht vollständig und übersichtlich ist. Leider nehmen viele Schüler die Ordentlichkeit nicht ganz so ernst. Lehrer mögen es nicht, Aufsätze zu entziffern. Also bedeutet Ordentlichkeit bei Aufsätzen, dass Kinder sich zusätzlich Zeit für eine saubere Schrift, Rechtschreibung und eine angemessene Präsentation der Arbeit nehmen. Zu Hause bedeutet „Closing", Dinge wieder aufzuräumen und sauber zu machen. Wahrscheinlich wird Ihr Kind in dieser Entwicklungsphase hierfür viele Erinnerungen brauchen, bevor es lernt, angefangene Dinge auch selbstständig zu beenden. Denn die meisten Schüler meistern das erst in der Oberstufe oder Ausbildung. Jedoch können Eltern durch Belohnungen (z. B. „Wir können gehen, wenn das Spiel aufgeräumt ist." Oder: „Du kannst Nachtisch haben, wenn du deinen Teller aufgeräumt hast.") diesen Prozess fördern. Nachfolgend werden Eigenschaften von guten „Closern" aufgelistet.

 Merkmale von guten „Closern"

Gute „Closer" ...
- *denken daran, die Toilette zu spülen.*
- *räumen beständig auf.*
- *reichen Arbeitsaufträge ein.*
- *beenden Projekte ordentlich.*
- *beenden Gespräche angemessen.*
- *bringen für Hausaufgaben benötigte Unterrichtsmaterialien (z. B. Bücher, Experimente) mit nach Hause.*
- *räumen ihr Geschirr in die Spülmaschine.*
- *vergessen ihre Pullover, Jacken, Turnschuhe und andere Gegenstände nicht in der Schule, Turnhalle oder dem Sportplatz.*

Mit diesen Eigenschaften ausgestattet startet Ihr Kind mit einem Gefühl von Unabhängigkeit und Selbstbewusstsein in die Oberstufe oder Ausbildung. Das Zeitmanagement hat sich entwickelt und unzählige Aufgaben werden eigenständig erledigt. Ihr Kind wird die eigenen Hausaufgaben selbst organisieren, im Haushalt mithelfen und bereit für den weiteren Bildungsweg sein.

 Empfehlungen für das Verständnis zeitlicher Ordnung

Lehren von Reihenfolgen

- *Zeitpläne sollten für das Verständnis von Zeit benutzt werden. Tägliche Abläufe können auf großen Blättern oder Tafeln dargestellt werden. Eltern und Lehrer sollten jeden Tag regelmäßig auf Zeitpläne Bezug nehmen.*
- *Kalender bieten eine gute Übersicht über Termine, Übungsstunden und Abgabetermine.*

- *Aktivitäten für die Übung der sequenziellen Fertigkeiten sind das Kochen nach Rezept, Spielen von Musikinstrumenten und der Besitz eines eigenen Kalenders oder Tagebuchs.*
- *Eltern und Lehrer können Kindern bei Aufgaben eine Hilfestellung geben, indem sie den ersten Schritt eines Projekts vorgeben. Dabei kann diese Hilfestellung vielseitig sein. Eltern können zum Beispiel eine bestimmte Aktivität starten, indem sie die ersten Spielsachen aufräumen, ein Bad einlassen, Zahnpasta auf die Zahnbürste machen oder den ersten Satz eines Absatzes schreiben.*
- *Wiederholung ist häufig nötig, um sich Reihenfolgen gut einzuprägen. Mit jüngeren Kindern können praktische Reihenfolgen sprachlich einstudiert werden, wie zum Beispiel das Alphabet, Zahlenfolgen (1er, 2er, 3er, 5er und 10er), vorwärts und rückwärts, die Tage der Woche und Monate des Jahres (für Vier- bis Sechsjährige) und Multiplikationstabellen (für Sieben- bis Zehnjährige).*
- *Bieten Sie auch weiterhin ein sicheres und beständiges Umfeld. Denken Sie daran, dass Ursache und Wirkung die einfachste Reihenfolge ist. Und auch natürliche Konsequenzen sind Teil von Ursache und Wirkung und sollten bedacht angewandt werden. Viele Spiele fördern das sequenzielle Gedächtnis. Vor allem Spiele mit Geschwindigkeit, Reaktion und Konzentration sind gut geeignet (Computerspiele sind kein guter Ersatz, da die meisten sehr wenig sequenzielles Gedächtnis benötigen).*

Anfangen und Beenden

- *Indem ein Beispiel von einer fertigen Aufgabe gezeigt wird, können Eltern und Lehrer Schülern einen Startimpuls geben. Für Lehrer ist es auch hilfreich, „Aufwärm"-Aufgaben in den Unterricht zu integrieren. Das gelingt durch das Einplanen initiierender Aufgaben.*
- *Betonen Sie die Bedeutung der Fertigstellung: Bringen Sie Ihren Kindern bei, fertige Aufgaben pünktlich einzureichen und ihren Arbeitsplatz nach einem Projekt aufzuräumen. Eltern sollten Kinder vorsichtig zu Gründlichkeit ermahnen, wenn Aufgaben einfach unvollständig liegen gelassen werden.*
- *Eltern sollten typische Begriffe des Fertigstellens täglich benutzen (z. B. „Wenn wir fertig sind", „Wenn es erledigt ist", „Nachdem wir es abgeschlossen haben", „Das Letzte, was wir noch machen müssen").*

- *Kinder im Schulalter sollten dazu motiviert werden, Gespräche angemessen zu beenden (z. B. „Bis später", „Schön dich gesehen zu haben", „Danke", „Auf Wiedersehen").*

Einführen von Routinen

- *Komplizierte Abläufe wie das Schreiben eines Aufsatzes, oder komplizierte Division können wie ein Rezept in einem Kochbuch dargestellt werden. Die meisten von uns können keinen Schokoladenkuchen auf eigene Faust backen, aber wir können ein Rezept befolgen. Und wenn wir häufig genug Schokoladenkuchen backen, prägt sich das Rezept vielleicht in unser Gedächtnis ein. Das Gleiche gilt für Schulaufgaben. Kindern „Rezept-Karten" bereitzustellen, hilft diesen vielleicht, Aufgaben zu verstehen und auszuführen, ohne sich diesen Prozess vorher eingeprägt zu haben.*
- *Stellen Sie sicher, dass Ihr Kind angemessene Routinen wie Händewaschen nach der Benutzung der Toilette, Geschirr aufräumen nach dem Essen und Überarbeitung einer schriftlichen Aufgabe, bevor diese eingereicht wird, beachtet. Wenn Ihr Kind Schwierigkeiten hat, daran zu denken, benötigte Unterrichtsmaterialien mitzunehmen, können Sie mit einer täglichen Checkliste oder separaten Büchern zu Hause helfen. Eine E-Mail an den Lehrer mit der Bitte um Unterstützung könnte auch hilfreich sein. Mehr und mehr Schüler haben auch online Zugriff auf Bücher. Also machen Sie, wenn möglich, von dieser Option Gebrauch, wenn ein Buch oder eine Aufgabenstellung mal fehlt.*

Zeitmanagement

- *Eltern und Lehrer können das Zeitmanagement von Kindern fördern.*
  - *Sobald Kinder in die weiterführende Schule kommen, können Sie bestimmte Fristen setzen und die Kinder dürfen sich die Zeit dazwischen selbst einteilen (z. B. „Sei um 17:00 Uhr zu Hause." Oder: „Räume dein Zimmer auf, bis Oma mittags ankommt.").*
  - *Wöchentliche Gespräche können eingeführt werden, um Termine für die Schule, Freunde und Sport gemeinsam zu planen. Kinder können dann die Zeit, die sie für tägliche Aktivitäten brauchen, eigenständig erfassen. Eltern und Lehrer können dann das „Protokoll" und das Zeitmanagement bewerten und auf diese Weise Verbesserungsvorschläge machen.*

- *Bei der Besprechung von Zeitplänen sollten Eltern und Kinder schätzen, wie lange bestimmte Aktivitäten dauern. Auch Pausen und Zeit für spontane Ereignisse sollten bedacht werden.*

Anwendung von Reihenfolgen

■ *Stift-Führung ist eine sequenzielle Fingerbewegung. Ein Kind, das beim Schreiben Schwierigkeiten hat, kann diese anfangs durch die Diktierfunktion (Mikrophon benutzen, um in den Computer zu sprechen) umgehen. Wenn die Schwierigkeiten bei der sequenziellen Fingerbewegung auch in der Grundschule weiterhin bestehen, kann die Handschrift problematisch werden. Erlauben Sie etwas älteren Kindern, auch schon auf dem Computer zu tippen, was im Gegensatz zu der Handschrift sequenziell einfacher ist. Die frühen Schreibübungen am Computer werden Ihrem Kind später noch sehr hilfreich sein.*

■ *Geben Sie Ihrem Kind eine Struktur für regelmäßige Aktivitäten wie Hausaufgaben, Schulsachen packen sowie Haushaltsarbeiten. Und dann, wenn es ein bisschen älter ist, lehren Sie Ihr Kind, eine eigene Liste anzufertigen. Solche Listen haben zwei wichtige Funktionen: Sie zeigen die Schritte für eine Vorgehensweise an und sie sind Wegbereiter für Unabhängigkeit. Denn wenn Kinder eine eigene Liste benutzen, müssen Eltern sie nicht mehr an jeden Schritt erinnern. Stattdessen können Eltern einfach auf die Liste verweisen. Für jüngere Kinder, die gerade das Lesen erlernen, sind Bild-Listen sinnvoll.*

■ *Systematische Herangehensweisen für die Einprägung und den Abruf von Informationen bezeichnet man als Mnemotechnik. Akronyme (nur die Anfangsbuchstaben von Wörtern) sind eine typische Merkhilfe. Andere Memotechniken sind Reime und Gesang (z. B. Alphabet-Lied, neuerdings auch die Benutzung von Rap-Musik, um Kindern den Unterrichtsstoff zu vermitteln).*

Schritt 3: Teile allem einen Platz zu

Ort

Viele der bereits integrierten Routinen für das Aufräumen sollten auch jetzt noch beibehalten werden. Während der Grundschulzeit kann Ihr Kind nun aber mehr Routinen ohne ständige Erinnerungen durchführen. Sie können jedoch auch ganz neue Systeme für bestimmte Schulordner, den Schulrucksack und Aktivitätsbeutel etablieren. Aktivtätsbeutel sind perfekt geeignet, um Dinge nach bestimmten Aktivitäten zu ordnen. Es gibt vielleicht einen Fußball-Rucksack mit einem Ball, Schienbeinschonern, Fußballschuhen, Müsliriegeln und einer Wasserflasche. Nach jedem Training kann dann schnell überprüft werden, ob alles wieder eingepackt wurde. Wenn Ihr Kind Schwierigkeiten hat sich zu merken, wo Dinge hinkommen (z. B. Zimmer, Schulranzen, Aktivitätsbeutel), können Sie auch eine tägliche Checkliste bereitstellen.

Auch die Lehrer Ihres Kindes werden bei der Vermittlung visueller Organisation helfen. Genau wie mit Gegenständen in Ihrem Haus, weiß der Lehrer, dass im Klassenraum alles einen Platz hat. Schon im Kindergarten benutzen Erzieher bestimmte Ordnungssysteme. Zum Beispiel geben manche Lehrer jedem Kind einen Ordner voller Blätter und Notizen, der immer mitgebracht wird. Motivieren Sie Ihr Kind zu geregelten Hausaufgaben-Routinen, indem sie anfangs die Hausaufgaben jeden Abend nochmal zusammen durchgehen. Später in der Grundschule können Sie die Hauaufgaben wöchentlich überprüfen oder noch seltener. Gelegentliche gemeinsame Schulranzen-Checks werden anfangs auch nötig sein.

Wenn Ihr Kind bei der Organisation der Unterrichtsmaterialien Schwierigkeiten hat, vereinfachen Sie den Berg von Informationen. Als ich in der Anfangszeit der Schule das Klassenzimmer meines Kindes besichtigt habe, war ich völlig überwältigt. Ich habe mich gefragt, wie man in diesem Umfeld bloß lernen kann. Ich denke, dass es gerade in der Anfangszeit Lehrern gelingen muss, einerseits Informationen zu vermitteln und andererseits das Interesse der Kinder zu wecken. Folglich ist auch die visuelle Gestaltung des Klassenzimmers wichtig. Zu Hause können wir unseren Kindern individuelle Aufmerksamkeit schenken und daher ist es auch einfacher, sie zu fördern. Wir können die Reizüberflutung eigenständig zurückschrauben. Begrenzen Sie die sichtbaren Spielsachen. Legen Sie dafür Spielzeug, das gerade nicht benutzt wird, in Behältern in Schränke. Achten Sie auch darauf, dass keine Spielsachen unter Betten verloren gehen. Sie können einzelne Gegenstände auch beschriften, sodass Ihr Kind genau weiß, wo was hingehört. Das Umfeld Ihres Kindes zu vereinfachen, macht Organisation viel einfacher.

≡ Symptome räumlicher Unordnung

Wenn das Gehirn Informationen falsch abspeichert oder nicht abrufen kann, erscheinen betroffene Kinder chaotisch und ihre Zimmer sind unordentlich; ihre Kleidung ist zerknittert; und die Haare sind ungekämmt. Die Schüler wirken verantwortungslos. Sie verlegen ihre Hausaufgaben und vergessen ihre Bücher in der Schule und ihre Jacken auf dem Spielfeld. Eltern werden zunehmend frustriert, da ihre Kinder scheinbar nicht aus ihren Fehlern lernen. Lehrer unterschätzen die Fähigkeiten von Schülern, die aufgrund ihrer Desorganisation ihr Können nicht zeigen können. Übliche Probleme beinhalten:

- *Verlegen oder Verlieren von Gegenständen*
- *unordentliche Schreibtische, Rucksäcke und Zimmer*
- *Schwierigkeiten, Gesichter und vergangene Ereignisse zu merken*
- *schwache Mustererkennung*
- *mögliche Verzögerung bei Sprache und Lesen*
- *Schwierigkeiten, geometrische Konzepte zu begreifen*
- *schlechte Koordination.*

Organisation bedeutet für ein Kind im Schulalter von der Abhängigkeit zur Unabhängigkeit zu gelangen. In der Schule verlässt Ihr Kind das zu Hause nun für eine längere Zeit und muss Gegenstände hin und her transportieren. Der Schüler ist dafür verantwortlich, dass Nachrichten zu Hause ankommen und Hausaufgaben in der Schule rechtzeitig abgegeben werden. Eltern müssen kontinuierlich Systeme einführen, um die neuen Anforderungen an die Organisation zu bewältigen. Erwarten Sie keine vollständige Beherrschung von Ordnung vor dem Erwachsenenalter – sowohl die Fähigkeit, als auch die Motivation müssen im Einklang stehen, bevor die Beherrschung überhaupt möglich ist.

Die visuelle Verarbeitung ist bei den meisten Kindern voll entwickelt, wenn sie die Grundschule abschließen. Ein Kind im Schulalter kann nicht nur Informationen sehen, sondern sie genau wie Erwachsene verstehen und organisieren. Obwohl es zwar zu dieser Verarbeitung fähig ist, bedeutet das nicht, dass Ihr Kind diese Fähigkeit auch benutzt. Eltern können ihren Kinder jedoch weiterhin die Möglichkeit geben, die Verarbeitung von visuellen Informationen zu erlernen. Die Art und Weise, wie das Gehirn visuelle Informationen interpretiert und benutzt, wird in der Schule zunehmend wichtig. Lesen, Ballspiele, Entdeckung neuer Orte, Benutzung und Verwaltung des eigenen Schulranzens, Treffen neuer Menschen und das Aufräumen größerer Unordnung fordern alle das visuelle System eines Kindes im Schulalter heraus.

Kinder werden leicht von der visuellen Reizüberflutung überwältigt. Wenn Sie das erste Mal ein Klassenzimmer in der Grundschule sehen, wissen Sie, was ich meine. Ein typisches Klassenzimmer in dieser Phase ist mit visuellen Unterrichtsmaterialien zugepflastert. Die Wände sind mit bunten Zahlenreihen, dem Alphabet, Wochentagen und Monaten versehen und Kunstwerke der Schüler hängen von der Decke. Die Regale sind voller Bücher, Kunstbedarf und anderen Schulmaterialien. Sie können Ihrem Kind die relative Wichtigkeit all dieser Dinge vermitteln, indem Sie all die visuellen Informationen vereinfachen, bündeln und einordnen. Auch jeder visuellen Information muss ein Platz in unserem komplexen Gedächtnis zugeteilt werden.

Räumliche Sprache

Lesen ist der großartigste Meilenstein der Schuljahre. Lesen öffnet die Tür für Lernen. Und Kinder, die gut lesen, haben meistens auch mehr Spaß am Lernen. Lesen basiert auf visueller Erkennung und schneller Benennung (Fähigkeiten, die vor allem durch Übung erlernt werden). Aber da sich Kinder langweilen, wenn Eltern dieses Können immer mit Lernkarten vermitteln, müssen Eltern noch andere Möglichkeiten finden, Lernen spaßig zu gestalten. Als meine Kinder jung waren, habe ich ihnen vorgelesen und wir haben dabei Spiele gespielt wie das Aufzeigen von häufig vorkommenden Wörtern (z. B. es, das, und). Wenn ich zu einem solchen Wort kam, habe ich pausiert und darauf gewartet, dass meine Kinder einspringen. Nach dem Lesen habe ich mich dann für die Hilfe bedankt. Als sie dann angefangen haben, laut vorzulesen, habe ich darauf geachtet, sie nicht ständig zu korrigieren. Aber wenn sie ein Wort übersprungen haben, habe ich dieses Wort aufgezeigt. Oder wir haben zusammen gelacht, wenn ein Fehler den Satz albern hat klingen lassen. Manche Eltern sind auch von der Strategie überzeugt, Dinge im Haushalt zu beschriften, um die Assoziation zwischen Wort und Objekt zu stärken. Wenn ich über diese Strategie spreche, muss ich mir immer unseren Familienhund vorstellen, wie dieser mit einem „Hund"-Schild durch das Haus läuft.

Räumliche Spiele

Visuelle Gedächtnisspiele (z. B. Memory) fördern die Gehirnentwicklung. Viele Spiele fordern Kinder dazu auf, blitzschnelle Entscheidungen zu treffen, Muster zu visualisieren und ähnliche Objekte zuzuordnen. Achten Sie bei Spielen vor allem darauf, dass sie die gleichen Fähigkeiten erfordern, die ein Kind auch für das Lesen benötigt. Spiele können Ihr Kind folglich schneller zu einem guten Leser heranwachsen lassen.

Während der Schuljahre sollten Eltern ihren Kindern auch weiterhin die Möglichkeit geben, ihre visuelle Verarbeitung durch Spiele zu entwickeln. Jüngere Schüler sollten vor allem bauen, konstruieren und malen. Je mehr sie die physischen Eigenschaften von Objekten erkunden, desto eher können sie auch visuell-räumliche Beziehungen herstellen. Also geben Sie Ihrem Kind Lego-Steine, Bauklötze und K'nex-Sets und alles andere, womit es bauen kann. Lassen Sie Ihr Kind verschiedene Formen der Kunst erkunden wie Malen, Zeichnen, Töpfern, Origami und Nähen – all das wird helfen, die Welt besser zu ordnen. Mit zunehmendem Alter können Sie fortgeschrittenere Formen des Konstruierens zeigen. Während Sie es beaufsichtigen, können Sie Ihrem Kind zeigen, wie man einen Hammer, eine Heißklebepistole oder eine Bohrmaschine benutzt, sodass es bauen und erfinden kann. Es gibt auch einige Videospiele, die Konstruktion beinhalten, wie das sehr bekannte Minecraft. Obwohl die Forschung zu den Vorteilen von Videospielen begrenzt ist, können manche wahrscheinlich zu der Entwicklung des visuellen Cortex (Teil des Gehirns, der für das Verständnis und die Erinnerung sensorischer Informationen der Augen verantwortlich ist) beitragen. Eltern sollten eine Limitierung der täglichen Bildschirmzeit (z. B. Computerspiele, Videospiele, iPad-Benutzung, Smartphone-Benutzung) in Betracht ziehen. Denn Bildschirme sind grundsätzlich weniger sozial, fordern weniger Imagination, bewirken physische Stagnation (halten von Sport ab) und machen eher abhängig als andere Arten von interaktivem Spiel.

Ballspiele fördern die Entwicklung der Erfassung und Verarbeitung von visuellen Informationen. Im Alter von fünf Jahren sind Kinder meistens in der Lage, einen kleinen Ball zu fangen sowie zu werfen und so haben auch Sie bei dieser Art von Spiel mehr Spaß. Es gibt zwei Arten von Ballspielen, die es zu beachten gilt: statische und dynamische. Bei statischen Ballspielen wird nur die Bewegung des Balles beeinflusst, der Spieler selbst steht. Das passiert zum Beispiel im Golf, beim Bowlen, bei einem Freiwurf im Basketball, einem Baseballschlag, beim Boule und beim Billard. Diese Aktivitäten scheinen für Ihr Kind vorerst einfacher zu erlernen zu sein, aber die Perfektion ist sehr schwierig, denn dafür braucht es sehr viel Präzision. Sportarten wie Tennis, Fußball,

Basketball, Fangen eines Baseballs und Tischtennis sind Beispiele für dynamisches Spielen. Man braucht länger, um diese Aktivitäten zu meistern, aber sie können kontinuierlich gelernt werden. Beim Versuch, eine neue visuell-motorische Bewegung (z. B. Basketballwurf) zu erlernen, lässt sich die Bewegungsaufgabe in mehrere Teilschritte unterteilen. Der Schlag eines Baseballs besteht zum Beispiel aus dem Schwung des Schlägers, Erkennung der Position des Balles und der Berechnung des Timings für den richtigen Ballkontakt. Nachdem der Schwung also gründlich geübt wurde, kann der Spieler anschließend zusammen mit einem Werfer oder mit einer Schnur endlich das Schlagen des Balles üben. Fußballspieler beginnen genauso erst mit der Übung von Ballannahme, Pässen mit beiden Füßen und Jonglieren, bevor sie in das Gerangel auf dem Feld kommen. Ballspiele werden Ihrem Kind helfen, räumliche Informationen besser zu verarbeiten – und das in vielen Bereichen.

Kinder müssen keine Sportler sein, um ihre räumlichen Fertigkeiten zu trainieren; manche Studien beschreiben, dass auch Musikspielen die räumliche Verarbeitung entwickeln kann, zusammen mit anderen Fertigkeiten. Psychologische und neurowissenschaftliche Forschung zeigt, dass Musizieren bei Kindern mit vielen wichtigen Fähigkeiten assoziiert werden kann. Diese reichen von verbalen Fertigkeiten bis hin zu Benehmen. Die Theorie ist, dass das Gehirn wichtige Verknüpfungen macht, während das Kind mit einem Instrument musiziert. Eine Metaanalyse von 15 separaten Studien zeigt, dass Musikunterricht die Leistung bei bestimmten räumlichen Aufgaben steigert. Dabei waren die Probanden wesentlich besser beim Zusammenfügen von Baugruppen (eine visuell-räumliche Aufgabe) beim Wechsler-Intelligenztest für Kinder.[30] Eine andere Studie von Costa-Giomi zeigte bei Kindern, die Klavier spielen, dass sich deren visuell-räumliche Verarbeitung in den ersten zwei Jahren mit Musikunterricht verbessert haben.[31] Also lassen Sie Ihr Kind musizieren. Im jüngeren Alter ist beispielsweise eine simple Schellentrommel gut geeignet und haben Sie verrückte Tanz-Partys. Danach können Sie, sofern Ihr Kind auch wirklich Interesse zeigt, Musikunterricht organisieren. Obwohl Musik und Ballspiele nicht die einzigen Möglichkeiten für die Entwicklung der visuellen Verarbeitung sind, zeigt die Forschung doch klar, dass diese helfen.

Räumliche Einteilung (Gruppierung)

In diesem Moment fragen Sie sich vielleicht, was Lesen, Musizieren und Ballspiele mit dem Konzept, allem einen Platz zuzuteilen, zu tun haben. All diese Dinge sind miteinander verwandt, weil sie alle von dem visuellen Cortex (Teil des Gehirns für das Verständnis und die Erinnerung sensorischer Informationen der Augen) abhängen und dessen Entwicklung fördern. Der visuelle Cortex spielt bei der mentalen Organisation unserer Umgebung eine zentrale Rolle. Denken Sie immer daran, dass mit einer fortgeschrittenen visuellen Verarbeitung auch ein großer Vorteil bei der Organisation einhergeht, denn visuelle Information ist per definitionem kombiniert. In dem vorherigen Abschnitt in diesem Kapitel „Schritt 2: Führe Ordnung ein" habe ich erklärt, dass die selbstständige Erstellung von Mini-Routinen eine wichtige organisatorische Fähigkeit ist. Denn so können Aufgaben als Ganzes gemerkt werden. Mit visueller Verarbeitung hingegen kann man sich Informationen bildlich vorstellen und als Ganzes einprägen. Ein Kind kann sich also zum Beispiel vorstellen, was in welche Kommodenschublade kommt, oder wo Dinge im Schrank aufgehängt werden, oder noch besser, wo Dinge im eigenen Zimmer hinkommen. Die visuelle Einteilung von Informationen hilft auch beim Lesen. Das ist auch der Unterschied zwischen normalem Lesen und Stichwort-Lesen. Sobald ein Kind vom gedanklichen Aussprechen der Sätze zum Stichwort-Lesen (Worterkennung) kommt, ist die Lesegeschwindigkeit deutlich höher. Stellen Sie sich vor, Sie müssten die ganzen Informationen in einem großen Bild in Form einer Liste auswendig lernen. Das würde wirklich lange dauern. Es ist hingegen viel effizienter, die visuellen Informationen als Ganzes zu merken. Und wie vermitteln Sie nun die visuelle Einteilung von Informationen? Indem Sie allem einen Platz zuteilen.

 ## Das Gedächtnis spielt eine zentrale Rolle für die Organisation

Auf neuronaler Ebene ist der Prozess der Organisation sehr komplex und beinhaltet viele verschiedene Gehirnregionen. Aber das Gedächtnis und die exekutiven Funktionen (die Fähigkeit des Gehirns, Aufgaben zu planen, zu organisieren und zu erledigen) arbeiten als Einheit und spielen mit Abstand die größte Rolle in dieser Entwicklung. Die exekutiven Funktionen sind sowohl an der richtigen Abspeicherung, als auch an dem effizienten Abruf von Informationen beteiligt. Das Gedächtnis ist ein riesiges Archivierungssystem, das verschiedene Arten von, häufig auch unbedeutenden, Informationen ein Leben lang speichern kann. Kinder, denen es an Organisation mangelt, können Informationen entweder nicht richtig abspeichern, oder abrufen oder beides. Sie haben Schwierigkeiten, sich zu merken, wo Dinge hingehören und wie beziehungsweise wann sie Dinge erledigen müssen. Ein organisierter Schüler merkt sich, welche Hausaufgaben er aufhat, erledigt diese und gibt sie pünktlich ab.

☝ Visuelle Empfehlungen

Teile allem einen Platz zu

- *Halten Sie auch weiterhin in Ihrem Zuhause bestimmte Bereiche für bestimmte Aktivitäten und Gegenstände bereit – alles hat noch immer einen Platz. Schüler brauchen einen festgelegten Bereich für Hausaufgaben, Elektronik sowie einen Ort für Schuhe und andere „Stationen".*
- *Vereinfachen Sie das Umfeld Ihres Kindes. Organisieren Sie Kinderzimmer, Spiel- und Arbeitsbereiche. Legen Sie überflüssige Spielsachen weg. Eltern können das Kinderzimmer weiterhin durch die Beschriftung von Schränken und Schubladen organisieren. Durchsichtige Behälter zeigen dem Kind, wo Spielzeug, Bücher und andere Gegenstände hingehören.*
- *Ein Kind sollte seine Sachen jeden Tag am gleichen Ort aufbewahren.*
- *Lehrer können die Bedeutung von Organisation betonen, indem sie ihren Schülern jeden Tag fünf und am Ende der Woche zehn Minuten für das Aufräumen des Schreibtisches geben.*
- *Lehrer können auch Systeme für den Überblick von vollständigen und unvollständigen Hausaufgaben entwickeln. Zum Beispiel könnte jeder Schüler eine eigene Mappe an der Pinnwand haben, in die Hausaufgaben eingeordnet werden. Lehrer können vergessliche Schüler auch schon direkt am Morgen daran erinnern, die Hausaufgaben abzugeben.*
- *Schüler können zur besseren Organisation verschiedenfarbige Ordner für verschiedene Fächer benutzen.*
- *Kommunizieren Sie klare Erwartungen und teilen Sie Verantwortungen zu. Diese können für jüngere und ältere Schüler gleich sein, aber jüngere Schüler benötigen mehr Erinnerungen. Die folgenden Erwartungen sind angemessen für Kinder im Schulalter:*
- *Nach dem Frühstück: Teller aufräumen.*
- *Nach der Schule: Schuhe und Rucksack aufräumen.*
- *Nach den Hausaufgaben: Hausaufgaben einheften und Ordner in den Rucksack stecken.*
- *Sport: Sportsachen in einer Tasche aufbewahren (z. B. Fußball, Fußballschuhe und Schienbeinschoner).*

■ *Nach dem Abendessen: Teller in die Küche bringen. Ältere Kinder können ihren Teller auch in die Spülmaschine stellen.*

■ *Nach der Dusche: Schmutzige Kleidung in den Wäschekorb legen und Handtuch aufhängen.*

Räumliche Sprache

■ *Lassen Sie Ihr Kind Richtungsanweisungen folgen und selbst ansagen. Zum Beispiel: „Gehe zum Tisch und schaue, ob der Ball darunter liegt." Ältere Kinder verbessern ihre räumliche Wahrnehmung durch diese Richtungsanweisungen.*

■ *Ein Schüler kann als Übung zum Beispiel verbal erklären, wie man in der Schule von einem Ort zu einem anderen gelangt, oder eine Karte zeichnen, die das eigene Zuhause, die Schule oder die Nachbarschaft zeigt. Ein aufstrebender Sportler kann schon selbst ausgedachte Spielzüge für den Mannschaftssport erfinden.*

Räumliches Spielzeug

■ *Stellen Sie Spielzeug bereit, das die räumliche und visuelle Wahrnehmung fördert wie Kunst, Puzzles und Konstruktion. Spiele dieser Art sind eine klasse Übung wie Memory, Vier gewinnt, Wer ist es? und Jenga.*

■ *Kunst und Handwerk stellen eine exzellente Möglichkeit für visuelle und räumliche Planung dar. Denn beim Malen eines Bildes geht das Kind nach einem eigenen mentalen Plan vor.*

■ *Konstruktionsspielzeug (z. B. Lego-Steine, Bauklötze) bieten dem Kind eine weitere Möglichkeit, planerisch vorzugehen. Mitunter kann Ihr Kind nach Anleitung bauen, aber es sollte auch motiviert werden, selbst kreativ zu werden und eigene Konstruktionen zu erfinden.*

■ *Viele Musikinstrumente wie beispielsweise das Klavier, die Gitarre und Trommeln fördern die kognitive Entwicklung und fordern das Kind zur Entwicklung der visuell-motorischen Fertigkeiten.*

■ *Ballspiele fördern die räumliche Wahrnehmung, da sie mentale Berechnungen erfordern. Die Augen müssen immer wieder die aktualisierte Position des rollenden oder fliegenden Balles weiterreichen.*

Visuelle Verarbeitung

■ *Lassen Sie Ihr Kind anfangs innerhalb von Doppellinien schreiben, für Mathematik eignet sich kariertes Papier, um Berechnungen und Zeichnungen besser darzustellen.*

■ *Lehren Sie Mathematik mit Alltagsbeispielen, die numerische Gleichungen darstellen. Zum Beispiel können Pizzastücke Brüche symbolisieren.*

■ *Lesen ist ein Aufgabe voller Sinneseindrücke und kann die Entwicklung des visuellen Gedächtnisses fördern. Wenn sich ein Kind vom langsamen Entziffern hin zum direkten Erkennen von Wörtern entwickelt, erhöht sich die Lesegeschwindigkeit merklich. Das liegt daran, dass das Kind nun auf das visuelle Gedächtnis zurückgreift. Daher ist tägliches Lesen für Schüler wichtig, um die Entwicklung der visuellen Erkennung von Wörtern zu fördern und auch komplexere Wörter schreiben zu können. Üben Sie Handschrift, sodass das Gehirn Abstände und Buchstabenverbindungen effizient ausführt.*

Schritt 4: Übe vorausschauendes Denken

In den Schuljahren geschieht in der Regel ein enormes Wachstum beim vorausschauenden Denken. Jedoch werden Lehrer bestätigen, dass zwischen den Schülern gleichen Alters eine große Bandbreite existiert, was die organisatorischen Fähigkeiten anbelangt. Manche Kinder kommen auf die weiterführende Schule und brauchen noch immer eine umfassende Unterstützung, während andere schon organisatorische Experten sind, die ihre täglichen Routinen handhaben und teils sogar auf Freunde und Geschwister aufpassen. Als meine Frau elf Jahre alt war, war sie Babysitterin von drei Kindern unter fünf Jahren. Sie hat das Essen zubereitet, Windeln gewechselt und sie bettfertig gemacht – Aufgaben, bei denen viele Eltern Schwierigkeiten haben. Kein Wunder, dass wir fünf unabhängige Kinder erzogen haben! Ich bin keine organisatorische Niete, aber ich bin später entwickelt als meine Frau. Als ich 14 war, haben meine Eltern unsere 15-jährige Nachbarin gefragt, ob sie ab und zu nach mir sehen kann, weil sie ihr mehr vertraut haben als mir. Niemand hat mir seine drei Kinder überlassen, bis ich viel älter war. Es gibt also unfassbar viel Variation im gleichen Alter, und Eltern sowie Lehrer sollten das individuelle Niveau von Kindern erkennen und die Entwicklung von Fähigkeiten ihres Kindes fördern, die der nächsten Stufe entsprechen.

Lehrer von weiterführenden Schulen wollen ihren Schülern helfen, unabhängige Oberstufen-Schüler zu werden. Manche tun dies, indem sie allen Schülern Unabhängigkeit im gleichen Tempo vermitteln. Einige Kinder sind für diese Herausforderung bereit und blühen in der weiterführenden Schule auf, aber andere Schüler haben Schwierigkeiten. Sie bringen nötige Unterrichtsmaterialien nicht mit nach Hause und vergessen Hausarbeiten einzureichen. Sie sind durch die ganzen Anforderungen und Erwartungen überfordert und speichern Informationen nicht zuverlässig ab. Erinnern Sie sich noch, was für eine turbulente Zeit die weiterführende Schule war? Jeder Schüler versucht sich einzufinden. Schüler müssen jetzt zwischen Klassenräumen hin und her wechseln. Stellen Sie sich vor, wie es sich für einen Schüler anfühlt, der Schwierigkeiten mit dem Unterrichtsstoff hat, schlechte Noten bekommt und seine Eltern ständig enttäuscht. Unter diesen Umständen versteht man leicht, warum ein Kind aufgibt. Vielleicht liegt die beste Lösung darin, die Unterschiede bei den organisatorischen Fähigkeiten erstmal anzuerkennen und Kinder intensiver zu fördern. Wenn nötig, können Eltern ihre Kinder bei den Hausaufgaben unterstützen mit dem Ziel, die Unterstützung schrittweise zu reduzieren. Außerdem könnten Schüler zwei Noten erhalten: Eine Note für Organisation und eine separate Note für akademische Leistungen, die die tatsächlichen Fertigkeiten widerspiegelt und nicht die Fähigkeit, Arbeiten pünktlich einzureichen.

Ebenen von Eltern-Lehrer Hausaufgaben-Förderung

- *Lehrer-Eltern Übersicht: Lehrer tragen Hausaufgaben täglich in ein Hausaufgaben-Protokoll oder Onlinesystem ein. Eltern tragen fertige Hausaufgaben ein. Dadurch lässt sich verfolgen, wo eine Störung entsteht (z. B. Hausaufgaben nicht nach Hause gebracht, nicht erledigt, nicht eingereicht).*
- *Förderung durch Eltern: Eltern überprüfen Hausaufgaben täglich und helfen bei der Planung.*
- *Förderung durch Lehrer: Lehrer benachrichtigen Eltern direkt, wenn Hausaufgaben fehlen.*
- *Langfristige Planung durch die Eltern: Eltern helfen Schülern bei der Planung von langfristigen Arbeitsaufträgen.*
- *Förderung bei Bedarf: Lehrer benachrichtigen Eltern, wenn Schüler zurückfallen. Eltern als Berater: Schüler sind eigenständig für Erfolge und Fehlschläge verantwortlich, aber die Eltern stehen zur Verfügung, wenn ihr Kind um Hilfe bittet.*

Zeitpläne einführen

Ein Schulkind ist meistens sehr beschäftigt. Chor, Fußball, Theater, Klavier, Basketball und alle anderen Arten von Vereinen und Unterrichtsstunden nach der Schule fordern scheinbar unbedingt einen Assistenten, der all diese Aktivitäten verwaltet. Während die Einbeziehung Ihres Kindes in die Planung vielleicht komplizierter scheint und gelegentlich in Fehlern mündet, ist die Herausforderung dennoch wichtig. Nur so lernt Ihr Kind auch wirklich eigene Termine selbstständig zu verwalten. Stellen Sie sicher, dass auch die Vorbereitungszeit für Aktivitäten beachtet werden muss. Schüler haben ein Gefühl von Zeit und für die benötigten Materialien für Hausaufgaben und Aktivitäten wie Sport und Spiel, also lassen Sie sie an der Planung teilhaben.

Viele Familien besitzen nicht den Luxus, ihre Kinder für Aktivitäten nach der Schule anzumelden, sodass ihre Kinder viele Stunden, häufig unbeaufsichtigte, Freizeit haben. Unter diesen Umständen ist es wirklich wichtig, zusammen mit dem Kind einen individuellen geeigneten Zeitplan zu entwicklen. Sie und Ihr Kind können sich bei der Zeit für Sport, Hausaufgaben, Lesen, Aufgaben im Haushalt und Entspannen absprechen. Sie können einen gesunden Essensplan vorschlagen und Ihre Kinder sogar bei der Planung mit einbeziehen. Wir sind alle effektiver, wenn wir einen Plan haben. Und Eltern sind dafür Vorbilder egal unter welchen Umständen.

Vorhersagen und Schätzen

Schon junge Schüler können lernen, Vorhersagen über die Zukunft zu treffen. Der Prozess des Schätzens wird Kindern häufig ab der vierten Klasse näher gebracht. Zum Beispiel runden sie auf oder ab, um eine Rechnung einfacher zu machen, und dieses Ergebnis wird dann mit dem tatsächlichen Ergebnis verglichen. Vermitteln Sie die Bedeutung dieses Prozesses, denn er bietet die Möglichkeit, vorauszudenken. Jedoch ist vorausschauendes Denken nicht auf Mathematik begrenzt. Eine von mir favorisierte Strategie für vorausschauendes Denken sind Vorhersagen bei Büchern. Lesen Sie zusammen mit Ihrem Kind im Grundschulalter und stellen Sie Fragen wie: „Was passiert als Nächstes?", „Glaubst du, er kann entkommen?" Oder: „Wird der Hund nach Hause finden?" Diese Fragen veranlassen Ihr Kind, gleichzeitig zuzuhören und vorauszudenken. Dadurch fördern wir die gleichzeitige Verarbeitung, also die Kraft, die vorausschauendes Denken antreibt.

Vorhersagen kann auch beim Verhalten helfen. Die meisten Kinder sind in ihrem Sozialverhalten nicht immer geübt, aber sie verstehen, dass sie beim Benehmen eine Wahl haben. In meiner Praxis vermittle ich dieses Konzept, indem Rückblick benutzt wird, um Voraussicht erst möglich zu machen. Nachdem einem Kind beim Sozialverhalten ein Fehler unterläuft, empfehle ich Eltern zu fragen: „War das eine hilfreiche Entscheidung, oder nicht?" Dann, ohne selbst ein Urteil zu fällen, können Eltern das Kind zu einer Vorhersage über die Zukunft motivieren: „Was könntest du nächstes Mal machen?" Meine Intention besteht darin, einen Prozess in das Bewusstsein zu rufen, der normalerweise unterbewusst oder automatisch abläuft.

Rückblick ermöglicht Voraussicht

Ein Schüler erzählte mir, dass er „immer dumme Fehler" mache. Mit dem Wissen, dass er ein sehr intelligenter Junge ist, habe ich ihm gesagt, dass er sehr talentiert ist und fragte ihn, was er mit „dummen Fehlern" meint. Er sagte: „Neulich war ich mit Freunden zusammen und wir haben alle Scherze über unsere Lehrer gemacht. Dann habe ich gesagt: „Mein Spanisch ist nicht besonders gut, aber ich bin ziemlich sicher, dass mein Spanischlehrer gesagt hat, dass er mit Ziegen schläft." Als niemand gelacht hat, habe ich mich in der Runde umgeschaut und die Tochter des Spanischlehrers erkannt. Solche Fehler mache ich immer." Der Schüler ist intelligent und freundlich, aber Kommentare wie diese rutschen ihm zu einfach raus. Also habe ich gefragt, was er danach gesagt hat und er antwortete: „Nichts, ich war so peinlich berührt, dass ich auf den Boden gestarrt habe, bis andere Leute wieder angefangen haben zu reden." Dann habe ich gefragt, was er das nächste Mal anders machen könnte. Er sagte: „Ich kann versuchen, gründlicher nachzudenken, bevor ich etwas sage." Wissend, dass Selbstkontrolle für ein impulsives Kind sehr schwierig sein kann, habe ich außerdem empfohlen, Entschuldigen zu üben und er war einverstanden. Zusammen haben wir Rückblick benutzt, um einen Plan für die Zukunft zu schaffen. Über Beispiele des realen Lebens zu sprechen, kann Kindern ein besseres Gefühl geben.

Kinder für Fehler zu bestrafen, ist grundsätzlich eine ineffektive Lehrstrategie. Eltern von sehr impulsiven Kindern sollten daran denken, dass das Verhalten häufig ungefiltert erscheint. Folglich führen Kinder manchmal einfach den Gedanken aus, der ihnen gerade in den Sinn kommt. In diesem Fall haben sie vielleicht gar keine Zeit, eine Entscheidung zu treffen. Bei solchen Ausprägungen empfehle ich, Verhalten mittels Rückblick besser zu erklären und zu vermitteln – mit der Hoffnung, dass Kinder das nächste Mal vorausdenken. Durch dieses

Training und mit der Reifung des Frontallappens (Gehirnregion für organisiertes Denken) können Kinder in Zukunft viel besser vorausschauend denken. Und sie können Gedanken besser filtern, bevor sie handeln.

Ein organisierter Schüler benutzt Prognosen beim Lernen für eine Klassenarbeit. Während ein ineffizienter, aber begabter Schüler den ganzen Unterrichtsstoff lernt, schätzt ein organisierter Schüler, was im Test drankommen wird und fokussiert seine Bemühungen dann auf die wichtigsten Themen. So meistert er, wofür der ineffiziente Schüler kaum Zeit hat. Die Prognose der Test-Muster eines Lehrers benötigt natürlich Übung.

Vorbereitet sein

Ein Kind, das vorausschauend denken kann, ist eher vorbereitet. Es ist offensichtlich, dass Vorbereitung die Leistung (akademisch, sportlich, sozial und künstlerisch) verbessert, aber die Vorteile von Vorbereitung sind subtiler beim Thema Verhalten. Wenn Ihr Kind keinen Stift mit in die Schule nimmt, sind Notizen schwierig. Wenn Ihr Kind zwischen den Klavierstunden nicht übt, wird es schwierig, sich beim Vorspielen auszuzeichnen. Es ist jedoch weniger offensichtlich, wie Vorbereitung das Verhalten verbessert. Denken Sie an all die Übergänge, die Ihr Kind bewältigen muss, wie den Computer für das Abendessen auszuschalten. Wenn Sie Ihren Sohn überraschen, indem Sie in das Zimmer kommen und den Computer ausschalten, liegt die Wahrscheinlichkeit bei fast 100 %, dass er wütend reagiert, vielleicht sogar „explodiert". Wenn die Regel stattdessen lautet, dass der Computer um 18:00 Uhr ausgeschaltet sein muss und Sie ihn um 17:45 Uhr und 17:55 daran erinnern, wird er sein „Werk" eher abspeichern und problemlos zum Essen wechseln können. Vorbereitet zu sein, garantiert keinen erfolgreichen Übergang, aber es hilft sicherlich.

Vorbereitung startet mit der Festlegung eines Zieles – ein guter Startpunkt, um einen genaueren Plan zu machen. Das Ziel muss nicht hochmütig sein, wie ein Astronaut zu werden oder ein Spiel zu gewinnen. Ziele können simpel sein; zum Beispiel, was Ihr Kind heute erreichen will. Diese grundlegenden Tagesziele sind entscheidend, denn sie zeigen Ihrem Kind, dass jede noch so einfache Aufgabe ein Ziel haben kann; zum Beispiel die Erledigung der Hausaufgaben bis 19:00 Uhr, pünktlich zur Schule zu sein oder ein Kapitel in einem Buch fertig zu lesen. Helfen Sie Ihrem Kind bei der Festlegung von realistischen Zielen. Ein Basketballmatch oder die Saison zu gewinnen ist vielleicht unrealistisch, da zu viele Variablen existieren (z. B. Verletzung, Spielweise des gegnerischen Teams, Schiedsrichter), aber eine Freiwurfquote von 70 % oder 50 Liegestütze machen zu können, ist realistisch. Verankern Sie das Konzept von festen Zielen im Verstand Ihres Kindes, indem Sie Ihr Kind nach den eigenen Vorstellungen fragen. Und sobald ein Ziel gesetzt ist, können Sie Ihr Kind bei der Planung dorthin unterstützen.

Vorausschauende Planung

Der erste Schritt beim Planen ist die Festlegung eines Zieles. Sobald das gemacht wurde, können Sie Ihrem Kind beim Rest der Planung helfen. Der Plan kann zum Beispiel sein, Experimente für ein Schulprojekt durchzuführen, den Nachmittag zu gestalten oder sich auf einen Test vorzubereiten. Im vorangegangenen Kapitel 5: „Erziehung eines organisierten Kindergartenkindes" habe ich gezeigt, wie man einen Plan durch ein Gespräch gemeinsam konstruieren kann. Die gleiche Herangehensweise kann auch bei einem Kind im Schulalter angewandt werden, das jetzt wahrscheinlich in der Lage ist, eine noch größere Rolle bei der Planung zu spielen. Denken Sie daran: Es ist die Aufgabe der Eltern, einen Plan nicht einfach selbst zu machen, sondern durch gezielte Fragen zusammen mit ihrem Kind zu planen. Hier eine beispielhafte Konversation mit einem elfjährigen Jungen:

> **Mutter:** Du hast heute ein Fußballspiel nach der Schule.
> **Sohn:** Wann?
> **Mutter:** Direkt nach der Schule, ich hole dich ab und wir fahren direkt dorthin.
> **Sohn:** Also packe ich meine Sachen lieber jetzt. Dann kannst du die mitbringen, wenn du mich abholst.
> **Mutter:** Gute Idee, und was packst du ein?
> **Sohn:** Mein Trikot und Fußballschuhe.
> **Mutter:** Sonst noch etwas?
> **Sohn:** Oh, meine Schienbeinschoner. Die vergesse ich immer.
> **Mutter:** Ich bin froh, dass du diesmal daran gedacht hast.
> **Sohn:** Und kannst du mir noch einen Snack für die Fahrt mitbringen?
> **Mutter:** Natürlich mache ich das.

In diesem Beispiel musste die Mutter weniger Hinweise geben als beim Kindergartenkind. Mit zunehmendem Alter besitzen Kinder meistens das Wissen, um einen Plan zu machen, aber sie müssen dieses Vorgehen erst noch üben. Eltern können vorausschauendes Denken durch Konversationen und Reflexion erleichtern. Üben Sie Planung am besten im Kontext von den Interessen Ihres Kindes. Denn Kinder denken eher über etwas nach, was sie auch wirklich interessiert. Die Pläne sollten häufig in Konversationen besprochen werden: „Wieviel Zeit brauchst du, um dich fertig zu machen?", „Was machst du nach der Schule?", „Wann hast du geplant, deine Hausaufgaben zu erledigen?", „Ich gehe jetzt einkaufen. Soll ich dir irgendetwas Besonderes für das Abendessen diese Woche mitbringen?" Und: „Was willst du zum Mittagessen?" sind einige Beispiele für die vielen Möglichkeiten, in denen Planung im Alltag mit einbezogen werden kann.

Ein Taschengeld-Zuschuss für Haushaltsarbeiten kann Planung ebenfalls begünstigen, aber seien Sie vorsichtig: Wenn die Belohnungen unangemessen ausgegeben werden, kann das zu Problemen führen. Solche Zugaben belohnen Anstrengungen und das Geld bietet einem Kind die Möglichkeit zu sparen und zu planen. Motivieren Sie Ihr Kind zumindest einen Teil des Geldes für etwas zu sparen, das es vielleicht noch später kaufen möchte. In unserer Familie belohnen wir Sparen mit einem „Bonus-Geschenk". Wir erklären unseren Kindern, dass wir Ersparnisse, die in die „Bank" eingezahlt werden, am Ende des Jahres verdoppeln werden. Da sie sich meistens für das Sparen entscheiden, haben wir nun die Möglichkeit, über ein langfristiges Ziel zu sprechen. Lassen Sie Ihr Kind – natürlich innerhalb der Grenzen der Vernunft –selbst entscheiden, für was es das eigene Geld ausgibt. Motivieren Sie es aber auch, finanzielle Ziele zu erreichen, indem das Geld in ein durchsichtiges Glas gelegt wird, sodass man den Fortschritt gut erkennen kann. Oder Sie zählen die Wochen bis zur Erreichung des Sparziels mit. Wenn das Konzept von Zugaben jedoch nicht richtig angewandt wird, kann das die Anstrengungen des Kindes mindern. Sie wollen nicht, dass Ihr Kind sich bei jeder Aufgabe weigert mitzuarbeiten, wenn Sie es nicht bezahlen. Meine Empfehlung ist, dass Zuschüsse für „extra Hilfe" gegeben werden. Vom Kind wird, abhängig vom Alter, natürlich erwartet, dass es ein bisschen Arbeit im Haushalt (z. B. eigene Sachen aufräumen) erledigt, einfach deshalb, weil es zu einem harmonischen Miteinander gehört. Wenn Ihr Kind nicht im Haushalt mithilft, gibt es auch keine Zugaben für extra Arbeit. Geben Sie Ihrem Kind jedoch ein zu hohes Taschengeld oder überflüssige Spielsachen, wird Ihr Kind die Anstrengungen für eigene Wünsche wahrscheinlich nicht wertschätzen. Zugaben sind, überlegt vergeben, ein nützlicher Anreiz. Und noch wichtiger: Das verdiente Geld lehrt Ihr Kind vorauszuplanen.

Auch Spielzeug und Aktivitäten können Planung fördern. Konstruktions-Spielzeug wie Lego-Steine, K'nex-Sets und Blöcke fordern Kinder zu eigenen Entwürfen und Ideen auf. Genau wie ein Architekt bei der Gestaltung eines Gebäudes, benötigen diese Entwürfe die planerischen Fähigkeiten Ihres Kindes. Strategiespiele wie Schach, Dame und Vier gewinnt sind gute Beispiele für

Spiele, die vorausschauendes Denken fördern. Nur sehr wenige Videospiele fordern so zum Planen heraus wie die klassischen Strategiespiele. Videospiele leiten den Spieler meistens durch die Handlung. Die Planung und Kreativität wird für sie von den klugen Menschen erledigt, die das Spiel entwickeln. Ein Musikinstrument zu spielen fordert gleichzeitige Verarbeitung des Gehirns (Notenlesen und Bewegung) und hat wahrscheinlich auch einen positiven Einfluss auf die Entwicklung des vorausschauenden Denkens. Und schließlich, wie in Kapitel 5: „Erziehung eines organisierten Kindergartenkindes" erwähnt, unterstützen Aktivitäten mit viel Imagination die planerischen Fertigkeiten sehr wirksam.

Zusammenfassen

Ein etwas älteres Kind im Schulalter sollte zusammenfassen können, eine wichtige Fertigkeit der gleichzeitigen Verarbeitung des Gehirns. Um eine zusammenfassende Aussage zu treffen, muss sich das Kind nicht nur ein Ereignis merken, sondern auch noch das Wichtigste herausfiltern. Eltern können diese Fähigkeit fördern, indem sie sich nach Alltagserlebnissen erkundigen: So können Eltern beispielsweise nach Sport-Ereignissen, Sendungen, Spielen und Aktivitäten mit Freunden fragen. Meine Kinder wissen, dass meine Frau und ich sie nach einem Kinobesuch mit Freunden nach der Zusammenfassung fragen werden.

Manchmal brauchen Schüler mit Schwierigkeiten bei verbalen Zusammenfassungen andere Wege, um ihre Gedanken auszudrücken. Als ich ein Basketball-Team der fünften Klasse gecoacht habe, bin ich so einem Schüler begegnet. Bei unserem ersten Training habe ich die besten Spieler verschiedener Mannschaften versammelt und habe sie jeweils nach einer Beschreibung des effektivsten Spielzugs ihrer vorherigen Mannschaft gefragt. Ein Spieler hatte mit dieser Aufgabe Schwierigkeiten. Die Verwirrung in den Gesichtern der anderen sehend und selbst nicht wissend, worüber er redet, habe ich ihn aufgefordert, den Spielzug auf das Whiteboard zu zeichnen. Seine Veranschaulichung hat den Spielzug klar zusammengefasst. Später haben mir seine Eltern anvertraut, dass er eine auditive Verarbeitungs- und Wahrnehmungsstörung (AVWS) hatte, die es ihm erschwert, seine Gedanken in Worte zu fassen. Und die Eltern waren erleichtert, dass wir Illustrationen benutzten, um die verbalen Anweisungen zu verdeutlichen.

Kinder im Schulalter sind in der Lage, Ziele festzulegen, Pläne zu machen sowie zusammenzufassen und sollten auch dazu motiviert werden. Ermutigen Sie Ihr Kind dazu, Verantwortung zu übernehmen, und versuchen Sie, nicht überfürsorglich zu sein. Lassen Sie Ihr Kind zu Abenteuern aufbrechen und spielen, denn Spiel bietet viele Möglichkeiten zum Planen. Anfangs brauchen sie vielleicht noch Unterstützung bei den Teilschritten, um eine Aufgabe zu erledigen. Aber denken Sie daran, dass Übung den Meister macht. Also ist es wichtig, dass Ihr Kind die Möglichkeit zur Übung und zum Lernen hat.

 Empfehlungen für vorausschauendes Denken

Planen

- *Nutzen Sie Gespräche, um gemeinsam zu planen und helfen Sie Ihrem Kind beim vorausschauenden Denken. Reflektieren Sie hierbei die Konversationen und suchen Sie nach Verbesserungsmöglichkeiten.*
- *Verankern Sie vorausschauendes Denken im Bewusstsein Ihres Kindes, indem Sie Fehler reflektieren wie: „War das eine hilfreiche Entscheidung, oder nicht?" Dann fordern Sie Ihr Kind zu zukünftiger Planung auf, wie: „Was könntest du nächstes Mal machen?" Versuchen Sie ruhig zu bleiben, denn Ihre Verärgerung über das impulsive Verhalten Ihres Kindes zu äußern, macht die Situation schlimmer und kann von einer guten Möglichkeit zum Lernen ablenken.*
- *Spielen Sie Spiele, die Planung fördern.*
- *Motivieren Sie Ihr Kind zum Kochen und Backen. Für Ihre jungen Köche ist anfangs natürlich Beaufsichtigung nötig. Kinder können ihr eigenes Frühstück (z. B. Müsli, Toast, Haferbrei) schon in der frühen Grundschule selbst zubereiten, und wenn sie fortgeschritten sind, können sie auch aufwendigere Gerichte (z. B. Rührei, Pfannkuchen) zubereiten.*
- *Motivieren Sie Ihr Kind, ein Instrument zu erlernen.*
- *Bieten Sie eine individuell angepasste Unterstützung bei den Hausaufgaben. Zeigen Sie, wie man einen Plan für Hausaufgaben erstellt (z. B. Prioritäten setzen, Zeit zuweisen). Im ersten Schritt werden die Unterrichtsmaterialien gesammelt, dann ein Zeitziel gesetzt und ein Timer gestellt, anschließend werden die Aufgaben bearbeitet und schließlich in den Schulranzen gesteckt. Anschließend werden wieder die Unterrichtsmaterialien für die nächste Hausaufgabe gesammelt und es wird nach dem gleichen Prozedere vorgegangen. Denken Sie daran, dass sich Eltern schrittweise von der Hausaufgabenbetreuung distanzieren sollten.*
- *Indem erfolgreiche Arbeiten von vorherigen Jahrgängen gezeigt werden, können sich Kinder ein Bild von den Anforderungen machen und entspre-*

chend planen. Lenken Sie die Aufmerksamkeit der Schüler auf bestimmte Merkmale der Arbeit. Und zeigen Sie, wie man den Ablauf organisieren kann.

- Langfristige Projekte in der Schule bieten Schülern sehr viel Übung in zahlreichen Bereichen der organisatorischen Fähigkeiten. Motivieren Sie Ihr Kind, die Planung und Fertigstellung von großen Aufgaben eigenständig anzugehen. Im Unterricht können Lehrer das Zeitmanagement betonen, indem Sie die Zeiteinteilung besprechen und angemessene Mitteilungen zu Testterminen sowie Fristen geben. Sie können Schülern bei der Zeitzuweisung und Planung eines bestimmten Projekts helfen. Arbeitsaufträge können so entworfen werden, dass Schüler gute planerische Fähigkeiten und Zeitmanagement zeigen müssen, zusammen mit der effektiven Organisation der Unterrichtsmaterialien, die für das Projekt benötigt werden.

- Besprechen Sie die Vorbereitung für Aufgaben. Planen sollte vor allem die Verwaltung von Zeit und Materialien beinhalten.

- Führen Sie eine Taschengeld-Zugabe ein und motivieren Sie Ihr Kind, finanzielle Ziele mit seinem neuen „Wohlstand" zu erreichen. Wenn Ihr Kind ein große Anschaffung machen will, können Sie es dazu ermuntern, für diesen Zweck zu arbeiten und zu sparen. Das lässt sich auf viele Dinge übertragen wie besondere Klamotten, Schuhe oder ein Fahrrad, vor allem dann, wenn Kinder Dinge haben möchten, die weitaus teurer sind, als Eltern dafür ausgeben wollen.

- Ermuntern Sie Ihr Kind, zunehmend unabhängig zu werden, indem Sie es eigene Verabredungen planen und über Aktivitäten mit Freunden nachdenken lassen.

- Eltern können ihren Kindern auch die Möglichkeit geben, Ereignisse selbst zu planen. Eine perfekte Gelegenheit hierfür ist der Kindergeburtstag. Eltern können die Planung unterstützen, damit wichtige Details, wie wer eingeladen werden soll, Logistik, Essen und Aktivitäten beachtet werden. Kinder können auch die Planung von Valentinstagskarten an Klassenkameraden, Weihnachtsgeschenken für Familie und Freunde, Halloween Kostüme und mehr übernehmen. Die meisten Kinder lieben es, die Planung dieser Dinge mehr und mehr selbst zu übernehmen.

Schätzen

- *Schüler sollten schon früh das Schätzen in Mathe üben. Ermuntern Sie Ihr Kind, das Ergebnis vor der Lösung zu schätzen.*
- *Motivieren Sie Ihr Kind dazu, die benötigte Zeit für bestimmte Aufgaben aufzuschreiben, um Aktivitäten (z. B. Gitarre üben, für einen Englischtest lernen) in Zukunft besser einschätzen und planen zu können. Lassen Sie Ihr Kind schätzen, wie lang Aufgaben dauern werden. Diese Dokumentation verleiht Ihrem Kind ein Gefühl für Zeit und bietet eine direkte Rückmeldung. Oder Ihr Kind betrachtet nochmal die Leistungen des Tages und dokumentiert, wie lange sie jeweils gedauert haben, kurz bevor es schlafen geht. Wenn eine Diskrepanz zwischen geschätzter und tatsächlicher Zeit auffällt, fragen Sie Ihr Kind, woran das liegen kann.*
- *Schätzen Sie im Alltag die Zeit; zum Beispiel bei der Dauer einer Autofahrt. Wenn das zu schwierig ist, können Sie es unterstützen, indem Sie Bezüge zu bereits bekannten Informationen herstellen.*

Vorhersagen

- *Lesen Sie gemeinsam mit Ihrem Kind und ermuntern Sie es, Vorhersagen über das weitere Geschehen zu machen. Als Grundlage kann zum Beispiel das Buch-Cover oder die Titel von Kapiteln genommen werden. Teilen Sie Ihr Vorwissen zum Thema des Buches mit Ihrem Kind.*

Zusammenfassen

- *Lassen Sie Ihr Kind Kapitel nach dem Lesen zusammenfassen und präsentieren Sie dann Ihre ganz eigene Version.*
- *Es gibt viele Gelegenheiten, um Zusammenfassen zu üben. Wenn Ihr Kind irgendwo Dinge ohne Sie macht, fragen Sie nach den Geschehnissen. Und fragen Sie nach einem kompakten Überblick, nachdem Ihr Kind ein Buch gelesen oder einen Film geschaut hat.*
- *Nutzen Sie Gespräche beim Abendessen, um Ihr Kind über den Tag berichten zu lassen. Manchmal brauchen Kinder bei der Zusammenfassung eine Starthilfe. Kinder können zur Erzählung des besten, miesesten und lustigsten Ereignisses des Tages ermuntert werden. Eltern selbst können das Teilen von Erfahrungen demonstrieren, indem auch sie ihren Tag zusammenfassen.*

Schritt 5: Fördere Problemlösung

Die Schuljahre sollten eine Zeit enormen Wachstums sein, da Kinder nun neue Situationen eigenständig erkunden. Ein Kind im Schulalter entdeckt Interessen wie Sport, Tanzen, Schach, Lesen, Tiere und vielleicht ein „Einser-Schüler" zu sein. Die Erkundung neuer Interessen regt Ihr Kind auch zur Lösung neuer Probleme an. Teilnahme an Gruppenaktivitäten (z. B. Theater, Sport, Pfadfinder) und höhere akademische Anforderungen benötigen Zeitmanagement, Materialmanagement sowie soziale und kognitive Verarbeitung (Prozess, bei dem neues Wissen durch Gedanken, Erfahrungen und Sinne erworben wird). Während der Schuljahre wird sich Ihr Kind wahrscheinlich immens weiterentwickeln. Wo anfangs noch Aufsicht bei den Hausaufgaben nötig war, verwaltet Ihr Kind diese mit der Zeit zunehmend selbst. Es wird mehr Zeit mit Freunden und Übernachtungen außerhalb Ihrer Beaufsichtigung verbringen. Und genau in dieser Phase beginnt Ihr Kind, Freiheit zu erlangen. Ab der weiterführenden Schule können Sie Ihr Kind vielleicht schon ohne Sorgen auch mal allein zu Hause lassen. Aufgrund der neu gewonnen Freiheit können Kinder in diesem Alter natürlich auch manchmal Fehler machen. Denken Sie aber daran, dass diese Fehler Teil des Erwachsenwerdens sind. Und die Lösung von so entstandenen Problemen ist eine wertvolle Lektion. Ein organisierter Schüler ist ein guter Problemlöser. Und gerade Ihre Orientierungshilfe spielt eine wichtige Rolle bei der Entwicklung der neu gewonnenen Unabhängigkeit. Also, ermutigen Sie Ihr Kind rechtzeitig, unabhängig zu sein.

Die Problemlösungsfähigkeit von Schülern bildet sich zwar heraus, ist aber noch nicht voll entwickelt. Ich kann mich daran erinnern, in den Sommern meiner Kindheit in Schwimmteams gewesen zu sein. Mit elf Jahren habe ich bemerkt, dass sich die besten älteren Schwimmer vor der Meisterschaft rasierten (um den Widerstand zu reduzieren). Ich wollte auch ein gutes Ergebnis. Und wenn das bei diesen behaarten Teenagern geklappt hat, müsste es doch auch bei mir funktionieren. Also habe ich beschlossen, meine Beinhärchen abzurasieren. Also benutzte ich dann den Rasierer meiner Mutter ohne Rasiergel und schnitt mir die Beine auf. Nun, es war vielleicht eine gute Idee, meine Beine zu rasieren, aber warum habe ich meine Eltern nicht einfach um Hilfe gebeten? Warum hat dieser elfjährige Junge einen Rasierer zum ersten Mal benutzt, als niemand zu Hause war? Die Antwort ist, dass sich meine Problemlösung schneller entwickelt hatte, als meine Vernunft und mein Verständnis vom Gesamtbild.

Gesamtbild

Mit zunehmendem Alter wird Ihr Kind mehr und mehr das Gesamtbild begreifen können; eine Fertigkeit, die bei allen organisierten Denkern vorhanden ist. Ein reifes Kind im Schulalter ist verantwortungsvoll, verfügt über ein gutes Zeitmanagement, bereitet sich auf Aktivitäten vor, respektiert die Meinung anderer und trifft fundierte Entscheidungen basierend auf allen verfügbaren Informationen. Stellen Sie sich vor, Sie stehen ganz dicht vor einem großen Gemälde in einem Museum und können nur Details erkennen. Wenn Sie jedoch ein paar Schritte zurückgehen, erkennen Sie den Zusammenhang. Die Nahaufnahme sagt etwas über die Farbe und den Pinselstrich aus, aber nichts über die Bedeutung, den Ausdruck und die Emotionen des Bildes. Ein guter Problemlöser berücksichtigt alle verfügbaren Informationen. Dafür muss man mehrere „Messdaten" gleichzeitig verarbeiten können. Schüler mit mangelnder Problemlösungsfähigkeit liegen bei Problemen häufig „richtig und falsch" zugleich. Sie befolgen häufig klare Regeln und werden durch Ungewissheit oder unerwartete Ausgänge frustriert. Sie zeigen nur begrenztes Einfühlungsvermögen in die Gedanken, Gefühle und Meinungen anderer. Sozial resultiert das vielleicht in Konflikten oder sogar der Vermeidung von sozialer Interaktion. Und auf akademischer Ebene werden die Erwartungen des Lehrers häufig fehlinterpretiert. Es ist daher wichtig, dass Sie Ihrem Kind Problemlösungsfähigkeiten vermitteln. Denn genau dadurch begreift es auch das Gesamtbild. Demonstrieren Sie einfach Ihre eigenen Strategien. Das ist der beste Weg, um Problemlösung nachhaltig zu lehren. Hören Sie Ihrem Kind und anderen gut zu. Überstürzen Sie Ihre Antwort nicht. Beachten Sie alle Optionen, bevor Sie einen Entschluss fassen. Von all diesen Fähigkeiten kann Ihr Kind nur lernen und sich weiterentwickeln.

Imagination

Der beste Übungsplatz für Problemlösung ist die Imagination, wie schon in den vorherigen Kapiteln dieses Buches besprochen. Durch kreatives Spiel kann ein Kind die gleichzeitige Verarbeitung im Gehirn und seine Problemlösungsfähigkeit trainieren. Beim Rollenspiel wird Ihr Kind mit zahlreichen Szenarien konfrontiert, die es zu bewältigen gilt. Seien es zwei Kinder, die dieselbe Rolle spielen wollen oder Kinder, die noch das richtige Material für das Dach ihres Spielhauses suchen. Ihr Kind verwendet wichtige Denkmuster, die es in jeder Hinsicht auch im echten Leben gebrauchen kann, jetzt und für immer. Ein kreatives Kind sollte auf verschiedene Szenarien auch mit verschiedenen Optionen reagieren können. Kindergartenkinder verstehen den Unterschied, was echt und was nur vorgetäuscht ist, sodass kreatives Spiel sehr lustig und albern sein kann. Die Aufmerksamkeit und sequenziellen Fertigkeiten eines Schulkindes sind hingegen schon weiterentwickelt, sodass sie lange und detaillierte Szenarien umsetzen können. Üben Sie Rollenspiel und soziale Interaktion vor allem mit Kindern, die keine Kreativität zeigen. Alle Kinder müssen die Möglichkeit und Motivation für Imagination erhalten.

Kinder können ihre Problemlösung auf kreative Arten üben. Ich persönlich liebe selbst erfundene Theaterstücke als Herausforderung, die eigene Problemlösungsfähigkeiten zu steigern. Die Fragestellung könnte lauten: „Wie können wir unser eigenes Theaterstück von Pinocchio aufführen?" Die Kinder müssen dann über Requisiten und Kostüme nachdenken. Sie können dieses Spiel mit Kisten voll verschiedener Verkleidung unterstützen. Die Kinder können die Ausführung gemeinsam planen und eigenständig Rollen zuweisen. Eltern können verschiedene Bücher (z. B. Comics, historische Bücher) über Pinocchio bereitstellen, sodass Kinder die Charakterzüge analysieren können. Insgesamt kann die Erfindung eines eigenen Theaterstückes ein enormer Lernprozess sein.

 ## Vorteile durch imaginatives Spiel

- *Imagination hilft Kindern dadurch, dass sie über verschiedene Ausgänge und diverse Situationen nachdenken müssen. Und Rollenspiel zeigt, wie man mit schwierigen oder neuen Umständen umgeht.*
- *Imagination vermittelt Kindern praktische Kompetenzen. Vom Einkaufen in einem ausgedachten Supermarkt bis hin zum Verteilen verschiedener Rollen und Dialoge an Puppen, Rollenspiel ist eine hervorragende Übung. Kinder können ihr neu erlerntes Wissen und ihre Fertigkeiten auch in der echten Welt anwenden.*
- *Imagination fördert einen breiten Wortschatz. Erfundene Geschichten zu erzählen und zu hören, Bücher zu lesen und Rollen zu spielen, hilft Kindern, neue Wörter zu lernen.*
- *Imagination lässt Kinder zu kreativen Erwachsenen heranwachsen. Erwachsene, die als Kinder einfallsreich waren, werden häufig zu Problemlösern, Vordenkern und kreativen Köpfen.*

Gerade die simpleren Spielzeuge fördern Kreativität. Nehmen Sie eine Barbie-Puppe als Beispiel. Diese war früher nur in wenigen Ausführungen erhältlich und Kinder konnten so tun, als wäre sie zum Beispiel eine Anwältin oder Pilotin. Die Kinder mussten kreativ werden. Heutzutage haben wir eine Unmenge an verschiedenen Puppen-Ausführungen wie Barbie-Puppen als Flugbegleiterinnen, Ärztinnen, Tierärztinnen, Lehrerinnen und anderes – auf eine bestimmte Weise hemmt das die Phantasiebegabung. Fühlen Sie sich nicht verpflichtet, das neueste Trend-Spielzeug oder ausgeklügelte Elektronik zu kaufen. Halten Sie es einfach und genießen Sie das Erfinden und Konstruieren mit Ihrem Kind.

Zusammenfassen

Die beste Gelegenheit für die Vermittlung von Problemlösungsfähigkeiten sind Gespräche. In unserer Familie nutzen wir das Abendessen zum Üben von Zusammenfassungen. Alle sieben von uns bekommen die Gelegenheit, über ihren Tag zu berichten. Meine Frau und ich geben eine prägnante Zusammenfassung unseres Tages. Wir vereinfachen die Aufgabe für unsere Kinder, indem wir nach dem Besten, Miesesten und Lustigsten, was heute passiert ist, fragen. Die älteren Kinder formulieren einen Einleitungssatz („Heute war ein guter/trauriger/ beängstigender Tag") und unterstützen diesen mit Erklärungen.

Die Benutzung unserer Sprache ist abhängig von unseren organisatorischen Fertigkeiten. Eine gut organisierte Zusammenfassung reflektiert nicht nur das Interesse der Zuhörer, sondern auch das Gesamtbild. Eine gründliche Zusammenfassung beinhaltet folglich nur die prägnantesten Punkte und hat grundsätzlich einen klaren Einleitungssatz, aber sie ist in keinem Fall eine Nacherzählung. Es ist üblich, dass Schulkinder beim Erzählen abdriften, aber Sie können sie dazu motivieren, gründlich vorzugehen. Wenn die Zusammenfassung zu viele nebensächliche Informationen enthält, können Sie diese nochmal zusammenfassen. Dadurch zeigen Sie Ihr Verständnis und geben selbst ein Beispiel für eine gute Zusammenfassung. Ich persönlich schätze die Technik, bei der man dem Zuhörer (a) erst mitteilt, was man beschreiben wird, dann wird (b) beschrieben und (c) wird der Inhalt abschließend nochmal in einem Satz zusammengefasst.

Hören Sie Ihrem Kind gut zu, sodass es seine Gedanken auch wirklich mitteilen möchte. Aktives Zuhören bedeutet, Nachfragen zu stellen und das Gesagte zu reflektieren. Es bedeutet nicht, die Probleme Ihres Kindes zu lösen oder jede Ungenauigkeit zu korrigieren, denn das frustriert Kinder und – ehrlich gesagt – werden Eltern dadurch auch frustriert. Wenn Sie bei etwas widersprechen oder wenn das Gesagte keinen Sinn ergibt, versuchen Sie doch stattdessen, Ihr Kind zu einer Klarstellung zu motivieren (z. B. „Ich verstehe nicht, welche Erwartungen dein Lehrer an den Buchbericht hat." Oder: „Kannst du mir das nochmal erklären? Ich habe nicht verstanden, wie du von der Niederlage zum besten Spieler des Spiels geworden bist."). Indem Sie verdeutlichen, dass Sie etwas nicht verstehen, geben Sie Ihrem Kind die Chance, etwas entweder genauer zu erklären, oder seine Logik zu überdenken, ohne sich eines Fehlers beschuldigt zu fühlen.

Flexibles Denken

Im Gegenzug können auch Sie Ihre persönlichen Dilemmata mit Ihrem Kind teilen. Dabei können Sie Ihr flexibles Denken unter Beweis stellen. Lassen Sie Ihr Kind wissen, wie Sie ein Problem am Arbeitsplatz gelöst haben. Wenn Probleme bei der Terminplanung auftreten, lassen Sie Ihr Kind teilhaben. Fragen Sie nach einer Zweitmeinung und schlagen Sie einen eigenen Lösungsweg vor. Bei der Lösung von Problemen zusammenzuarbeiten, ist eine wertvolle Fähigkeit für ein Kind im Schulalter, das durch die soziale Hierarchie der Grundschule und weiterführenden Schule navigieren muss. Gemeinsame Problemlösung ist eine wertvolle Fertigkeit, aber sie erfordert Perspektivenwechsel und flexibles Denken. Korrekt ausgeführt, hilft diese Fähigkeit Ihrem Kind jedoch bei der Vermeidung von Frustration.

Rechtzeitig für die Schule angezogen zu sein, kann häufig einen andauernden Konflikt zwischen Eltern und Kind heraufbeschwören. Eine Mutter erzählte mir einmal, dass es jeden Morgen eine Konfrontation geben würde. Ihre Achtjährige, erzählte sie, „ist immer zu spät dran, und wenn ich ihr Klamotten rauslege, findet sie diese hässlich und weigert sich, sie anzuziehen." Ich habe ihr empfohlen, ihre Tochter die Klamotten aussuchen zu lassen. Aber die Tochter erklärte, dass sie dafür morgens keine Zeit habe – und diese Aussage führte zu einem Aufschrei der Mutter, wie ihre Tochter morgens doch trödeln würde. Ein Kind zu tadeln hilft fast nie. Als ich das Gespräch wieder umgelenkt hatte, fragte ich die Mutter, was sie jeden Tag eigentlich möchte. Sie wollte, dass das Kind jeden Morgen pünktlicher fertig wird. Dann habe ich nach den Wünschen der Tochter gefragt. Sie wollte ihre Kleidung selbst aussuchen, hatte dafür aber morgens keine Zeit. Dann habe ich das Dilemma dargestellt: „Wie könntest du dir morgens mehr Zeit zum Fertigmachen verschaffen, damit dich deine Mutter morgens in Ruhe lassen kann?" Das kleine Mädchen schlug anschließend eigenständig vor, ihre Kleidung am Vorabend rauszulegen, sodass sie diese am nächsten Morgen direkt anziehen könne. Bemerken Sie den Unterschied zwischen gemeinsamer Problemlösung und Kompromissen? Bei der gemeinsamen Problemlösung vermitteln wir, wie alle Beteiligten auf ihre Kosten kommen können (pünktlich sein und Klamotten selbst aussuchen). In einem Kompromiss müssten beide etwas geben, wie beispielsweise zu spät zur Schule zu fahren, aber das wäre keine adäquate Lösung. Manchmal sind Kompromisse wichtig, aber gemeinsame Problemlösung ist ein weitaus mächtigeres Werkzeug des flexiblen Denkens.

Perspektivenwechsel

Die Kunst gemeinschaftlicher Problemlösung erfordert vor allem eine ausgereifte Fähigkeit, andere Perspektiven einzunehmen. Denn um eine Lösung oder einen Kompromiss zu treffen, muss man die Wünsche des anderen verstehen können. Betrachten Sie zwei Drittklässler, die während der Pause zusammen auf dem Schulhof spielen. Das eine Kind schlägt vor, „Der Boden ist Lava" zu spielen". Das andere Kind sagt jedoch: „Wir spielen immer ‚Der Boden ist Lava'. Das Spiel ist dumm." Kind 1 kann an diesem Punkt (a) Kind Nummer 2 „dumm" nennen und ihm Rindenmulch in das Gesicht werfen oder (b) eine Lösung finden. Um das Problem zu lösen, muss es erst darüber nachdenken, was Kind 2 spielen möchte: „Ich mag ‚Der Boden ist Lava' sehr gerne, aber was würdest du gerne spielen?" Kind 2 betrachtet nun die eigenen Optionen und entscheidet sich für „Fangen". „Großartig", sagt Kind Nummer 1, „ich mag Fangen auch. Lass uns diese Pause Fangen spielen und nächste Pause ‚Der Boden ist Lava'." Problem gelöst. Beide Kinder bekommen, was sie wollen und Konflikte wurden vermieden. Es braucht Jahre, um Perspektivenwechsel und gemeinsame Problemlösung zu erlernen. Ihre Aufgabe ist es, Möglichkeiten zur Übung dieser Fähigkeiten zu geben. Das bedeutet, dass Ihr Kind bei Verabredungen mit Gleichaltrigen spielen sollte. Es ist wichtig, dass diese Verabredungen nicht im Vorhinein durchgeplant werden, sodass Kinder selbst Lösungen vorschlagen und Probleme lösen müssen. Da heutzutage nur sehr wenige Kinder die Möglichkeit haben, nach nebenan zu gehen und mit anderen Kindern zu spielen, müssen sie die Verabredungen wahrscheinlich zeitlich planen. Oder noch besser: Sie schlagen eine Verabredung vor und Ihr Kind selbst plant diese zeitlich.

Zeigen Sie Ihrem Kind, wie es ein guter Freund sein kann. Besprechen Sie die Merkmale von Freundschaft: Interessen teilen sowie Bedürfnisse, Wünsche und Gefühle antizipieren. Freunde tun einander Gutes. Also motivieren Sie Ihr Kind darüber nachzudenken, wie es die eigenen Freunde glücklich machen kann, und sich nicht nur um sich selbst zu kümmern. Ihr junges Schulkind arbeitet noch an seinen Fähigkeiten des Teilens und Abwechselns, aber es wird dennoch gelegentlich sehr aufmerksam gegenüber den eigenen Freunden sein. Ihr Kind kann beispielsweise nach einer zweiten Süßigkeit für den Freund fragen. Später wird

Ihr Kind schon am Ende der Grundschule erste gemeinsame „Friedensverträge" verhandeln, bei denen alle Optionen abgewägt und alle Beteiligten zufrieden gestellt werden. Und schon ab der weiterführenden Schule wird Ihr Kind spontan nette Dinge für Freunde tun. Es wird nette Nachrichten schreiben oder Komplimente machen, vielleicht über Geburtstagsgeschenke und andere Nettigkeiten nachdenken. Die Geschicklichkeit bei Freundschaften variiert immens von Kind zu Kind. Und während manche Achtjährige Freunden schon Geschenke machen, lernen andere Jugendliche das Teilen erst noch. Da so viel Variabilität bei den sozialen Fähigkeiten existiert, ist es schwierig, bestimmte Vergleichsmaßstäbe festzulegen. Aber als Eltern können Sie Perspektivenwechsel fördern, indem Sie Ihr Kind zu neuen Freundschaften motivieren.

Mit Langeweile umgehen

Während Verabredungen großartig sind, denken Sie daran, dass auch Langeweile eine positive Antriebskraft ist. Denn Langeweile selbst ist eine Schwierigkeit, die es zu lösen gilt. Ein gelangweiltes Kind muss die Fragestellung „Was kann ich machen?" lösen. Wenn also gerade keine Freunde Zeit haben, lassen Sie Ihr Kind nicht zu Fernsehen oder dem Computer ausweichen. Lassen Sie die Langeweile stattdessen das kreative Spielen und Denken antreiben. Ich habe wirklich Angst, dass Schulkinder heutzutage zu früh aufhören, kreativ und albern zu sein. Denn die Notwendigkeit dieser Fähigkeiten ist durch die ständige Verfügbarkeit von Technologie stark beeinträchtigt. Zu oft haben wir uns als Eltern gezwungen gefühlt, unsere Kinder vor der Langeweile zu retten, indem wir ihnen das iPad im Restaurant geben, ihnen Fernsehen erlauben oder den Nachmittag völlig mit Aktivitäten durchgeplant haben. Stattdessen können Sie auch einfach ein paar Empfehlungen geben und Ihr Kind die Lösungen herausfinden lassen.

Um das Risiko von Langeweile zu reduzieren, können Schüler mentale To-do-Listen erfinden mit Dingen, die sie machen können, wenn es zum Beispiel draußen regnet, oder wenn es Zeit ist, den Fernseher auszuschalten. Wenn Ihr Kind gut gelaunt ist, versuchen Sie doch, mit Brainstorming Ideen für den Fall zu finden, dass Ihr Kind wieder sagt: „Mir ist langweilig." Schlagen Sie ein paar grundsätzliche Gedanken und Ideen vor oder empfehlen Sie die Anfertigung einer Liste mit diversen Optionen und Aktivitäten. Ein sehr organisierter Denker wird immer auf sein mentales Dropdown-Menü von Dingen zugreifen können, die er machen wollte, aber noch keine Zeit gefunden hat. Oder er denkt an Dinge, die ihm in vorherigen Situationen von Langeweile Spaß gemacht haben. Ein kreativer Denker erfindet vielleicht sogar neue Spiele und Geschichten, um die Zeit zu überbrücken.

Um die Beschäftigung Ihres Kindes zu fördern, stellen Sie Zubehör für Kunst und Handwerk bereit, sodass es ein Projekt drinnen oder draußen eigenständig bearbeiten kann. Stellen Sie auch Musikinstrumente zur Verfügung, die es ausprobieren und spielen kann. Wenn Ihr Kind Dinge erfindet, unterstützen Sie diese Kreativität. Regen Sie sich nicht über die Unordnung auf, denn genau diese Förderung der Problemlösung ist elementar, um das organisierte Denken zu entwickeln.

Lehren von Problemlösung

Problemlösung

- *Fördern Sie Unabhängigkeit. Bieten Sie Ihrem Kind die Möglichkeit, altersgerechte Fertigkeiten zu erlernen wie eigenständig schlafen zu gehen, Hausaufgaben zu managen und, wenn es bereit ist, alleine zu Hause zu bleiben.*
- *Fordern Sie Ihr Kind zu neuen Dingen heraus. Neue Aktivitäten wie Vereine, Clubs und Gruppen stellen eine einzigartige Herausforderung für Ihr Kind dar, um sich selbstständig durch die neue Situation und die unausgesprochenen Erwartungen in sozialen Gefügen zu navigieren. Erlauben Sie Ihrem Kind in bestimmten Situationen auch mal Schwierigkeiten zu haben. Vermeiden Sie es, Ihr Kind immer zu „retten", indem Dinge vereinfacht oder selbst erledigt werden.*

Imagination

- *Bieten Sie Anerkennung und Unterstützung für die Kreativität Ihres Kindes und leben Sie Kreativität auch selbst vor. Statt an einem Kindergeburtstag in irgendein „Spiel-Paradies" zu gehen, erfinden Sie spaßige Spiele und Aktivitäten für zu Hause.*
- *Es gibt viele phantasievolle Möglichkeiten, um den Horizont Ihres Kindes zu erweitern; probieren Sie Handwerk, Experimente und Zaubertricks aus.*

Mit Langeweile umgehen

- *Erlauben Sie Ihrem Kind, mit Freizeit und mit Langeweile konfrontiert zu sein. Lücken im Terminplan sind okay. Wenn Langeweile für Ihr Kind ein unüberwindbares Hindernis darstellt (Kind hat Schwierigkeiten auf den mentalen Ordner von spaßigen Aktivitäten zuzugreifen), können Sie neue Aufgaben vorschlagen und unterstützen. Setzen Sie sich mit Ihrem Kind zusammen, wenn es gut gelaunt ist, und listen Sie mögliche Aktivitäten auf, die Ihr Kind gerne macht, wenn es zum Beispiel regnet, ein Freund zu Besuch ist oder Spiele im Garten. Wenn Ihr Kind dann gelangweilt ist, können Sie sich einfach auf die selbsterstellte Liste eigener Ideen beziehen.*
- *Begrenzen Sie den Zugang zu Elektronik, da diese Aktivitäten grundsätzlich minimale Kreativität erfordern.*

Flexibles Denken

- *Üben Sie gemeinsame Problemlösung bei Schwierigkeiten. Fühlen Sie sich ein. Helfen Sie bei der Lösung des Dilemmas (z. B. „Was ist die beste Lösung, damit wir beide zufrieden sind?"). Motivieren Sie Ihr Kind zur Lösung des Problems. Denken Sie daran, dass das kein Kompromiss ist, sondern Problemlösung.*
- *Besprechen Sie Perspektivenwechsel und loben Sie Ihr Kind, wenn es sanft zwischen verschiedenen Perspektiven wechseln kann. Kinder mit sehr inflexiblem Verhalten müssen vor einer Planänderung gewarnt werden. Hierfür kann ein Ticket-System eingeführt werden. Ein Elternteil händigt dem Kind ein „Ticket" als Warnung für eine Planänderung aus. Zwei Minuten später kann das Elternteil die Planänderung besprechen. Wenn das Kind die Änderung reibungslos bewältigt, kann das Ticket abends gegen eine kleine Belohnung eingetauscht werden.*

Sprache der Problemlösung

- *Besprechen Sie mit Ihrem Schulkind Redewendungen, um herauszufinden, ob es die Doppeldeutigkeit versteht.*
- *Eltern und Lehrer können Vergleiche und Metaphern verwenden, um die komplexe Denkfähigkeit von Schülern zu fördern.*

Zusammenfassen

■ *Ermuntern Sie Ihr Kind zum Zusammenfassen. Seien Sie geduldig und hören Sie den Erklärungen genau zu. Fassen Sie auch selbst stetig Themen zusammen. Denken Sie an die Regel: zuerst wird gesagt, was beschrieben wird, dann wird beschrieben und abschließend wird der Inhalt nochmal in einem Satz zusammengefasst. Wenn Ihr Kind abdriftet, geben Sie Ihre Verwirrung zu und stellen Sie eine gezielte Frage, um ihm zu helfen, seine Antwort zu fokussieren.*

Perspektivenwechsel

■ *Sprechen Sie über die Gefühle anderer Kinder. Seien Sie auch im Alltag achtsam und erklären Sie die Emotionen anderer. Loben Sie Ihr Kind, wenn es etwas tut, um Sie oder andere glücklich zu machen.*

■ *Besprechen Sie auch weiterhin die Perspektiven von anderen. Kinder im Schulalter können auch Situationen mit Gleichaltrigen diskutieren. Schüler und Jugendliche weiterführender Schulen können motiviert werden, auch schon die verschiedenen Sichtweisen von Erwachsenen zu erkunden.*

■ *Geben Sie Ihrem Kind die Möglichkeit zu Interaktion mit Gleichaltrigen. Anfangs können Treffen kurz und auf eine Zielaktivität fokussiert sein, wie in den Park oder in die Bücherei zu gehen. Sobald Kinder ihre soziale Wahrnehmung weiterentwickeln, können sie sich verabreden und ihre soziale Interaktion eigenständig trainieren. Begrenzen Sie diese Verabredungen vorerst zeitlich, sodass das Treffen auch mit guter Laune positiv endet. Gruppenspiele können hingegen schwieriger sein. Führen Sie Ihr Kind schrittweise in Gruppenaktivitäten ein.*

■ *Vermitteln Sie, wie man Freundschaften eingeht. Zeigen Sie Ihrem Kind, dass Freundschaften immer auch gemeinsame Erfahrungen, Interessen, Perspektivenwechsel und eine grundsätzliche Aufmerksamkeit dem anderen gegenüber erfordern. Und um aufmerksam zu sein, muss man die Bedürfnisse, Hoffnungen und Ziele des anderen antizipieren.*

✎ Tipps für reibungslose Übergänge zwischen Aktivitäten

- *Eltern und Lehrer können Schüler auf Übergänge von der einen auf die andere Aktivität vorbereiten, indem sie Zeitpläne, Routinen, Vorankündigungen und Vorschau-Strategien benutzen.*
- *Um Kindern, die Schwierigkeiten mit dem Beginn neuer Aufgaben haben, zu helfen, können Eltern und Lehrer Zeitpläne und einleitende Aufgaben einführen.*
- *Sprechen Sie über Übergänge mit Ihrem Kind und loben Sie es, wenn es reibungsfrei von einer Aufgabe zur nächsten wechselt.*
- *Kinder stellen sich leichter auf Neues ein, wenn der Zeitablauf vorhersehbar ist. Wenn ein Kind mangelnde Organisationsfähigkeit aufweist, kann eine Morgen-Routine helfen, die eine Vorschau über die Aktivitäten des Tages bietet. Sobald das funktioniert, können Sie schrittweise Variationen einführen.*
- *Lehrer können flexibles Verhalten fördern, indem sie in der Schule Routinen einführen und ein Umfeld schaffen, das vorhersehbar ist.*
- *Regeln sollten klar dargestellt und beständig durchgesetzt werden.*
- *Zeitpläne und Aufgaben sollten täglich erläutert werden.*
- *Bei Änderungen des Zeitplans sollten die Schüler zu Aufmerksamkeit aufgefordert werden.*
- *Veränderungen im Klassenzimmer, wie zum Beispiel eine neue Sitzordnung, sollte vorher angekündigt werden.*

Kapitel 7

KAPITEL 7

Erziehung eines organisierten Teenagers: Vorbereitung für den Start ins Leben

Ihr Kind wird also erwachsen und so wie es mehr und mehr reift, ändert sich Ihre Rolle als Elternteil. Während Sie in der Grundschule noch ein Coach, in den ersten Jahren der weiterführenden Schule ein Manager waren, hat sich Ihre Rolle jetzt zu einem Berater weiterentwickelt. Ein Berater ist da, wenn Hilfe benötigt wird oder sich ein Problem ergibt. In den ersten Jahren der weiterführenden Schule braucht ein Schüler noch Anleitung, aber ein erfolgreicher Teenager, der klare Regeln und Grenzen vermittelt bekommen hat, kann viel unabhängiger agieren. Reifen Teenagern kann zugetraut werden, auch länger allein zu Hause zu bleiben und ihre Hausaufgaben selbstständig zu erledigen. Einem verantwortlichen Teenager kann außerdem zugetraut werden, Zeit mit Freunden zu verbringen und Ärger fern zu bleiben. Eltern sollten bei Teenagern vor allem zwei elementare Fragen berücksichtigen: (1) Geben Sie Ihrem Kind genug Freiraum, sodass es sich zu einem unabhängigen Erwachsenen entwickeln kann? Und: (2) Haben Sie einen reifen Teenager? Denken Sie daran, dass Alter und Entwicklung zwei verschiedene Dinge sind. Nur weil jemand 13 oder 14 Jahre alt wird und physisch diesem Alter entspricht, heißt das nicht, dass die Person auch mental auf diesem Level ist. Manche Teenager, vor allem junge, benötigen mehr Anleitung als andere. Seien Sie bei der Unterstützung respektvoll, beständig und erklären Sie, warum ein bisschen Assistenz einen Sinn hat.

Die Teenager-Jahre sind voller emotionaler Turbulenzen und Veränderung. Die Hormonveränderungen, die Teenager erleben, verstärken jeden Moment: lustig ist lustiger, verärgert ist verärgerter, traurig ist trauriger und albern ist alberner. Währenddessen scheint sich alles im Leben eines Teenagers zu verändern. Ihre Körper werden größer, muskulöser oder kurviger und sogar haariger. Sie kommen in die Oberstufe oder in eine Ausbildung und die Freundesgruppen ändern sich. Hausaufgaben werden mehr und fordern sie stärker heraus. Sie gehen zu Fußballspielen, fangen an zu tanzen. Manche fangen schon mit dem Autofahren an oder haben einen Nebenjob. Und ja, manche Teenager gehen aus. Dinge ändern sich für Teenager und dennoch ist nicht jeder entwicklungstechnisch bereit für diese Veränderungen.

Es ist wichtig zu wissen, was Ihr Jugendlicher kann und was nicht. Und die beste Möglichkeit das herauszufinden, besteht darin, Unabhängigkeit zu bieten. Sobald Ihr Kind zu einem Teenager herangewachsen ist, sollte es stärker unabhängig sein als abhängig. Die meisten Jugendlichen wachen eigenständig auf und bereiten sich pünktlich für die Schule vor. Sie können Mahlzeiten zubereiten und sie haben ihr eigenes Sozialleben. Und während sich ihre Fähigkeiten entwickeln, erhöhen sich die Anforderungen an sie enorm. In der Schule haben sie mehr Kurse, in denen sie selbstständig mitschreiben müssen, und Lehrer erwarten die Bearbeitung langfristiger Projekte. In der Oberstufe hören viele Lehrer auf, Zeitpläne vorzuschlagen und erwarten, dass die Schüler ihre Zeit eigenständig einteilen. Zusätzlich zu ihren Verantwortungen in der Schule müssen Teenager ihre außerschulischen Aktivitäten und ihr zunehmend bedeutenderes Sozialleben verwalten. Eine beständige Erziehung lässt die Höhen und Tiefen der Jugend natürlich zu, aber sie kann das Leben für einen heranwachsenden Jugendlichen doch vorhersehbarer und beruhigender machen.

Schritt 1: Sei beständig

Beständige Struktur

Eltern sollten nicht nur beständig bei Erwartungen und Regeln sein, sondern auch mit ihren Emotionen, denn viele Teenager werden Schwierigkeiten haben, ihre Emotionen unter Kontrolle zu halten. Wie Kinder jeden Alters werden Teenager ein besseres Verhältnis mit beständigen Eltern haben. Aber im Gegensatz zu jüngeren Kindern können die unmittelbaren Konsequenzen unbeständiger Erziehung noch viel gefährlicher sein. Eltern, die beispielsweise keine klare Botschaft über Alkoholkonsum und Rauchen senden, oder selbst kein gutes Verhalten an den Tag legen, müssen sich vielleicht auf eine unerwartete Party einstellen, wenn sie einmal das Zuhause verlassen.

Teenager werden die Grenzen jeder Person austesten – auch ihre eigenen. Und ohne Strukturen werden sie oft Entscheidungen treffen, die sehr kritisch für sie sind. Es gibt fundamentale Rahmenbedingungen, die für ihre Gesundheit nötig sind: Schlaf, Sport und Ernährung. Das sind die gleichen Themen, die auch bei Säuglingen und Kleinkindern bedeutend waren, aber für Teenager sind sie noch signifikanter. Jugendliche müssen Leistung bringen, sei es beispielsweise im Sport oder akademisch für die vielen Kurse und umfangreichen Klausuren. Und wenn sich Teenager nicht darum kümmern, erreichen sie vielleicht weniger als eigentlich möglich ist. Zusätzlich werden die Gewohnheiten, die Jugendliche in diesem Alter entwickeln, sehr wahrscheinlich bis in die Universität oder Ausbildung beibehalten, wo sie dann keine Aufsicht mehr über Ihr Kind haben. Daher ist es umso bedeutender, wichtige Grenzen beständig zu betonen und zu festigen. Aber wie legen Eltern bei einem Teenager Grenzen fest, der sich nichts sagen lässt? Statt Ihrem Teenager vorzuschreiben, was er essen soll, bestehen Sie auf ein gemeinsames Familien-Abendessen und servieren Sie dann gesundes Essen. Sie können Streitigkeiten über die Schlafenszeit verhindern, indem Sie einfach die Bildschirmzeit limitieren, wie beispielsweise keine Smartphones und iPads nach 21:00 Uhr (und halten Sie sich als Elternteil natürlich auch daran), sodass abends nicht mehr viel zu tun ist, außer ins Bett zu gehen. Eine weitere Möglichkeit, um zu verhindern, dass Ihr Kind zu lang aufbleibt, besteht darin, die Schlafenszeit an Wochenenden morgens zu begrenzen. Wenn die Familie um 9 Uhr aufsteht, um im Haushalt zu arbeiten, einen Ausflug zu starten, in die Kirche zu gehen oder den Markt zu besuchen, muss Ihr Kind auch früher schlafen gehen. Welche Strategie Sie auch immer auswählen, machen Sie es beständig.

Jugendliche wollen häufig wissen, warum sie bestimmte Regeln befolgen müssen, aber Eltern wollen sich nicht die ganze Zeit erklären. Indem Regeln, die das Gesamtbild berücksichtigen, beständig angewandt werden, sind sich wiederholende Erklärungen überflüssig, weil die Regel einfach Sinn ergibt. Wenn ich meine Kinder abends bitte, zu Hause zu bleiben, erkläre ich es damit, dass nach Mitternacht „miese Sachen' passieren können. Wenn Vorfälle passieren, nehme ich mir Zeit, um mit meinen Kinder über den Zeitungsartikel zu sprechen. Wir sprechen über betrunkene Fahrer oder schlechte Entscheidungen, die von Teenagern getroffen wurden, die zu einem Unfall oder zu Verletzungen geführt haben, was scheinbar immer spät abends passiert. Ich versuche zu erklären, dass es sinnlos ist, noch spät abends unterwegs zu sein, und wenn Menschen müde sind, ist ihre Urteilsfähigkeit beeinträchtigt. Indem Regeln, die das Gesamtbild reflektieren, konsequent betont werden, können Eltern folglich potenziell streitauslösende und verärgernde Aussagen wie: „Weil ich das so sage." vermeiden. Denn auch Teenager besitzen die Vernunft und Logik, um solche elementaren Regeln ohne Diskussion anzuerkennen.

Beständige Emotionen

Teenager werden gelegentlich Fehler machen. Und beständige Eltern reagieren nur mit den natürlichen Konsequenzen, nicht unbedingt mit einer Bestrafung. Bestrafung geht gewöhnlich mit Verärgerung und Widerstand einher. Wenn ein Teenager zum Beispiel gefährlich Auto fährt, sollten ihn Eltern nicht fahren lassen. Denn wenn man das Gesamtbild betrachtet, ist die wichtigste Aufgabe der Eltern, ihr Kind in Sicherheit zu wissen. Wenn ein Teenager also nicht die Reife zeigt, die für das Fahren nötig ist, indem dieser beispielsweise zu laut Radio hört, keinen Sicherheitsgurt benutzt oder zu viele Freunde gleichzeitig mitnimmt, ist die natürliche Konsequenz, dass der Teenager nicht mehr fahren darf, bis die nötige Reife erkennbar ist. Den Jugendlichen mit einem Monat Hausarrest für ein Fahrvergehen zu bestrafen, würde hingegen über das Ziel hinaus gehen. Tatsächlich ist es vielleicht gerade gut, ihn mit der Frustration, einen Monat nicht fahren zu dürfen, rausgehen zu lassen.

Während der Teenager-Jahre wird Ihr Kind nach Unabhängigkeit suchen und seine eigene Identität festigen wollen. Diese Transformation passiert inmitten hormoneller Schwankungen. Und diese hormonelle Veränderung kann extrem schwankende Emotionen auslösen. Nun, viele von uns haben negative Erfahrungen mit den Emotionen eines Teenagers. Aber ein Teenager zu sein, kann eben auch sehr spaßig sein; es ist wie eine Achterbahnfahrt mit Höhen und Tiefen und unerwarteten Kurven, und das sollte man respektieren. Ich vermisse so manche lustigen Erlebnisse, die ich erlebt habe, als ich noch Teenager war. Als Erwachsener kann man sich gar nicht mehr vorstellen, auf der Rückbank eines Autos mit seinen Kumpels zu sitzen und über einen blöden Witz lautstark zu lachen – und das während einer ganze dreißig Minuten dauernden Autofahrt. Teenager sind ungehemmt und mit den Lachfluten kommt plötzliche intensive Traurigkeit und Wut. Aufgrund der Tatsache, dass Teenager wahrscheinlich emotional instabil sind, ist es umso wichtiger, dass Eltern Selbstkontrolle in stressigen Situationen zeigen. Wenn Ihr Teenager in einer Situation überreagiert, bleiben Sie ruhig. Vermeiden Sie jegliche Schreiduelle. Als Vater von fünf wundervollen und willensstarken Kindern weiß ich, wie schwierig das sein kann. Aber ich habe erkannt, dass es mir hilft, mich immer wieder an einige Prinzipien zu erinnern.

- *Alle Menschen wollen akzeptiert und nicht verurteilt werden. Dieses Prinzip ist insbesondere für Teenager wichtig, denn in dieser Entwicklungsphase versuchen sie ihre Identität zu festigen.*
- *Fokussieren Sie sich auf das Gesamtbild. Es ist sehr einfach, sich von scheinbar unlogischen und irrationalen Aussagen von Teenagern während einer Auseinandersetzung ablenken zu lassen. Manchmal suchen sie sogar in Beschimpfungen und schmutziger Sprache Zuflucht. Dieses Problem kann später in einem ruhigeren und rationaleren Moment angesprochen werden (obwohl es okay ist, darauf hinzuweisen, wie: „Lass uns Beschimpfungen vermeiden.")*. *Also denken Sie bei einer solchen Auseinandersetzung an das Gesamtbild.*
- *Finden Sie Gemeinsamkeiten; sagen Sie zum Beispiel: „Wir wollen doch beide, dass du bei der Klausur gut abschneidest.", „Meine größte Sorge ist deine Sicherheit." Oder: „Du hast Probleme mit deiner Gesundheit, wenn du lange wach bleibst."*
- *Seien Sie beständig! Jetzt brauchen Teenager beständige Regeln, Grenzen und Rahmenbedingungen mehr denn je.*

👍 Empfehlungen für eine beständige Erziehung

Beständige Struktur

- *Regeln (z. B. nachts nicht mehr rausgehen, Limitierung der Bildschirmzeit) sollten Ihrem Teenager klar verdeutlicht werden, um das Gesamtbild zu betonen. Und diese Regeln sollten beständig und konsequent gefestigt werden.*
- *Erwarten Sie, dass Ihr Teenager regelmäßig im Haushalt mithilft, sodass er die Übernahme von Verantwortung und die Balance von Schule, Freunden und Familie lernt.*
- *Betonen Sie die wichtigen Prinzipien von Gesundheit (Schlaf, Sport und Ernährung), Bildung und Hilfe im Haushalt.*
- *Verdeutlichen Sie einem reifen Teenager, dass er, solange er seinen Verpflichtungen nachkommt, selbst entscheiden darf, wie er seine Zeit verbringt.*
- *Vermeiden Sie Bestrafung, aber zeigen Sie natürliche Konsequenzen.*
- *Untergraben Sie keine gesellschaftlichen Regeln oder Gesetze, indem Sie diese vor Ihrem Teenager brechen und beispielsweise über eine rote Ampel fahren, das Handy am Steuer benutzen, lügen oder sich krankmelden, wenn*

Sie gar nicht krank sind. Denn Respekt vor diesen wichtigen Regeln bietet Ihrem Teenager Sicherheit, wenn er auf sich allein gestellt ist.

- *Die meisten Teenager sollten im Alter von 18 Jahren recht unabhängig sein. Um Sie auf diese Unabhängigkeit vorzubereiten, sollte sich die Rolle der Eltern während der Teenagerjahre ändern: Von einem Manager zu einem Berater, der verfügbar ist, wenn er gebraucht wird.*
- *Zeigen Sie beständige Emotionen, wenn Sie bei Uneinigkeiten oder in stressigen Situationen reagieren.*

Schritt 2: Führe Ordnung ein

Die Teenagerjahre sind eine Phase voller Veränderung, sowohl für Teenager, als auch für Eltern. Ein zentrales Erziehungsziel besteht darin, ihr Kind mit 18 Jahren auf die Universität oder eine andere Weiterbildung vorbereitet zu haben. Diesen Meilenstein zu erreichen, fordert sowohl wachsende Unabhängigkeit des Teenagers, als auch die Abgabe der Kontrolle durch die Eltern. Das ist ein subtiler Akt der Balance. Eltern wollen ihre Kontrolle nicht zu früh aufgeben, sodass ihr Teenager mit den Konsequenzen von zu viel Unabhängigkeit Schwierigkeiten hat. Aber sie wollen auch nicht zu viel Kontrolle haben, sodass die Entwicklung ihres Teenagers unterdrückt wird.

Raul hat einen sehr guten Schulabschluss gemacht und wurde an einer renommierten Universität angenommen. Jedoch wurde er in der Oberstufe zu viel von seinen Eltern unterstützt. In der Oberstufe haben ihm seine Eltern jeden Abend fünf Stunden lang bei den Hausaufgaben assistiert. Wenn Aufgaben gefehlt haben, haben seine Eltern Rauls Lehrer angerufen. Es wurden soviel Anstrengungen in die Hausaufgaben gesteckt, dass er an keinen Schulaktivitäten teilnahm oder Freundschaften entwickelte. Nach drei Monaten an der Universität bekommen seine Eltern mit, dass er Vorlesungen geschwänzt und schlechte Noten bekommen hat. Sein Vater ist anschließend in sein Zimmer im Studentenwohnheim gezogen und schlief buchstäblich auf dem Boden zwischen zwei Zimmergenossen während drei Tagen pro Woche, sodass er sicherstellen konnte, das Raul pünktlich aufwacht und bei den Vorlesungen erscheint. Weil er darauf nicht vorbereitet war, seine eigenen Routinen zeitlich zu planen, kehrte Raul nach Hause zurück, nachdem er nicht einmal ein Jahr an der Universität absolviert hatte.

Leider habe ich zahlreiche Familien getroffen, in denen Teenager mit enormer Hilfe der Eltern gute Noten in der Oberstufe bekommen haben und an einer renommierten Universität angenommen wurden, nur um im ersten Jahr zu scheitern, weil sie die eigene Zeit nicht managen konnten. Zeit, die eigentlich für das Lernen benutzt werden sollte, wurde häufig mit Spielen verbracht. Die Rolle der Eltern in den mittleren und letzten Teenagerjahren ist die eines Beraters. Und die Aufgabe der Teenager ist anfangs, sich entsprechend beraten zu lassen (z. B. „Darf ich bis 23:00 Uhr unterwegs sein?", „Kann ich mit Jonas ins Kino gehen?' Oder: „Kannst du dir die Zusammenfassung von meinem Aufsatz anschauen?"). In den späteren Teenagerjahren sollte diese Beratung allmählich abnehmen. Aber gelegentlich wird sie immer noch nötig sein, selbst bei Studenten (z. B. „Was sollte ich in meinem Bewerbungsgespräch fragen?" Oder: „Wie sollte ich mit dem Problem mit meinem Zimmergenossen umgehen?").

Zeitmanagement

Die sequenziellen Fertigkeiten, auf die sich ein Teenager fokussieren sollte, sind Zeitmanagement und ein „Closer" zu werden. Hausaufgaben fordern beide dieser Fertigkeiten; Schüler müssen Arbeitsaufträge im Auge behalten und sie rechtzeitig einreichen. Jüngere Teenager brauchen möglicherweise noch ein paar Erinnerungen, um ihre Arbeit fertigzustellen, aber ältere Teenager sollten lernen, unabhängig zu agieren (für die verschiedenen Ebenen der Hausaufgabenunterstützung durch die Eltern: siehe im vorherigen Kapitel 6: „Erziehung eines organisierten Schülers"). Teenager leisten häufig Widerstand gegen Aufforderungen und Motivation durch die Eltern, aber sind eher empfänglich für die Unterstützung eines Tutors, eines Lehrers oder eines älteren Schülers. Wenn Sie das Glück haben, einen Teenager zu erziehen, der auf Ihren Rat hört, nutzen Sie diese Möglichkeit gut, um wertvolle Lektionen zu vermitteln. Aber seien Sie auch vorsichtig, nicht zu viel zu vermitteln oder zu stark in die Schulangelegenheiten einzugreifen. Helfen Sie stattdessen bei der Einrichtung von Erfassungssystemen wie Kalendern und Aufgabenheften. Oder vermitteln Sie Routinen, wie regelmäßig auf den Online-Terminkalender zu schauen, den die Schule vielleicht benutzt. Gute Gewohnheiten und Routinen-Management zu vermitteln, ist langfristig gesehen wirklich wertvoll für Ihren Teenager.

Eltern können die Entwicklung des zeitlichen Bewusstseins fördern, indem Sie im Alltag Fristen setzen. Zum Beispiel: „Die Mülltonnen müssen spätestens rausgestellt werden, bis es dunkel ist.", „Decke den Tisch bitte bis 17:00 Uhr." Oder: „Sei um 22:00 Uhr zu Hause." Solche Fristen erlauben es Schülern, ihr eigenes Zeitmanagement bei Aufgaben zu üben, die noch nicht so bedeutend sind. Diese Fähigkeit wird bei Hausaufgaben und beim Lernen für Klausuren umso wichtiger.

Schüler, die bei der Einhaltung von Fristen Schwierigkeiten haben, sollten „Rückwärtsplanung" üben. Diese Organisationsmethode startet mit einem Ziel (z. B. um 22:00 Uhr schlafen zu gehen) und dann wird der Plan rückwärts konstruiert. Zähne putzen: 5 Minuten, 21:55. Dusche: 20 Minuten, 21:35. Eine Sendung anschauen: 30 Minuten, 21:05. Schulranzen für den nächsten Tag vorbereiten: 10 Minuten, 20:55. Mathehausaufgaben: 60 Minuten, 19:55. Englischhausaufgaben : 30 Minuten und eine 10-Minuten-Pause, 19:15. Abendessen und Aufräumen: 45 Minuten, 18:30. Geschichtshausaufgaben: 45 Minuten, 17:45 Uhr. Diese Übung zeigt, wie ein Schüler Hausaufgaben erledigen kann, pünktlich schlafen geht und trotzdem drei Stunden Freizeit nach der Schule für Sport oder andere Unterhaltung hat. Manche Kinder passen diesen Zeitplan so an, dass sie längere Pausen haben. Andere, die beispielsweise Medikamente für Aufmerksamkeit nehmen müssen, die früh an Wirkung verlieren, erledigen ihre Hausaufgaben lieber direkt nach der Schule, sodass sie mehr Freizeit am Abend haben. Bei der Frist zu starten und schrittweise „zurückzuplanen", ist also der Schlüssel für gutes Zeitmanagement.

Sie können Ihren Teenager auch weiterhin mit Zeitplänen unterstützen. Die Etablierung von Routinen wird komplizierter, jetzt da es mehr Aktivitäten nach der Schule und mehr Freundschaften gibt. Dennoch ist die Vermittlung von Zeitplänen eine wichtige Lektion. Versuchen Sie, geregelte Zeiten für das Abendessen, Familientreffen, bildschirmfreie Zeiten und andere Familienaktivitäten einzuführen. Ein gemeinsamer Online-Kalender kann Ihren Teenager über Termine wie Arztbesuche, Verantwortlichkeiten sowie Ferien informieren und dabei ausgeklügelte Organisationsfähigkeit demonstrieren.

Vollenden

Wie schon unter dem Abschnitt zu „Closer" besprochen, ist das sichere Vollenden von Aufgaben eine extrem hilfreiche Fertigkeit für Schüler. Insbesondere bis zur Universität oder einer anderen Ausbildung sollte Ihr Teenager zu einem „Closer" herangereift sein. Nochmal, „Closing" (aus dem Englischen = abschließen, vollenden) ist die Fähigkeit, ein Projekt sorgfältig abzuschließen. Lehren Sie Ihren Teenager, dass jede Aufgabe ordentlich und vollständig bearbeitet werden sollte. Diese Fertigkeit ist nicht nur in der Universität oder einer anderen Weiterbildung wichtig, sondern auch im Leben. Im Alltag lässt sich das auf übliche Aktivitäten übertragen wie das Aufräumen der Küche, nachdem gekocht wurde, oder gewaschene Kleidung zu falten und einzuräumen. Die Fähigkeiten sind aber auch in der Schule wichtig, wie zum Beispiel die Überarbeitung von Aufsätzen. Klausuren werden nochmals kontrolliert und Hausarbeiten rechtzeitig eingereicht.

Trainieren Sie die Unabhängigkeit Ihres Teenagers, indem Sie ihm immer mehr Verantwortung übertragen. Am Ende der Oberstufe sollte ein Teenager eine Aufgabe von Anfang bis Ende fertigstellen. Fördern Sie diese Fertigkeit, indem Sie Ihr Kind alltägliche Aufgaben selbst übernehmen lassen, wie einen Schreibtisch aufzubauen oder Essen zuzubereiten. Denken Sie daran, dass die Fertigstellung von Aufgaben auch das Aufräumen beinhaltet. Vergessen Sie niemals, Ihrem Teenager Komplimente zu machen, wenn dieser Unabhängigkeit und Verantwortung bei eigenen Projekten demonstriert. Vielleicht wird Ihr Kind erkennen, dass man Fertigstellung in einem Bereich (z. B. Zubereitung eines Essens) von der Struktur her auch auf andere Bereiche wie die Schule und Hausarbeiten übertragen kann.

Empfehlungen für das Verständnis zeitlicher Ordnung

Zeitmanagement

- *Anstatt die Aktivitäten Ihres Teens penibel zu verwalten, versuchen Sie lieber mit Organisationssystemen wie Kalendern und Aufgabenlisten auf dem Smartphone die Unabhängigkeit zu fördern.*
- *Kalender sollten benutzt werden, um Termine, Übungsstunden, Fristen und Mithilfe bei der Hausarbeit zu verfolgen. In der Oberstufe sollten fortgeschrittene Schüler ihren eigenen Kalender organisieren, während sie, wenn nötig, immer noch Zugang zum Familienkalender haben.*

- *Motivieren Sie zur Übernahme von Verantwortung in der Familie (z. B. Möbel nach Anleitung aufbauen, Wäsche waschen, Autos putzen, Mahlzeiten zubereiten).*
- *Fristen betonen die Bedeutung von Zeitmanagement. Legen Sie Fristen für jede Aufgabe fest (z. B. Zimmer bis Mittag aufräumen, um 18:00 Uhr zu Hause sein).*
- *Trainieren Sie „Rückwärtsplanung". In anderen Worten: Wenn man einen Termin um 17:00 Uhr hat, wann muss mit anderen Aufgaben (z. B. Hausaufgaben, Anziehen, irgendwelche Ausrüstung einpacken) angefangen werden, um pünktlich zu sein und dabei Variablen wie Verkehr und Parkplatzsuche zu berücksichtigen?*

„Closing"

- *Stellen Sie sicher, dass Ihr Teenager ein Projekt von Anfang bis Ende durchzieht. Betonen Sie die Bedeutung der Fertigstellung eines Projektes, indem Sie beispielsweise zur gründlichen Überarbeitung von Aufsätzen oder Aufräumen motivieren.*

Beständigkeit

- *Seien Sie weiterhin mit Regeln beständig. Denken Sie daran, dass Ursache und Wirkung die einfachste Sequenz ist. Daher sind natürliche Konsequenzen für das Verhalten eines Schülers eine wichtige Lektion.*

Fähigkeiten für das Leben

- *Bevor Ihr Teenager zur Universität oder dem weiteren Bildungsweg aufbricht, sollten die folgenden angemessenen Haushaltsarbeiten beherrscht werden, die für ein unabhängiges Leben nötig sind:*
- *Bett täglich machen*
- *Bettwäsche regelmäßig wechseln*
- *Wäsche waschen und Klamotten in Umkleide oder Schrank einordnen*
- *Müll rechtzeitig rausbringen und Müllbeutel austauschen*
- *Müll angemessen trennen*
- *Boden fegen und wischen sowie Teppiche staubsaugen*
- *Dusche reinigen, um Verkalkung und Schimmel vorzubeugen*
- *Toilette mit Saugglocke reinigen*

- *Thermostat und Beleuchtung regulieren, wenn die Wohnung verlassen wird, um Energie zu sparen*
- *Glühlampen und Batterien austauschen*
- *Verantwortungsvoller Umgang mit Geld und Verwaltung von Konten und Sparbüchern*
- *Zubereitung von simplen Mahlzeiten*

Schritt 3: Teile allem einen Platz zu

Das Prinzip, allem einen Platz zuzuteilen, gilt für einen Teenager genauso wie für ein jüngeres Schulkind, ist jedoch noch umfangreicher. Teenager werden weiterhin aufräumen und ihre Unterrichtsmaterialien verwalten müssen, aber sie müssen sich nun auch um wertvolle Gegenstände kümmern. So ist es wichtig, den Überblick über Portemonnaies, Autoschlüssel, Hausaufgaben und Technik wie Smartphones, Tablets und Laptops zu bewahren.

Als ich mit dem Fahren begann, verlegte ich häufig meinen Autoschlüssel. Es wäre klug gewesen, den Schlüssel an einer Kette zu befestigen oder einen bestimmten Platz dafür festzulegen, um dieses Problem zu lösen. Meine Lösung mit 16 Jahren war es hingegen, einen Kleiderbügel hinter meiner Stoßstange zu verstecken. Das hat funktioniert. Wenn mein Autoschlüssel wieder einmal verloren war, holte ich den Kleiderbügel hervor und öffnete mit ihm die Fahrertür durch den kleinen Schlitz. Dann brauchte ich nur noch den Ersatzschlüssel unter der Fußmatte hervorzuholen und konnte mit meinem bordeauxroten Kombi losfahren. Als ich meine Frau kennenlernte, schenkte sie mir einen kleinen Korb, den wir neben die Tür stellten. In 25 Jahren Ehe habe ich kein einziges Mal meinen Autoschlüssel verlegt. „Teile allem einen Platz zu" ist eine wichtige Lektion für uns alle. Und insgesamt ist das doch viel einfacher, als ein Auto mit einem Kleiderbügel zu öffnen.

Wenn Ihr Kind in die Teenagerjahre kommt, wird es sehr wahrscheinlich die visuellen Verarbeitungsfähigkeiten des Gehirns (Fähigkeit, visuelle Informationen einzuordnen und zu deuten) haben, um sich selbstständig zu organisieren. Und sie meistern jetzt immer mehr wertvolle Fähigkeiten. Teenager müssen Verantwortung übernehmen; für die räumliche Organisation bedeutet das, den Überblick zu behalten und ordentlich zu sein. Ordentlichkeit ist nicht auf ein sauberes Zimmer begrenzt; sie beinhaltet auch Ordner, Notizen und Schulunterlagen. Eltern können ihren Kindern diese Fähigkeit vermitteln, indem sie beständige Erwartungen an sie richten. Einem Teenager etwas zu vermitteln, ist nicht immer einfach. Folglich müssen Eltern Erwartungen auf eine Weise stellen, die nicht übergenau ist und Schülern auch Fehler auf dem Weg zur Unabhängigkeit erlaubt.

Die größte visuell-räumliche Herausforderung ist für Teenager das Aufräumen ihres Zimmers. Wie die meisten visuell-räumlichen Aufgaben kann das Aufräumen in Teilabschnitte eingeteilt werden. Als erstes lotet man aus, was in das Zimmer gehört (z. B. Schulbücher, Bettwäsche, Kleidung, persönliche Erinnerungsstücke). Zweitens sollten Gegenstände einen Platz haben. Diese Zuordnungen können, wenn nötig, auch beschriftet oder aufgelistet werden. Man fängt mit den offensichtlichsten Zuordnungen an (Kleidung in den Schrank, Bettwäsche auf das Bett und Unterrichtsmaterialien auf den Schreibtisch). Wenn Ihr Kind Probleme mit dem Verständnis von visueller Organisation hat, können Sie das Zimmer auch mit blauem Malerband in verschiedene Zonen einteilen. Legen Sie klare Leitlinien von der Tür zum Schrank, Schreibtisch und Bett fest. Kennzeichnen Sie dann Bereiche, die für bestimmte Aktivitäten dienen. Zone A könnte beispielsweise für Spiele und Aktivitäten sein, Zone B für Kleidung und Zone C für Schulprojekte. Dieses elementare Prinzip ist für Teenager mit verzögerten organisatorischen Fähigkeiten sehr gut geeignet. Drittens können Sie Ihrem Kind beim Aufräumen helfen, indem Sie Teilschritte auflisten (z. B. 1. „Hebe die Klamotten auf", 2. „Mache das Bett", 3. „Miste Sachen aus, die nicht in dein Zimmer gehören", 4. „Räume den Schreibtisch auf" und 5. „Bringe den Müll raus"). Teenager mit Schwierigkeiten bei der räumlichen Verarbeitung können sich immer noch auf ihre sequenzielle Verarbeitung verlassen und Aufgaben in Schritte einteilen.

Wenn Ihr Teenager mit der Organisation seiner Schulsachen Probleme hat, vermitteln Sie, dass man die gleiche Ordnung des Aufräumens auch auf Schulsachen übertragen kann. Helfen Sie bei der Etablierung von Systemen für die Protokollierung von Hausaufgaben. Motivieren Sie auch zu einer Ordnerführung mit abgegrenzten Bereichen für verschiedene Fächer.

Schülern, die Schwierigkeiten haben, Gedanken zu notieren, können Strategien für die visuelle Organisation von Informationen gegeben werden wie beispielsweise „Mind Mapping" und andere Darstellungsformen (siehe Anhang C: „Mind Mapping").

Sportler verlassen sich auf visuelle Planung.

Sportler sind ein gutes Beispiel, wie wichtig der rasante Zugriff auf mentale Pläne ist. Wenn zum Beispiel ein trainierter Basketballspieler über das Spielfeld dribbelt, schaut er immer nach der Position von Mitspielern und Gegnern. Vielleicht bemerkt er sogar die Bewegungsrichtung, in welche Richtung die Köpfe gedreht sind, und wo sie hinschauen. Diese visuellen Eindrücke lösen gleichzeitig einen Entwurf oder Plan für die nächste Aktion aus. Viele Studien über die kognitiven Fähigkeiten von Elitesportlern zeigen, dass diese eine überragende Mustererkennung aufweisen.[32–34] Meisterhafte Schachspieler, Hockeyspieler, Basketballspieler und Footballspieler teilen diese Eigenschaft. Nicht jeder Teenager wird ein Elitesportler, aber es ist offensichtlich, dass wirklich jeder von diesen Fähigkeiten profitieren kann. Mathe, Rechtschreibung, Notizen machen und Lesen verbessern sich alle mit rasanten planerischen Fähigkeiten im Sport. Eltern, Lehrer und Trainer können die schnelle Mustererkennung fördern. Diese Übung wird Teenagern bei der Verbesserung ihrer Fertigkeiten helfen. Viel wichtiger als die tausendfache Wiederholung eines einzelnen Bewegungsablaufs, ist jedoch die Übung vieler verschiedener Aktivitäten mit visueller Planung. Interessanterweise sind Elitesportler, die in ihrer Kindheit viele Sportarten ausgeübt haben, besser bei der Mustererkennung, als Sportler, die von jungem Alter an nur eine Sportart ausgeübt haben.[35]

 ## Empfehlungen für die räumliche Organisation

Teile allem einen Platz zu

- *Ein jüngerer Teenager braucht vielleicht noch Unterstützung bei der Organisation von wichtigen Unterrichtsmaterialien. Helfen Sie Ihrem Teenager, Plätze für Gegenstände wie Schreibwaren, Schulbücher, gegebenenfalls Autoschlüssel, Technik und Schuhe festzulegen. Ihr Kind sollte dazu motiviert werden, seine Sachen jeden Tag an den festgelegten Plätzen aufzubewahren.*
- *Eltern können Organisation fördern, indem sie Gegenstände beschriften. Es könnten Beschriftungen an Regalen und Schubladen befestigt sein.*

Genauso können durchsichtige Behälter benutzt werden, damit Ihr Teenager direkt weiß, wo Zubehör, Projekte und Bücher eingeordnet werden.

- *Schüler können farblich gekennzeichnete Ordner und Hefte benutzen, um Arbeitsaufträge für verschiedene Fächer zu organisieren.*

Organisation für die Schule

- *Während es vielleicht riskant erscheint, einem Schüler mit mangelnder Organisation einen Laptop zu geben, kann es für den Schüler auch befreiend sein, alle Informationen (z. B. Bücher, Mitschriften und Kalender) an einem Ort zu haben.*
- *Motivieren Sie Ihr Kind dazu, immer den Überblick über Arbeitsaufträge zu behalten und benutzen Sie (wenn vorhanden) die Online-Dienste der Schule, damit Ihnen keine wichtigen Termine entgehen. Vermitteln Sie, dass jegliche Diskrepanzen zeitnah mit einem Lehrer besprochen werden müssen.*

Räumliches Bewusstsein

- *Ältere Kinder können ihr räumliches Bewusstsein verbessern, indem sie zum Beispiel Bewegungsanweisungen befolgen und selbst vermitteln. Zum Beispiel:*
  - *Ein Schüler könnte erklären, wie man in der Schule von einem Ort zu einem anderen gelangt, oder eine Karte zeichnen.*
  - *Ein Sportler kann Spielzüge für das eigene Team erfinden.*
  - *Eine Tänzerin oder ein Cheerleader könnte eine Choreographie entwerfen.*
  - *Wenn Ihr Teenager schon mit dem Fahren beginnt, geben Sie nicht ständig die Richtung vor. Lassen Sie Ihr Kind selbst entscheiden, wo es abbiegt und welche Straße es auswählt. Dadurch verinnerlicht Ihr Kind das Straßennetz Ihrer Stadt oder der Umgebung.*

Schritt 4: Übe vorausschauendes Denken

Ihr Teenager ist sehr wahrscheinlich brillant und töricht zugleich. Es gibt vielleicht Momente, in denen Sie völlig erstaunt über das Wissen Ihres Teenagers sind – und andere, in denen Sie einfach ratlos angesichts der Inflexibilität, Kurzsichtigkeit und des Mangels an gesundem Menschenverstand sind. Wie ich zuvor schon beschrieben habe, ist der Frontallappen (Gehirnregion, die in Planung, Einfühlungsvermögen und Gesamtbild-Denken involviert ist) die sich als letztes entwickelnde Gehirnregion. Folglich wird Ihr Kind trotz seines umfangreichen Wissens scheinbar impulsive und leichtfertige Fehler machen. Selbst wenn Ihr Teenager 18 Jahre alt wird, ist Ihre Aufgabe als Eltern noch nicht vorüber. Sie werden auch weiterhin viele der Lektionen konstant festigen müssen, die Sie schon im Kleinkindalter eingeführt haben.

Die planerischen Fähigkeiten Ihres Teenagers sind immer noch unterentwickelt. Bis jetzt hat sich Ihr Kind wahrscheinlich auf sofortige Belohnungen und Vorteile fokussiert und sich nur begrenzt für die langfristigen Konsequenzen seines Verhaltens interessiert. Wenn Ihr Kind den eigenen Teller in der Küche stehen ließ, haben Sie ihn vielleicht aufgeräumt. Wenn es das Pausenbrot für die Schule vergessen hat, haben Sie es vielleicht nachgeliefert. Und wenn Ihr Kind unzureichend für einen Test gelernt hat, haben Sie es vielleicht nochmal an das Lernen erinnert. Aber an der Universität oder in einer anderen Weiterbildung wird es dieses Auffangnetz nicht mehr geben. Um Ihren Teenager darauf vorzubereiten –, mit der Fähigkeit, nicht nur auf die Universität zu kommen, sondern dort auch zu bleiben – empfehle ich, dass Sie vorausschauendes Denken auch auf alltägliche Fähigkeiten übertragen, die Ihr Kind braucht, um nach dem Verlassen des Hauses zu „überleben" (z. B. Lernen, soziale Interaktion und Zeitmanagement).

Das Gesamtbild begreifen

Teenager wollen Freiheit und Unabhängigkeit. Und es ist unsere Aufgabe als Eltern, ihnen das auch zu bieten – aber nur, wenn unsere Jugendlichen auch wirklich bereit dafür sind. Alltägliche Aufgaben zu meistern, ist eine Möglichkeit für Teenager, ihre Planung und vorausschauendes Denken unter Beweis zu stellen. Wenn Teenager um mehr Freiheit bitten, wie länger auszugehen oder ein Auto zu fahren, kann man Sie auffordern, dafür auch mehr Verantwortung zu übernehmen. Verantwortung, die sich vor allem bei vier grundlegenden Themen zeigen kann: Hygiene, Gesundheit, Hausaufgaben und Haushaltsaufgaben. Jugendliche sehen vielleicht nicht die Verbindung zwischen diesen Aufgaben und Freiheit, denn sie denken eher linear: „Als ich das letzte Mal ausgegangen bin, war ich pünktlich wieder zu Hause." Eltern denken hingegen allgemeiner: „Wenn du nicht mal die Milch nach dem Müsliessen wieder einräumst, kann ich dir nicht zutrauen, ein Auto zu fahren." Wenn Sie Ihre Erwartungen an Reife also klar formulieren, verleiht das Ihrem Kind eine ganz andere Perspektive. Und es muss vorausschauendes Denken anwenden, um die Erwartungen auch wirklich zu erfüllen.

Hygiene

Körperpflege und Hygiene ist ein klares Kennzeichen von Reife. Jugendlichen im Teenageralter passiert etwas „Magisches". Ab einem gewissen Punkt merken sie, dass ihr Eigengeruch auch stinkt und dieser wird häufig durch die Anziehung eines gleichaltrigen Teenagers ausgelöst. Sie merken zum Beispiel, dass Gleichaltrige weniger an ihnen interessiert sind, wenn sie ungepflegt, mit ungekämmten Haaren, Akne und Körpergeruch auftreten. Also denkt ihr Teenager durch Körperpflege und Kämmen möglicherweise voraus.

Eine Zeit lang müssen Eltern noch die konkreten Erwartungen an die Hygiene ihres desorganisierten Teenagers formulieren. Dabei sollten Sie die Verbindung zwischen Deodorant und Duschen zur Vermeidung von Körpergeruch aufzeigen, zwischen dem Waschen des Gesichts und einer klaren Haut, zwischen Zähneputzen und der Vermeidung von Karies. Seien Sie mit diesem Prozess geduldig. Urteilen Sie nicht über Ihren Teenager (z. B. sagen Sie nicht: „Du bist unordentlich und du riechst schlecht."), denn das könnte Ihren Teenager vor den Kopf stoßen. Festigen Sie einfach die Botschaft, dass die Körperpflege Teil des Erwachsenwerdens ist.

Gesundheit

Sich um seine Gesundheit zu kümmern, bedeutet auch, ausreichende Mengen an Sport, Schlaf und Nährstoffen zu bekommen. Teenager haben häufig Schwierigkeiten, Selbstkontrolle bei der eigenen Gesundheit zu zeigen. Daher ist eine Entwicklung bei diesem Thema ein klares Zeichen von Reife.

Eine wachsende Anzahl medizinischer Forschungen belegt die Vorteile von Schlaf für die Aufmerksamkeit, kognitive Leistung und Gesundheit. Die Forschung zeigt, dass Teenager, die unzureichend Schlaf bekommen, schlechtere Leistungen bei akademischen Tests zeigen, häufiger krank werden und sich beim Sport häufiger verletzen. Eine jüngste Studie hat sogar gezeigt, dass Schulsportler mit weniger als acht Stunden Schlaf mehr als doppelt so häufig verletzt sind, wie gut ausgeruhte.[35] Dieses Problem ist wesentlich für den Erfolg von Teenagern, und auch wir als Eltern wissen, dass unsere Kinder wesentlich emotionaler reagieren, wenn sie nicht genügend Schlaf bekommen. Rechtzeitig schlafen zu gehen, zeigt die Reife, das Schlafbedürfnis des Körpers anzuerkennen. Dadurch werden auch die planerischen Fähigkeiten unter Beweis gestellt, die erforderlich sind, um am Ende des Tages pünktlich ins Bett zu kommen. Teenager brauchen zwischen acht und elf Stunden Schlaf pro Nacht, damit das Gehirn die Zeit für die nächtliche „Reinigung" bekommt.

Mir ist völlig bewusst, dass die Anforderungen durch Hausaufgaben und außerschulische Aktivitäten acht Stunden Schlaf sehr schwierig machen können. Folglich zeigt ein Teenager Reife und vorausschauendes Denken, wenn er trotz all dieser Herausforderungen eigenständig genügend schläft und so einen effektiven Tag ermöglicht. Teenager, die weniger Reife an den Tag legen, werden immer noch Unterstützung brauchen, zum Beispiel mit der Festlegung eines Zeitplans. Vielleicht geht Ihr Teenager auch früher schlafen, wenn die Bildschirmzeit begrenzt wird. Ich empfehle Technik aus dem Schlafzimmer fern zu halten, denn nur wenige Schüler – und Erwachsene – zeigen genug Selbstdisziplin, um Sie auszuschalten und rechtzeitig schlafen zu gehen.

Ein reifer Teenager ist in der Lage, gesundes Essen zu wählen. Nährreiches Essen hilft Schülern in der Schule und bei außerschulischen Aktivitäten. Eine Schüssel Müsli zum Abendessen ist kein Zeichen von vorausschauendem Denken, dafür aber eine Mahlzeit mit Gemüse und Eiweiß, die eine gute Möglichkeit darstellt, um Intelligenz und Muskeln zu fördern. Ein Teenager sollte nicht nur lernen, gesundes Essen auszuwählen, sondern auch jede der täglichen Mahlzeiten und Snacks selbst zubereiten können. Sie können diese Aufgabe durch eine Liste mit gesunden Mahlzeiten und Snacks unterstützen. Durch diese Hilfe werden die gut bekannten Situationen gemindert, in denen Ihr Kind die Speisekammer öffnet und einfach das nächstbeste einladend aussehende Essen ergreift.

Sport ist eine weitere Möglichkeit, um Reife zu zeigen, denn auch hier wird die eigene Gesundheit vorausschauend gefördert. Die Forschung zeigt ganz klar, dass Personen, die in der Kindheit und in den Teenagerjahren regelmäßig trainiert haben, auch als Erwachsene mehr trainieren werden. Also hat die Förderung von Sport durch die Eltern einen langfristigen, positiven Effekt auf die Gesundheit ihres Kindes. Ihr Teenager denkt wahrscheinlich noch nicht über das Erwachsenenleben nach, aber er wird erkennen, dass es Vorteile gibt, in Form zu sein: Ein gutes Gefühl, gutes Aussehen, bessere Leistungen im Sport und verbesserte Aufmerksamkeit in der Schule, um nur ein paar zu nennen. Alle Teenager, die sich dessen bewusst sind und ihre mentale und physische Fitness für morgen verbessern, indem sie heute trainieren, zeigen vorausschauendes Denken.

Hausaufgaben

Hausaufgaben zu managen, ist eine komplizierte Aufgabe. Es bedarf Wachsamkeit, um die täglichen Anforderungen zu protokollieren, und Hartnäckigkeit und

Ausdauer, um sich ein ganzes Schuljahr lang durchzuschlagen. Schüler müssen einen Plan für langfristige Hausarbeiten entwerfen und diese am Ende angemessen überarbeiten und fertigstellen. In der Schule geht es nicht nur darum, Mathe, Naturwissenschaften und Englisch zu lernen. Die für die Verwaltung von Schularbeiten benötigte Organisation und Unabhängigkeit ist noch wichtiger als die Fächer selbst.

Wenn Ihr Kind die Grundschule und Mittelstufe schon abgeschlossen hat, haben Sie es durch Hausaufgaben-Routinen auf die Anforderungen der Oberstufe vorbereitet. Sie haben klargestellt, dass Hausaufgaben nicht vor einem Fernseher oder beim Nachrichtenschreiben mit Freunden erledigt werden sollten. Wenn Sie Ihrem Kind diese Hausaufgaben-Werte noch nicht vermittelt haben, ist es nie zu spät. Aber wie bei allen Bemühungen der Erziehungen, wird es umso schwieriger, je später Sie anfangen. Wenn Ihr Kind schon eine effektive Hausaufgabenstrategie besitzt, können Sie Ihre Unterstützung allmählich reduzieren. Denken Sie daran, dass Sie nur noch ein Berater sind, sobald Ihr Teenager bereit ist, und Sie sich deshalb nur auf Anfrage einschalten. Ein organisierter Teenager wird fast immer unabhängig arbeiten und nur noch bei Zweifeln Anfragen an die Eltern stellen. Manche brauchen hingegen noch regelmäßige Überprüfungen durch die Eltern. Die unabhängige Bearbeitung der Hausaufgaben stellt jedoch eine realistische Erwartung an die meisten Jugendlichen in diesem Alter dar.

Manche Eltern schaffen es einfach nicht, sich zurückzuziehen, selbst wenn es im besten Interesse Ihres Schülers ist. In diesem Fall empfehle ich, dem Teenager eine Erklärung für diese Unsicherheit zu liefern. So können Sie erklären, dass Sie sehr stolz auf Ihr Kind sind. Aber die Erziehung zum Teenager benötigt viel Arbeit und Liebe und es kann ein bisschen traumatisierend sein, wenn all diese Arbeit plötzlich wegfällt und man keine Kontrolle mehr hat. Folglich ist eine Distanzierung schwierig. Wenn Sie Ihr Versprechen wirklich halten können, erklären Sie Ihrem Teenager, dass sie ihm zwar mehr Freiheit einräumen wollen, aber ab und zu noch eine Versicherung brauchen. Und wenn Ihr Kind dann zeigt, dass es seine Hausaufgaben selbstständig erledigt, hilft Ihnen diese Gewissheit erheblich. Zum Beispiel könnte Ihr Achtklässler jeden Nachmittag den eigenen Hausaufgabenplan kurz erläutern. Oder Ihr Neuntklässler legt seine fertigen Hausaufgaben nur noch auf den Küchentisch. Ihr Zehntklässler könnte sich vielleicht noch einmal im Monat mit Ihnen für die Besprechung der schulischen Leistungen treffen. Für welches System auch immer Sie sich entscheiden, denken Sie daran, dass zwei Dinge beachtet werden müssen: Im ersten Schritt zeigt Ihr Kind die eigene Reife, und zweitens müssen Sie sich dann aus der Unterstützung zurückziehen, so schwierig es manchmal auch sein mag.

Haushaltsarbeiten

Teenager werden zunehmend unabhängig, sodass sie vielleicht schon selbstständig aufräumen, Haushaltsarbeiten übernehmen und manche ältere Teenager sich schon in einem Job etwas dazuverdienen. Realistisch gesehen, beherrschen jedoch die meisten Teenager diese Fertigkeiten noch nicht ganz, bis sie ausziehen und realisieren, dass sie nicht in einer unordentlichen Wohnung leben möchten und sie sich auf den Lohn am Freitag freuen. Trotzdem sollten Eltern die Vermittlung dieser Fähigkeiten nicht aufgeben. Denn die meisten dieser Aufgaben fordern Achtsamkeit, Zeitmanagement, Planen und Fokussierung. Folglich bieten Sie Ihrem Teenager dadurch die Möglichkeit, vorausschauendes Denken an den Tag zu legen und einzuüben.

Was ist der Zweck von Mithilfe im Haushalt? Haushaltsarbeiten dienen drei Intentionen, die zur Entwicklung eines organisierten Kindes oder Teenagers beitragen. Erstens helfen sie der ganzen Familie. Zweitens zeigt die Mithilfe im Haushalt Teenagern, dass das Leben manchmal auch harte Arbeit fordert, Arbeit, die manchmal nicht unmittelbar Spaß macht. Drittens erfordern Haushaltsarbeiten Zeitmanagement und Planung. Teenager realisieren, dass das Zusammenleben durch ihren Beitrag besser funktioniert: Das Haus ist ordentlich und Mama und Papa sind weniger gestresst. Wie in dem Abschnitt „Schritt 3: Fördere Problemlösungsfähigkeit" später noch gezeigt wird, fördern Haushaltsarbeiten bei Teenagern auch die Einnahme anderer Perspektiven. Training für das Zeitmanagement durch Haushaltsarbeiten funktioniert nur, wenn Eltern beständig sind. Ich kann mich an eine Situation in der Mittelstufe erinnern, in der ich im Klassenraum saß und mein Freund über die Durchsage ins Büro gerufen wurde. Als ich ihn später gefragt habe, warum er aufgerufen wurde, antwortete er, dass er vergessen hatte, den Müll rauszustellen. Also hat ihn seine Mutter in der Schule angerufen, eine Meile nach Hause gehen lassen, den Müll rausstellen lassen und ihn wieder mit einem Zettel zurückgeschickt, auf dem stand: „Lassen Sie meinen Sohn für jeglichen unentschuldigt verpassten Unterricht ruhig nachsitzen." Statt den Sohn zu schimpfen oder anderweitig zu bestrafen, ließ ihn seine Mutter die natürlichen Konsequenzen seines Handelns erfahren. Das war das letzte Mal, dass mein Freund vergessen hat, den Müll rauszustellen.

Da ich nun tausende Familien getroffen habe, kann ich berichten, dass die Menge an Haushaltsarbeiten für Teenager erheblich variiert – und das ist meiner Meinung nach gut so. Schließlich müssen viele Faktoren beachtet werden, wie zum Beispiel die Auslastung Ihres Teenagers. Während Fußball, Bandproben und Arbeit in der Schülervertretung Ihren Teen vielleicht nicht von allen Haushaltsarbeiten entschuldigen, ist es doch vernünftig, die harte Arbeit und das Engagement des eigenen Kindes anzuerkennen. Folglich ist der Zweck von Haushaltsaufgaben dieses Teenagers auf einen simplen Beitrag für die Familie begrenzt, wie die eigene Unordnung aufräumen, Bett machen, Spülmaschine ausräumen, Badezimmer sauber machen oder eine Stunde Gartenarbeit am Wochenende. Wenn Ihr Kind andererseits keine Probleme in der Schule und nicht viele Aktivitäten hat, ist mehr Mithilfe im Haus und vielleicht sogar ein Job eine wertvolle Lektion. Teenager kommen der Unabhängigkeit immer näher, sodass sie auch zu den meisten Haushaltsarbeiten fähig sind. Wählen Sie Arbeiten, die für die Familie bedeutend sind (nicht nur Aufgaben, die zur Beschäftigung dienen), sodass Sie den Beitrag zur Familie auch loben können.

Teens sollten mindestens ihre eigene Unordnung aufräumen können. Festigen Sie diese Botschaft auch weiterhin konsequent. Um ständige Kontrollen zu vermeiden, notieren Sie einfach die verursachte Unordnung chronologisch über den Tag und geben Sie Ihrem Kind diese Liste dann zum Aufräumen. Über ihr eigenes Zimmer sollten Teenager bis zu einem gewissen Grad selbst entscheiden, aber legen Sie ein paar grundlegende Standards fest (z. B. „kein Essen im Zimmer," „Schmutzige Klamotten gehören in den Wäschekorb, nicht auf den Boden.").

Zugaben zum Taschengeld sind auch weiterhin ein nützliches Werkzeug. Wie zuvor erwähnt, Geld fördert Planung und vorausschauendes Denken. Seien Sie jedoch vorsichtig, dass Ihr Teenager sich nicht dazu entscheidet, für jede Hilfe Geld zu verlangen. Einige Arbeiten werden einfach deshalb erledigt, weil man zu Hause in einer Gemeinschaft lebt (z. B. die eigene Unordnung aufräumen, Bett machen) und dann gibt es noch andere Aufgaben (z. B. Auto waschen, Laub rechen), für die Sie auch bereit sind, etwas zu zahlen, weil Sie einfach sehr hilfreich sind. Verantwortlicher Umgang mit Geld ist ein weiteres Zeichen für fortgeschrittenes vorausschauendes Denken.

Viele Teens können schon einen Job bewältigen. Und so lang Ihr Kind seine anderen Verantwortungen im Griff hat, kann ein Job nahegelegt werden. Die ganze Erfahrung ist hierbei wertvoll. Ein Jobangebot zu suchen, einen Lebenslauf zu erstellen und an einem Bewerbungsgespräch teilzunehmen, benötigen alle Planung. Die Balance von Arbeit und anderen Verantwortlichkeiten ist eine hervorragende Gelegenheit, um vorausschauendes Denken zu üben. Mein erster Job war in einem Fitnessstudio. Nachdem ich ein bisschen Erfahrung gesammelt hatte, wurde mir die Öffnung des Clubs in der Frühschicht erlaubt. Am Abend vorher hat mir der Manager noch eine Liste mit Aufgaben gezeigt. Ich habe sie mir auch gut durchgelesen, aber als ich am nächsten Morgen ankam, hatte ich keinen Plan, wie man Kaffee macht und auf der Kanne war keine Anleitung. Das hätte mir am Abend vorher auffallen müssen. Aber weil ich es nicht gemacht hatte, musste ich meinen Vater um 5:00 Uhr morgens um Rat bitten – wieder eine Lektion gelernt.

In meiner Praxis äußern manche Eltern meiner jungen Patienten regelmäßig Sorgen über die hohe Bildschirmzeit ihrer Kinder, denn viele Schüler sind vor allem mit Videospielen und anderen digitalen Medien beschäftigt. Eltern sind besorgt, dass diese Besessenheit mit dem alltäglichen Leben interferiert, und so wird das Thema zur Hauptursache von Konflikten. Diesen Eltern gebe ich den Ratschlag, dass sich noch nie Eltern über Bildschirmzeit beschwert haben, wenn ihr Kind die vier grundlegenden Aufgaben beherrscht: Hygiene, Gesundheit, Hausaufgaben und Haushaltsarbeiten. Statt ihre Kinder für ihre hohe Bildschirmzeit zu kritisieren, können Eltern diese grundlegenden Fähigkeiten fordern. Und wenn diese erfüllt werden und das Kind allen Verpflichtungen nachkommt, darf es auch eigenständig über die Gestaltung der eigenen Freizeit entscheiden.

Leben planen

Erinnern Sie Ihren Teenager daran, dass es im Leben mehr als nur Schule gibt. Für Teenager ist die Übung von sozialer Interaktion wichtig, denn auch diese bietet viele Gelegenheiten zum Planen. Außerschulische Aktivitäten wie Engagement in der Schülervertretung, Theater oder Sport benötigen meistens Vorbereitung. Also ermuntern Sie Ihr Kind zu solchen Aktivitäten. Jedoch ist auch persönlicher sozialer Kontakt wichtig. Teenager, die gemeinsam Zeit verbringen, navigieren durch das komplexe Feld der sozialen Interaktion. Sie planen zusammen und helfen sich gegenseitig aus der Langeweile heraus. Multiplayer-Computerspiele sind einfach nicht dasselbe wie persönlicher Kontakt.

Zeigen Sie Ihrem Teen, dass es in den meisten Interaktionen Möglichkeiten zum Vorausdenken gibt. Sie können zum Beispiel Voraussagen darüber treffen, was in einer Klausur drankommt oder was der eigene Freund am Wochenende vielleicht machen möchte. Geben Sie Ihrem Kind Gelegenheit zum Planen. Eine gute Übung besteht darin, Ihren Teenager für ein Abendessen wöchentlich verantwortlich zu machen. Ein Erfolg hierbei fordert die Erstellung einer Einkaufsliste vor dem Wocheneinkauf und die rechtzeitige Zubereitung des Abendessens. Ermutigen Sie Ihren Teenager zu gemeinsamen Plänen mit Freunden, sodass auch hier vorausschauendes Denken geübt werden kann.

Manche Teenager haben ihren Karriereweg schon herausgefunden, aber wenn Ihr Teen wie die meisten ist, ist vielleicht nur der Wunsch nach einem Studium sicher, begleitet von einer vagen Idee über mögliche Studienfächer. Ich gebe Eltern den Ratschlag, dass in diesem Alter ein Plan das Wichtigste ist. Das Ziel könnte darin bestehen, Ingenieurwesen an der Universität zu studieren. Die Zielsetzung könnte sogar darin bestehen, ein Gap-Year (Auszeit zwischen Schule und Studium) zu nehmen und mit dem Rucksack beispielsweise durch Asien zu reisen. Jedes dieser Ziele kann mit einem Plan realistisch in Erfüllung gehen. Denken Sie daran, dass es einen Unterschied zwischen einem Plan und einem Ziel gibt. Wenn Ihr Teen nach Asien gehen will, muss er wissen, wie man dort hinkommt, wo er übernachten kann, wie das Ganze finanziert werden soll, er muss einen Sicherheitsplan haben und vieles mehr. Gleichermaßen muss Ihr Teenager mit dem Ziel Universität auch das Studienfach entscheiden, den Studienort auswählen und natürlich auch hier bestimmen, wie das Studium finanziert wird. Ein Plan ist der Hauptbestandteil der meisten Erfolge. Wenn Ihr Teenager diese Ebene der Unabhängigkeit erreicht hat, werden Sie als Eltern stolz auf all die Lektionen sein, die Sie Ihrem Kind vermittelt haben.

Empfehlungen für vorausschauendes Denken

Das Leben organisieren

- *Erklären Sie Ihrem Teenager, dass er das Recht auf weiter reichende Freiheiten erwirbt, indem er zeigt, dass er verantwortlich handelt. Ein konkreter Ausgangspunkt ist die Beherrschung der vier grundlegenden Aufgaben: Hygiene, Gesundheit, Hausaufgaben und Haushaltsarbeiten. Legen Sie die Erwartungen an diese Aufgaben schon in den frühen Teenagerjahren fest und beobachten Sie die Entwicklung.*
- *Erwarten Sie von Ihrem Kind regelmäßige Mengen an Schlaf. Wenn Ihr Teen dabei Schwierigkeiten hat, unterstützen Sie ihn durch die Limitierung der Bildschirmzeit abends. Eltern sollten das gewünschte Verhalten authentisch vorleben.*

- *Lehren Sie Ihren Teen, nährstoffreiche Mahlzeiten zuzubereiten, sodass Ihr Kind zeigen kann, dass es sich gesund ernährt.*
- *Ermuntern Sie Ihren Teenager zu regelmäßigem Sport, indem Sie die kurz- und langfristigen Vorteile einer besseren körperlichen Verfassung aufzeigen.*
- *Viele Teenager sind schon bereit, ihre Hausaufgaben selbstständig zu erledigen. An diesem Punkt sind Eltern von nun an Berater. Wenn Ihr Teenager noch nicht auf diesem Niveau ist, unterstützen Sie ihn nach Bedürftigkeit, aber haben Sie immer das Ziel der Unabhängigkeit Ihres Kindes vor Augen.*
- *Teilen Sie Ihrem Teenager Haushaltsarbeiten zu, die für die Familie von Wert sind, nicht nur Arbeit, die Ihr Kind beschäftigt. Machen Sie die Zuteilung von Arbeit von der Menge an freier Zeit abhängig. Schülern mit weniger Aktivitäten und Hausaufgaben können mehr Haushaltsarbeiten zugeteilt werden, sodass auch diese erkennen, dass Arbeit nötig ist, egal welchen Lebensweg sie gehen.*
- *Festigen Sie die Botschaft, dass man die eigene Unordnung auch selbst aufräumt. Versuchen Sie die Unordnung chronologisch aufzulisten, um Ihr Kind subtil und konfliktfrei daran zu erinnern.*
- *Der Umgang mit Geld ist eine gute Möglichkeit, um Planung zu üben. Zuschüsse zum Taschengeld können sinnvoll vergeben werden. Motivieren Sie Ihren Teen zum langfristigen Sparen auf erwünschte Dinge.*
- *Wenn sich Ihr Kind um seine Gesundheit, Hygiene, Hausaufgaben und Haushaltsarbeit selbstständig kümmert, ist Ihr Teen vielleicht schon bereit für einen Job. Einen Job zu suchen und zu behalten, erfordert die Fertigkeiten des vorausschauenden Denkens.*

Leben prognostizieren und planen

- *Ältere Schüler können schon zu Vorhersagen über Inhalte von Klausuren ermutigt werden. Lehrer können Schüler dazu motivieren, ihre Vorhersagen über die Klausur aufzuschreiben, um so ein klareres Verständnis für die wichtigsten Punkte eines Themas zu entwickeln.*
- *Bieten Sie Ihrem Teen Übungsmöglichkeiten für die Planung von Aktivitäten. Beispielsweise kann er einen Tag des nächsten Familienurlaubs planen. Stellen Sie sicher, dass Ihr Kind dabei nicht nur die Zeit für die Aktivitäten berücksichtigt, sondern auch die Verkehrsmittel, Kosten und die Vorbereitung auf das Ereignis, wie passende Kleidung und nötige Gegenstände.*

Schritt 5: Fördere Problemlösung

Problemlösung ist die komplizierteste Komponente organisierten Denkens, denn sie fordert die gleichzeitige Verarbeitung (Fähigkeit des Gehirns, mehrere Gedanken gleichzeitig zu berücksichtigen) bis zum Limit. Während der Teenagerjahre findet jedoch eine immense Entwicklung dieser Fähigkeit statt. Und es ist die Aufgabe der Eltern, diese Entwicklung zu fördern. Ein Teen, der das Gesamtbild begreift, ist verantwortungsvoll, kreativ, produktiv und großzügig. Die meisten organisierten Denker werden von anderen respektiert und entwickeln sich zu Führungskräften in verschiedensten Bereichen.

Denken Sie jedoch daran, dass diese Entwicklung kontinuierlich passiert. Seien Sie folglich nicht zu begeistert, wenn Ihr früh entwickelter Teenager alles übertrifft, oder zu enttäuscht, wenn Ihr spät aufblühender Teenager nur begrenzt Erkenntnis zeigt. Der präfrontale Cortex, die Gehirnregion für die exekutiven Funktionen (Fähigkeit zu planen, organisieren, initiieren und Probleme zu lösen), entwickelt sich noch bis in die späten Zwanziger.

Die Mutter eines Patienten erklärte mir, dass ihre Tochter scheinbar immer eine Krise vor jedem großen Ereignis wie eine Reise, Familien-Party, Klausur oder Wettkampf habe. Vor diesen Ereignissen forderten die Eltern ihre Tochter zu ein paar simplen Haushaltsarbeiten auf. Ihre Tochter erklärte hingegen, dass das nicht ginge, weil sie viel Arbeit zu erledigen habe. Wenn Ihre Eltern jedoch begründeten, dass diese Argumentation nicht funktioniert, hat die Tochter die Aufgaben zwar erledigt, war dann aber für Stunden wütend auf die Eltern. Dabei ist das eine sich wiederholende Schwierigkeit, und es scheint als müsste die Tochter die Lösung erkennen. Aber trotz elterlicher Beratung hat die Tochter noch nicht herausgefunden, dass sie diese Situationen selbst auslöst, indem sie Aufgaben hinauszögert. Sie wartet mit dem Schreiben von Aufsätzen, lässt Gegenstände verstreut im Zimmer liegen und fängt nicht mit dem Lernen an, bis es absolut unumgänglich ist. In ihrem Verstand lässt sich die Tochter Zeit, aber sie erkennt nicht, dass manchmal andere Menschen auch noch Erwartungen an sie haben. Folglich macht sie alles auf den letzten Drücker. Hätte sie ihr Zimmer ordentlich gehalten oder mit dem Lernen früher angefangen, würden die Aufforderungen der Eltern zu weniger Frustration führen. Diese Form von Egozentrik ist unter Teenagern verbreitet. Die kontinuierliche Vermittlung von Perspektivenwechsel und Problemlösung ist genau aus diesem Grund wichtig.

Die Fähigkeiten ihres Teenagers in den meisten Bereichen (z. B. Fachwissen) wird die Fähigkeit des organisierten Denkens wahrscheinlich überschreiten. Und Ihr Teenager wird möglicherweise das Gesamtbild noch nicht begreifen

– und das ist alles absolut okay, denn es ist noch so viel Raum für Entwicklung. Dieser Abschnitt fokussiert sich auf die Lektionen, die die Entwicklung der Fertigkeiten für Problemlösung fördern, die Ihr Kind schließlich als junger Erwachsener brauchen wird.

Perspektivenwechsel

Da Teenager beim Einnehmen anderer Perspektiven Schwierigkeiten haben, wirken sie häufig egozentrisch. Ihre Kurzsichtigkeit ist zu einem Großteil für die Schwierigkeiten bei der Erziehung verantwortlich. Die von den Eltern festgelegten Regeln und Grenzen ergeben in den Augen eines Teens vielleicht keinen Sinn. Der Teenager denkt sich vielleicht: „Warum sollte ich mein Zimmer aufräumen? Es ist mein Zimmer." Oder: „Warum sollte ich die Küche sauber machen, wenn ich gar nicht für die Unordnung verantwortlich bin?" Doch mit zunehmenden Alter weitet sich die Sichtweise von Teenagern und sie können sich besser in andere Perspektiven hineinversetzen. Vielleicht wird Ihr Kind ein Aktivist und versucht die Ungerechtigkeit zu überwinden. Vielleicht zeigt Ihr älterer Teenager schrittweise auch mehr Interesse für seine jüngeren Geschwister und fördert diese. Die Fähigkeit zum Perspektivenwechsel wird für Ihr Kind noch wichtiger sein, wenn es im Erwachsenenalter in die weite Welt aufbricht und auf viele verschiedene Menschen mit gegensätzlichen Meinungen trifft. Bereiten Sie Ihren Teenager auf diesen Übergang vor, indem Sie ihm neue Situationen und die Schwierigkeiten anderer nahebringen. Seien Sie freundlich, helfen Sie anderen und ermutigen Sie zu gemeinnütziger Arbeit, sodass Ihr Teen zum Beispiel die Schwierigkeiten von Obdachlosen, die Erfahrungen von älteren Menschen oder die Hürden von Minderheiten oder Menschen mit Behinderungen kennenlernt.

Die Unterschiede zwischen Menschen kennenzulernen, hilft dabei, die eigenen Stärken und Schwächen zu erkennen. Achtsamkeit ist ein weiterer wichtiger Meilenstein für Teenager. Ein Teenager, der achtsam ist, kann seine Schwächen strategisch verbessern. So lernt Ihr Kind aus Fehlern und findet vielleicht heraus, dass es auf eine andere Weise für eine Klausur oder für ein Theater-Vorspiel mit einem Partner üben muss. Bis Ihr Teen achtsam wird, wird es für Ihr Kind schwierig sein, Rückmeldung anzunehmen und daher eher abwehrend reagieren. Ein weiterer Vorteil von Achtsamkeit besteht darin, dass Ihr Teenager jetzt eigenständig erkennt, wann Hilfe nötig ist. Die meisten Teenager haben an irgendeinem Punkt in der Oberstufe oder an der Universität Schwierigkeiten, sei es akademisch, sozial oder emotional. Diejenigen, die auch mal um Hilfe bitten, können besser mit diesen Schwierigkeiten umgehen. Zeigen Sie Ihrem Teenager, dass Sie auch nur ein Mensch sind. Ihr Teenager wird über bestimmte Dinge mehr wissen als Sie, also bitten Sie um Unterstützung. Meine Kinder haben ein Talent für Technik. Also frage ich sie häufig, wenn mein Smartphone nicht reagiert oder ich meine Arbeit auf dem Computer nicht abspeichern kann. Wenn Eltern auch selbst um Hilfe bitten, fördert das das Selbstbewusstsein von Teenagern und zeigt ganz klar, dass um Hilfe zu bitten OK ist.

Kreatives Planen und imaginatives Denken

Freunde sollten zusammenkommen und erfinden, schreiben und konstruieren. Fördern Sie Treffen mit Freunden und lassen Sie sie die elektronischen Geräte abschalten. Halten Sie nach Möglichkeiten Ausschau, um die Phantasie anzuregen. Teenager werden häufig durch Geld motiviert. Denken Sie zusammen über kreative Wege nach, um an Geld zu gelangen. Jedes Jahr verkaufen meine Kinder selbst gemachte Müsliriegel auf dem lokalen Handwerksmarkt. Sie lieben die Erfahrung und ihr Geschäft ist so erfolgreich, dass die Stammkunden jedes Jahr wiederkommen.

Ein neuer Trend in der Oberstufe ist das kreative Bitten um ein Date. Das ist meiner Meinung nach eine hervorragende Idee, denn sie erfordert einerseits Phantasie, und dadurch, glaube ich, wird auch die Wahrscheinlichkeit einer Ablehnung gemindert. Wer kann denn einem Schüler Nein sagen, der sich die Mühe macht, einen ganzen Raum mit Luftballons zu füllen und ein Schild aufzuhängen, auf dem „Lass meinen Traum nicht platzen – geh mit mir zum Tanz!" steht?

Problemlösung

Ihr Schüler sollte in der Lage sein, einen Plan zu entwerfen und auszuführen. Um diese Fertigkeit zu erwerben, müssen Sie Ihr Kind Dinge selbst machen lassen. Ermutigen Sie Ihren Teenager, seinen eigenen Stundenplan zu entwerfen, Pläne für das Wochenende zu machen, selbst herauszufinden, wie er zum Kino gelangt sowie die Langeweile selbst zu überwinden mit Aktivitäten ohne Videospiele. Es ist absolut in Ordnung, sich bei diesen Problemen von Ihnen beraten zu lassen, aber am Wichtigsten ist jedoch, dass Sie Ihrem Teenager das Selbstbewusstsein vermitteln, dass er Probleme eigenständig zu lösen imstande ist.

Eine Strategie, mit der ich meinen Patienten bei der Problemlösung geholfen habe, besteht darin, die Begriffe Relevanz und Wichtigkeit zu vermitteln. Diese beiden Kriterien helfen Ihrem Teenager beim Priorisieren. Wenn Ihr Kind zum Beispiel gerade Hausaufgaben macht und eine Nachricht bekommt, ist es sehr unwahrscheinlich, dass diese relevant ist für die aktuelle Tätigkeit. Wenn Ihr Kind jedoch andererseits ein Sommerpraktikum bei einer Firma plant und einen Artikel über das neuste Produkt dieser Firma sieht, ist eine gewisse Relevanz vorhanden und eine kurze Ablenkung ist vielleicht vertretbar. Aber zeigen Sie Ihrem Kind auch, wie es Dinge nach Relevanz ordnen kann. Sie müssen zum Beispiel sehr wahrscheinlich während des Abendessens nicht auf Ihr Handy schauen oder Nachrichten beantworten, es sei denn, Sie sind Arzt und nehmen Notrufe entgegen. Der andere Faktor ist Wichtigkeit. Bei der Vorbereitung auf eine Klausur sind nur sehr wenige Aktivitäten so wichtig wie das Lernen und Schlafen. Nochmal: das Antworten auf eine Textnachricht oder auf einen Anruf, oder einen Snack zu holen, sollten allesamt geringere Priorität besitzen. Wenn die aktuelle Aufgabe jedoch beispielsweise die Planung für das Wochenende ist, kann die Beantwortung einer Textnachricht natürlich relevant und wichtig sein.

Das Gesamtbild

Die Fähigkeit, das Gesamtbild zu begreifen, bezeichnen viele als Meisterdisziplin organisierten Denkens. Personen, die das Gesamtbild begreifen, sind in der Lage, mehrere Alternativen (gleichzeitig) zu beachten und die wesentlichen Details jeder Situation zu erkennen. Sie können bei einer Vorlesung zuhören, und wissen, was in der Klausur drankommt. Sie erkennen, wenn jemand unglücklich ist, und wissen, wie sie die Person aufmuntern können. Sie können eine prägnante Zusammenfassung eines Buch oder eines Films liefern. Sie priorisieren. Sie lösen Probleme. Sie regen sich nicht über Kleinigkeiten auf und verschwenden ihre Zeit nicht für überflüssige Aufgaben. Sie bleiben nicht in eintönigem Denken stecken und sind in der Lage, flexible Entscheidungen zu treffen. Andere Menschen vertrauen auf ihr Urteilsvermögen, und sie können leicht zu Führungskräften heranwachsen.

Der Begriff der Wichtigkeit ist der Kern unseres Verständnisses für das Gesamtbild. Mündige Teenager haben ein Gefühl dafür, was wirklich wichtig ist. Ein Beispiel ist die Unterstützung der Schulmannschaft. Es macht Spaß, das eigene Team anzufeuern. Aber manche Teenager steigern sich zu sehr in die Begeisterung rein und verlieren die distanzierte Perspektive. Manchmal verspotten sie einen gegnerischen Spieler oder schreien einen Fan des anderen Teams an. Ich habe auch Eltern gesehen, die ihren Realitätssinn bei Sportereignissen verloren und die Schiedsrichter angeschrien haben. Alles in allem ist Schulsport eine großartige Möglichkeit für Kinder, um gesund zu bleiben, Teamarbeit zu lernen und nach Exzellenz zu streben. Und ein mündiger Trainer und seine Spieler sowie die Fans leben das Gesamtbild durch Fairness vor.

Eine meiner Lieblingserinnerungen zu diesem Thema ist, als mein Sohn ohne Anweisung sichergestellt hat, dass sich sein Teammitglied mit Autismus und nur begrenzter Spielzeit auf dem Platz auch wirklich eingebunden fühlte. Der Spieler hatte minimale athletische Fertigkeiten, aber liebte es, Teil des Teams zu sein. Der Coach, der ein wundervolles Gefühl für das Gesamtbild hatte, stellte immer sicher, dass der Spieler Spielzeit bekam, egal wie eng der Spielstand war. Und mein Sohn fand als Aufbauspieler immer eine gute Möglichkeit, um den Ball abzuspielen, selbst wenn er dafür eine gute Wurfmöglichkeit aufgeben musste. Das Team erkannte, dass es wichtiger ist, dass sich jeder Spieler der Mannschaft wertgeschätzt fühlt, als den Spielstand irgendeines Mittelstufen-Basketballspiels in die Höhe zu treiben.

Es ist aufregend zu beobachten, wie sich das Einfühlungsvermögen entwickelt. Während Ihr Kind die Teenagerjahre durchläuft, wird es Bücher, politische Themen und Perspektiven immer tiefgreifender verstehen. Fördern Sie Tischgespräche über wichtige Themen. Statt Ihren Teenager von Ihrer Meinung zu überzeugen, legen Sie beide Standpunkte dar und lassen Sie Ihr Kind auch über beide Seiten nachdenken. Ein einsichtsvoller Schüler trifft gute Entscheidungen. Er realisiert, dass genügend Schlaf elementar für akademischen Erfolg und physische Gesundheit ist. Er weiß, dass er für ein gutes Klausurresultat auch lernen muss und er realisiert, dass er der Familie durch Arbeiten im Haushalt helfen kann.

Die Teenagerjahre sollten spaßig sein. Aber Schüler sollten auch Erfahrungern machen, die für eine Zukunftsentscheidung für die Zeit nach der Oberstufe benötigt wird. Der Schlüssel zur Vorbereitung auf diese großen Lebensfragen ist es, viele unterschiedliche Erfahrungen zu sammeln. Daher empfehle ich meinen Patienten und meinen eigenen Kinder ab dem Alter von zwölf Jahren, jedes Jahr ein oder zwei neue Sachen auszuprobieren: einem Club beitreten, Teamsport betreiben, freiwillige gemeinnützige Arbeit, Schach spielen, Münzen sammeln oder in der Nachbarschaft Rasen mähen zum Beispiel. Es ist nicht wirklich wichtig, was sie auswählen, aber die Erfahrung, gut oder schlecht, sollte sie in eine gewisse Richtung leiten. Wenn sie zum Beispiel freiwillig an einer Grundschule arbeiten und erkennen, dass sie keine jungen Kinder ertragen können oder einen Job beim Landschaftsbau ausführen und erkennen, dass sie Handarbeit wirklich mögen, können sie bestimmte Dinge entweder ein- oder ausschließen. Jede neue Erfahrung hilft Ihrem Kind dabei, über das große Ziel, das Gesamtbild, nachzudenken.

Wenn Ihr Kind die Schule abschließt, besteht das Gesamtbild darin, dass es einen Zukunftsplan braucht. Ihr Teenager hat vielleicht noch keinen Karrierepfad ausgewählt, aber der Plan sollte die ersten Schritte zur Zukunftsentscheidung beinhalten. Und welchen Weg auch immer Ihr Kind wählt, die Entscheidung kann sich natürlich noch ändern. Manche fangen direkt nach dem Schulabschluss an zu arbeiten. Für andere ist eine Ausbildung am besten. Wiederum andere beginnen mit einem Studium an der Universität. Und manche nehmen sich ein Gap-Year (Auszeit zwischen Schule und Studium), um zu arbeiten oder zu reisen. Was auch immer Ihr Teenager wählt, er muss sich Gedanken über die nächsten Schritte machen. Wenn Ihr Kind einen unkonventionellen Weg wie eine Reise wählt, betonen Sie die Wichtigkeit von Planung und Organisation der entworfenen Reiseroute. Wie schon vorher erwähnt, die Entscheidung, mit dem Rucksack durch Nordamerika zu reisen, ist zu unspezifisch; das ist ein Ziel, kein Plan. Ihr Teenager muss feststellen, wie sich die Reise finanzieren lässt, und Flug, andere Fortbewegungsmittel sowie Übernachtungsmöglichkeiten im Voraus ausloten.

Mit zunehmendem Alter kommen zunehmende Anforderungen und Ihr Teenager wird immer wichtigere Entscheidungen treffen müssen, einschließlich des Studienfaches oder des weiteren Bildungswegs, aber auch sichere Fahrmanöver berechnen sowie entscheiden, wo er vielleicht einen Job annimmt und mit wem er ausgehen will. Da niemand, der das Zuhause erstmals verlässt, vollständig autark ist, muss Ihr Teenager auch gelernt haben, wie man um Hilfe bittet. Um eigenständig zu sein, muss Ihr Teenager wissen, wie man Probleme löst.

Empfehlungen für Problemlösung

Erkunden

- *Das Ausprobieren neuer Dinge ist für Teens sehr wichtig. Je mehr Erfahrung sie sammeln, desto einfacher wird es für sie eines Tages bei der Auswahl eines Karrierewegs. Ermutigen Sie Ihren Teenager dazu, jedes Jahr mindestens eine neue Aktivität auszuprobieren.*
- *Unter angemessener Beaufsichtigung sollten Teenager auch Zeit mit ihren Freunden verbringen. Während dieser Zeit können Teens ihre Imagination herausfordern.*

Problemlösung

- *Geben Sie Ihrem Kind die Möglichkeit, eigenständig zu planen. Fordern Sie es dazu mit Fragen auf (z. B. „Wie kommst du dahin?", „Wieviel wird das kosten?", „Wer wird dort sein?" „Wie kommst du nach Hause?"), um die Pläne abzurunden.*
- *Sie können Problemlösungsverhalten vorleben, indem Sie Ihre aktuellen Probleme mitteilen und Lösungsansätze erklären. Oder Sie beziehen sich auf zurückliegende Dilemmata und wie diese gelöst wurden. Zeigen Sie, wie Sie knifflige Zwickmühlen durchdenken und zu einer Lösung kommen.*
- *Wenn Ihr Teenager mit einem Problem ankommt, lösen Sie es nicht direkt selbst. Lassen Sie Ihr Kind ein bisschen Schwierigkeiten haben. Empfehlen Sie Brainstorming, um die verschiedenen Möglichkeiten zu erwägen. Sobald Ihr Kind eine Liste von Optionen hat, können Sie bei den Kriterien für eine Entscheidung helfen. Aber letztendlich muss der Lösungsweg von Ihrem Teenager vorgeschlagen werden.*
- *Während der Teenagerjahre wird Ihr Schüler zunehmend unabhängig und kann schon einen eigenen Kalender organisieren. Ziehen Sie einen gemeinsamen online Familienkalender in Erwägung, sodass Sie Familienereignisse einfach kommunizieren können.*
- *Teens sollten verantwortlich für ihre eigene Schularbeit sein, Noten beobachten und sich eigenständig um Beziehungen zu Lehrern, Beratern und Trainern kümmern.*
- *Motivieren Sie Ihren Teenager, Pläne für den Sommer zu erstellen. Regen Sie zu Gedanken über Haushaltsarbeiten, Jobs, (gegebenenfalls) Lernzeit und Abenteuer an. Lassen Sie Ihren Teenager Ziele für den Sommer festlegen und einen Plan zur Erreichung dieser erstellen.*
- *Gegebenenfalls kann Ihr Teenager den Führerschein eigenständig erarbeiten. Helfen Sie bei der Planung, wie der Terminsetzung für Fahrstunden und Prüfungen.*
- *Erlauben Sie älteren Teenagern, die Verantwortung über ihre Zukunft selbst zu übernehmen. Geben Sie Orientierung, aber lassen Sie Ihr Kind selbst über die Berufswahl entscheiden. Bieten Sie Unterstützung, aber lassen Sie es Universitätsbewerbungen eigenständig schreiben, Formulare selbst ausfüllen und eigenständig auf Aufnahmetests vorbereiten.*

- Ob Ihr Kind nun nach der Schule ein Gap-Year macht, auf die Universität geht oder sich anderweitig weiterbildet, stellen Sie einfach sicher, dass Ihr Kind zum Zeitpunkt des Schulabschlusses einen Plan hat. Vermitteln Sie Ihrem Teenager für das Priorisieren die Leitgedanken von Relevanz und Wichtigkeit. Fördern Sie Denkweisen, für die Ihr Kind das Gesamtbild begreifen muss. Und üben Sie praktische Fähigkeiten, wie Zusammenfassung, soziale Interaktion, Flexibilität und kreative Problemlösung.

Perspektivenwechsel

- Gemeinnützige Arbeit kann die Perspektive Ihres Teenagers weiten, bereichern und hilft beim Verständnis der Gedanken anderer.
- Hören Sie den Beschreibungen Inres Teenager über verschiedene Perspektiven bei Konflikten zwischen Gleichaltrigen genau zu. Und motivieren Sie zum Nachdenken über die Ursachen der verschiedenen Ansichten und Verhaltensweisen.

KAPITEL 8

Organisierte Kinder werden großgezogen

Organisierte Kinder tauchen nicht plötzlich auf — sie werden erzogen. Und alle Eltern haben jetzt die Kraft, ihr Kind zum organisierten Denken zu führen. In *„Eigenständige Kinder – Entspannte Eltern"* haben Sie altersgerechte Ratschläge kennengelernt, die elementare Entwicklungsfunktionen, wie sequenzielles und räumliches Denken, Gedächtnis und den Arbeitsspeicher des Gehirns (Fähigkeit, mehrere Dinge gleichzeitig zu verarbeiten) fördern. Diese Fähigkeiten blühen mit einer angemessenen Unterstützung richtig auf und erlauben es Ihrem Kind, den Überblick über eigene Sachen zu bewahren, die eigene Unordnung aufzuräumen, Gedanken zu organisieren, zu antizipieren und zu planen.

In diesem Buch betone ich immer wieder die Entwicklung, denn Kinder wachsen und verändern sich ständig. Erziehung passiert nicht von jetzt auf gleich, sondern ist ein kontinuierlicher Prozess. Während Kinder voranschreiten, müssen wir als Eltern die Messlatte höher legen und sie sanft zur nächsten Ebene vorantreiben. Lassen Sie Ihre Kinder eigenständig die Kleidung auswählen, das Mittagessen zubereiten und mit dem Fahrrad zur Schule fahren, wenn sie dafür bereit sind. Die intellektuellen Herausforderungen stimulieren das Wachstum des Gehirns, und das Bewusstsein für eigene Leistungen fördert das Selbstwertgefühl. Dennoch müssen wir realistische Erwartungen hegen. Kinder zu früh oder zu hart zu fordern, führt zu Frustration. Dieses Buch verleiht Eltern ein besseres Verständnis für die organisatorischen Stärken und Schwächen ihrer Kinder. So sollte es einfacher sein, sie zu fördern und angemessene Erwartungen an sie zu richten.

Eltern, denkt daran, geduldig zu sein. Manche Kinder entwickeln sich früh, andere viel später. Die Gehirnregion für Organisation entwickelt sich häufig noch bis in die späten Zwanziger. Unterstützen Sie den Fortschritt Ihres Kindes und lassen Sie Schwierigkeiten nicht so tragisch erscheinen, indem Sie nicht jeden kleinen Fehler aufzeigen. Die Forschung belegt, dass positive Erziehung funktioniert: Sagen Sie 4- oder 14-jährigen, dass sie fleißige Lerner sind und beobachten Sie das Lächeln und die stolz leuchtenden Augen. Wir haben 18 Jahre, um sie auf die Universität und das Erwachsenenleben vorzubereiten. Machen Sie sich keine Sorgen, wenn Ihr Fünfjähriger das Aufräumen seiner Spielsachen noch nicht beherrscht, Ihr Zehnjähriger vergessen hat, die Hausaufgaben aufzuschreiben oder Ihr 15-jähriger immer noch vergisst, alltägliche Haushaltsarbeiten zu machen. Seien Sie geduldig, beständig und motivieren Sie Ihr Kind immer weiter zum Erfolg. Als Eltern ist es immer unsere Aufgabe, wertvolle Lektionen und Fähigkeiten zu vermitteln, sodass sich unsere Kinder zu motivierten, ausgeglichenen und freundlichen Erwachsenen entwickeln.

Meine Frau und ich haben selbst wichtige Erziehungslektionen gelernt, durch die wir mit dem Stress, fünf Kinder großzuziehen, gut umgehen können. Erstens machen Sie sich bitte Folgendes bewusst: Sie sind nicht allein. Meine Eltern mussten mit meinen Fehltritten umgehen, als ich aufgewachsen bin, und auch meine Freunde, von denen die meisten exzellente Eltern sind, hinterfragen ihre Elternkompetenz von Zeit zu Zeit. Alle Eltern haben Schwierigkeiten. Tausende Familien haben meine professionelle Hilfe aufgesucht. Eltern zu sein, ist nicht einfach; mit der Geburt kommt keine Bedienungsanleitung. Dennoch können die in diesem Buch beschriebenen Schritte Eltern dabei helfen, die organisatorischen Fertigkeiten ihres Kindes in der Kindheit aufzubauen. Sie werden sich immer wieder auf das Buch beziehen können, wenn sich Ihr Baby zum Kleinkind, Ihr Kleinkind zum Schulkind entwickelt, und ehe Sie sich versehen, ist Ihr Kind zum Teenager herangewachsen. Während Ihr Kind wächst, können Sie einfach die Seite zum nächsten Kapitel umschlagen und Ihre elterliche Förderung anpassen.

Organisatorisches Training beginnt mit der Geburt und reicht bis in das junge Erwachsenenalter. Eltern können die Entwicklung der organisatorischen Fähigkeiten ihres Kindes bereits ab dem Säuglingsalter fördern. Durch Beständigkeit können Sie ein gutes Lernumfeld schaffen. Wir gehen unablässig auf die Bedürfnisse unserer Kinder ein, verhindern dadurch toxischen Stress und legen das Fundament für das Erlernen der ersten Reihenfolgen. Anhand unserer Beständigkeit lernen Kinder, dass der Welt um sie herum eine Organisation innewohnt. Sie werden durch ihre Routinen, geregelten Essenszeiten und Einschlaf-Rituale beruhigt. Im Alter von acht Monaten beginnen die meisten Säuglinge, einfache Sequenzen durch Ursache und Wirkung selbst zu erlernen. Folglich können produktive Eltern diese Entwicklung mit angemessenem Spielzeug und durch das Spielen von Zwei-Schritt-Spielen wie simples Verstecken fördern.

Kleinkinder sind beeindruckend. Die Verwandlung von einem Säugling in ein laufendes, sprechendes, albernes und verspieltes Kleinkind ist wundersam. Sie sind wie Schwämme, die die Welt erkunden und sich mit Informationen vollsaugen. Die Forschung zeigt, dass ein drastisches Gehirnwachstum während der Kleinkindjahre stattfindet. Diese Phase bietet Eltern eine einzigartige Möglichkeit, um die organisatorischen Fähigkeiten ihres Kindes zu unterstützen. Die Kleinkindjahre sind auch eine Zeit, um das Konzept von Reihenfolgen zu vermitteln. Benutzen Sie weiterhin beständige tägliche Routinen und temporale Begriffe wie nach, während und vorher. Zählen Sie, singen Sie und erzählen Sie Kinderreime, denn all das besitzt eine Struktur. Zeigen Sie, dass alle Aufgaben einen Anfang, eine Mitte und ein Ende haben und spielen Sie spaßige Spiele, bei denen man sich abwechseln muss. Sie können auch das räumliche Denken fördern, indem Sie allem einen Platz zuteilen. Schaffen Sie ein organisiertes Umfeld, das Ihr Kind versteht, visualisiert und in dem es sich merken kann, wo es bestimmte Gegenstände findet. Spielen Sie mit Puzzles und Bällen, um die Entwicklung der visuellen Verarbeitung (Fähigkeit, visuelle Informationen der Augen zu deuten) Ihres Kindes zu fördern. Selbst wenn Ihr Kind noch sehr jung ist, wird es schon die ersten Anzeichen vorausschauenden Denkens zeigen. Feiern Sie die Kreativität und den Humor Ihres Kleinkindes. Versuchen Sie nicht, alles für Ihr Kind selbst zu erledigen. Lassen Sie es ein bisschen herumprobieren, wenn es versucht, Dinge eigenständig herauszufinden. Und stellen Sie natürlich sicher, dass Sie auch wirklich genügend Filmaufnahmen machen, da diese wunderbare Zeit doch so schnell vergeht.

Das Fundament beständiger Erziehung zahlt sich ab dem Kindergarten aus. Früh etablierte Routinen, wie die Schlafenszeit und das Füttern, führen zu einer höheren Achtsamkeit seitens der Kinder.

Die Sprache explodiert in den Kindergartenjahren. Während dieser Jahre wird Ihr Kind tausende neue Begriffe lernen. Unterstützen Sie diese Sprachentwicklung durch das Vorlesen und Erzählen von Geschichten. Reden Sie mit Ihrem Kind. Der Fortschritt bei der Sprache erweitert die Möglichkeiten zum Lernen enorm. In diesem Alter und mit neuen Sprachkenntnissen wird Ihr Kind Konzepte besser verstehen können. Durch Wörter können Reihenfolgen, visuelle Verarbeitung und vorausschauendes Denken vermittelt werden. Wörter für Positionen wie über, unter, nahe, unterhalb und zwischen fördern ein konzeptionelles Verständnis für visuell-räumliche Beziehungen. Und wenn Sie Ihrem Kind Ihre Pläne und Termine mitteilen, versteht es auch, wie vorausschauendes Denken abläuft. Abgesehen von den neu gebildeten Fähigkeiten, können die Kindergartenjahre die ersten von vielen herausfordernden Jahren sein, in denen

Kinder ihre Unabhängigkeit ausdrücken wollen — vor allem in dem sogenannten „schrecklichen zweiten Jahr". Versuchen Sie sich über emotionale Zusammenbrüche keine Sorgen zu machen. Diese sind ein Zeichen von Frustration und verschwinden wieder schnell, wenn Eltern ruhig bleiben und an ihren beständigen Routinen festhalten. Bringen Sie Ihrem Kind bei, geduldig zu sein und seine Probleme selbst zu lösen, denn das reduziert Frustration. Und Phantasie ist eine der besten Lernhilfen für Ihr Kindergartenkind. Also nehmen Sie sich Zeit, mit Ihrem Kind albern zu sein, Rollenspiele zu planen, phantasievoll zu sein und Dinge zu konstruieren, sodass es schon die für die Schule benötigten Fertigkeiten besitzt.

Die Schuljahre sind eine Phase, in der extrem viele neue Fähigkeiten erworben werden. Während dieser Zeit lernen Kinder zu lesen sowie die Zeit anzusagen, und in der weiterführenden Schule können viele Kinder ihre Hausaufgaben schon eigenständig managen. Ein Kind lernt wichtige Lektionen schrittweise und wird allmählich zu einem Meister der Routinen. Und unsere Aufgabe besteht darin, diese Routinen zu vermitteln, sodass Kinder zunehmend unabhängig agieren können. Ein junges Kind kann schon grundlegende Routinen wie die Benutzung der Toilette und Ankleiden lernen. Währenddessen können ältere Kinder schon effektiv Zeit und Unterrichtsmaterialien organisieren. Ihr Kind wird Selbstvertrauen durch Kompetenz gewinnen. Und es erarbeitet sich seine Unabhängigkeit dadurch, dass es jetzt schon Verantwortung zeigt.

Tun Sie mehr, als nur Routinen zu vermitteln. Zeigen Sie Ihrem Kind auch, wie man Aufgaben in Teilschritte einteilt, sodass es vorbereitet ist, neue Hürden eigenständig zu überwinden.

Denken Sie immer daran, dass Ihr Kind noch lernt und auf dem Weg zur Unabhängigkeit sehr wahrscheinlich Fehler machen wird. Sie können Ihrem Kind helfen, bessere Entscheidungen zu treffen, indem Sie klare Erwartungen ausdrücken. Wenn Ihr Kind einen Fehler macht oder eine Regel bricht, zeigen Sie nur die natürlichen Konsequenzen auf, um die Ursache-Wirkung-Beziehung auf Handlung und Konsequenz zu übertragen. Bestrafungen sind meistens nicht nötig, wenn die natürlichen Konsequenzen richtig angewandt werden. Wenn Sie dennoch denken, dass die Erziehung Ihres Kindes nur mit häufigen Bestrafungen funktioniert, sollten Sie sich an einen Kinderarzt wenden. Dann erkennen Sie, ob Ihr Kind vielleicht spezielle Hilfe benötigt oder Sie vielleicht neue Erziehungsstrategien lernen können. Es ist sehr wahrscheinlich, dass Ihr Kind im Schulalter ab und zu nachlässig und unvorsichtig sein wird. Eine gute Fertigkeit, die sich in diesem Alter festigen lässt, ist das „Closing" (Baseball: Vollenden). Motivieren Sie Ihr Kind, angefangene Dinge auch fertigzustellen, und zwar so, dass Ihr Kind selbst stolz auf das Ergebnis ist.

Kinder sind während der Kindergartenjahre egozentrisch, aber ab der weiterführenden Schule beginnen sie, andere Perspektiven einzunehmen und begreifen das Gesamtbild sowie das Wohl der Allgemeinheit schon eher. Um Einfühlungsvermögen und Logik zu fördern, lassen Sie Ihr Kind gründlich nachdenken. Wenn Ihr Kind Dinge sagt, die keinen Sinn ergeben, fordern Sie es zu einer näheren Erläuterung auf. Fragen Sie nach Vorhersagen, Schätzungen und lassen Sie es Probleme lösen. Lassen Sie Ihr Kind nicht in passiven Aktivitäten wie soziale Medien oder Videospielen versanden. Fordern Sie Ihr Kind zu Kreativität und Imagination heraus.

Mit zunehmendem Alter Ihres Kindes sollte sich auch Ihre Rolle als Elternteil entwickeln. Während der Schuljahre wird sich Ihre Rolle von einem Coach zu einem Manager wandeln. Und in den Teenagerjahren werden Sie nur noch zu einem Berater. Teenager wollen — und müssen wirklich — Unabhängigkeit erfahren. Jedoch kann es schwer fallen, loszulassen. Schließlich können sich die Prioritäten Ihres Teenagers von den Ihren unterscheiden. Und die wirbelnden Hormone Ihres Teenagers verursachen widersprüchliche Emotionen, sodass Sie die Reife in Frage stellen. Seien Sie für Ihren Teenager beständig. Hören Sie zu und zeigen Sie Akzeptanz. Halten Sie konsequent an etablierten Rahmenbedingungen fest und antworten Sie ruhig. Wer Verantwortung zeigt, ist auch bereit für mehr Unabhängigkeit. Vermitteln Sie Ihrem Teen dieses wichtige Prinzip. Ein Teenager, der sich um seine Gesundheit, Hygiene, Hausaufgaben, Haushaltsarbeiten und andere Aufgaben kümmert und sich für persönliche soziale Interaktion einsetzt, befindet sich auf einem guten Weg in Richtung Unabhängigkeit. Ermutigen Sie Ihr Kind, wann immer möglich, eigene Entscheidungen zu treffen, sowie dann aus den Erfolgen und Fehlschlägen zu lernen. So lernt Ihr Kind effizient durch Erfahrung.

Von der Geburt an bis nach dem Auszug aus dem Zuhause braucht Ihr Kind Ihre Unterstützung. Die exekutiven Funktionen (für Planung, Organisation und Aufgabenerledigung benötigte Fähigkeiten des Gehirns) werden sich entwickeln. Und die Empfehlungen in diesem Buch helfen dabei, Ihr Kind schrittweise zu einem organisierten Denker zu entwickeln. Also halten Sie sich an die 5 Schritte, um ein eigenständiges Kind zu erziehen:

1. **Sei beständig.**
2. **Führe Ordnung ein.**
3. **Teile allem einen Platz zu.**
4. **Übe vorausschauendes Denken: Planen, Schätzen und Kreativität.**
5. **Fördere Problemlösung.**

Durch die Befolgung dieser Regeln können Lehrer und Eltern Kindern helfen, zu organisierten Denkern heranzuwachsen. Denn genau durch dieses Vorgehen werden Neuronenschaltungen für die Verarbeitung von sequenziellen, räumlichen und gleichzeitigen Informationen gestärkt. Oder mit anderen Worten: Die Gehirnentwicklung wird angekurbelt.

Die Welt ist voller Probleme, die es zu lösen gilt. Und junge Schülerinnen und Schüler sind die Problemlöser der Zukunft. Die Vermittlung von Organisationsfähigkeit von jungem Alter an bis ins frühe Erwachsenenalter bietet die beste Möglichkeit, sich auf das Erwachsenenleben vorzubereiten. Seien Sie bei der Vermittlung dieser Lektionen konsequent. Vermitteln Sie Ihrem Kind ein Gefühl für Zeit und Raum, sodass es Reihenfolgen versteht. Üben Sie vorausschauendes Denken, indem Sie Raum zum eigenständigen Planen und Antizipieren bieten. Und fördern Sie das Verständnis für das große Gesamtbild, indem Sie es durch Ihr eigenes Verhalten vorleben, und indem Sie Perspektivenwechsel anregen. Ihr Kind wird Ihnen eines Tages für all das und den damit erreichten Erfolg danken.

ANHANG

A: Missverstandene Gemüter

Exekutive Dysfunktionen (Schwächen bei den Gehirnfunktionen, die zielorientiertes Handeln, Selbstkontrolle, Aufmerksamkeit, Hemmung von überschnellen Reaktionen und Koordination komplexer Gedanken) wurden mit zahlreichen neurologischen Erkrankungen assoziiert, einschließlich, aber nicht begrenzt auf Schizophrenie, Alzheimer, Autismus-Spektrum-Störung (ASS), fetales Alkoholsyndrom, Aufmerksamkeitsdefizit-/Hyperaktivitätsstörung (ADHS), Posttraumatische Belastungsstörung und Depression. Das bedeutet natürlich nicht, dass bei einer Person mit exekutiver Dysfunktion diese Erkrankungen diagnostiziert werden müssen. Stattdessen bedeutet das, dass eine Person mit einer solchen Erkrankung auch sehr wahrscheinlich exekutive Dysfunktionen hat. Eine zunehmende Anzahl medizinischer Studien zeigt die Veränderungen des Frontallappens, die bei Personen mit diesen und anderen Erkrankungen auftritt. Ich bin der Meinung, dass diese exekutiven Herausforderungen, die größte Behinderung für Kinder mit solchen Erkrankungen sind. Ich habe zwei gut untersuchte Krankheiten ausgewählt, die die exekutiven Funktionen von Kindern beeinflussen, Autismus und ADHS, um zu zeigen, wie sich die Symptome von Desorganisation auf den Kern dieser Erkrankungen zurückführen lassen.

Autismus-Spektrum-Störung

„Ich bin davon überzeugt, dass der zukünftige Erfolg meines Sohnes sowohl akademisch, als auch sozial vollständig von seiner Organisation abhängt."

– Maureen, Mutter eines 15-jährigen Sohnes mit Autismus

Dieses Zitat der Mutter einer meiner Patienten resultiert aus ihrer 15-jährigen Erfahrung mit dem Verstand ihres autistischen Kindes. Er war wohlerzogen sowie höflich, und mit der richtigen Unterstützung hatte er gute Noten in der Oberstufe. Dennoch vergaß er ständig wichtige Aufgaben der Selbstfürsorge. Er vernachlässigte seine Hygiene und vergaß sogar häufig, sein Mittagessen zu essen.

Autismus wird als Spektrum-Störung betrachtet, die nahelegt, dass Kinder mit dieser Erkrankung verschieden sind, aber dennoch eine bestimmte Anzahl typischer Symptome aufweisen. Während die genaue Ursache von Autismus noch unbekannt ist, scheint es neben der genetischen Veranlagung viele Faktoren zu geben, die diese Erkrankung auslösen. Das Zentrum für Krankheitskontrolle und -prävention (Centers for Disease Control and Prevention) berichtet, dass Autismus (auch bekannt als ASS) bei einer von 59 Personen auftritt.[37] Diese Statistik belegt eine 15-fache Steigerung dieser Quote im Vergleich zu der Quote vor 25 Jahren. Die Merkmale von Autismus treten in der Regel in den ersten drei Jahren nach der Geburt auf. Kinder mit Autismus zeigen Defizite in der sozialen Kommunikation. Mit diesen können, müssen aber nicht, auch Sprachverzögerungen einhergehen sowie eine Tendenz zu eingeschränkten und wiederholenden Verhaltensweisen. Außerdem kann ihr sensorisches System ungewöhnlich empfindlich oder unempfindlich auf Geräusche, Texturen, Geschmack und Schmerz reagieren. Kinder mit ASS können auch mit dieser Krankheit verbundene Schwierigkeiten bei Aufmerksamkeit, Lernprozessen, Intelligenz, emotionaler Regulation und motorischer Koordination haben. Im Kern vieler dieser Schwachstellen liegt das Unvermögen, neurologische Informationen aus allen Bereichen des Gehirns miteinander zu verknüpfen. Auch Dysfunktionen des Frontallappens von Kindern mit Autismus wurden beobachtet sowie exekutive Dysfunktionen.

Es kann bei Kindern mit Autismus eine allgemeine Desorganisation der Informationsverarbeitung geben. Sie können Probleme bei der mehrstufigen Verarbeitung haben, sodass zu viele gleichzeitige neurologische Informationen dazu führen, dass das Gehirn ineffizient arbeitet. Ein klassisches Beispiel ist der fehlende Augenkontakt bei Kindern mit Autismus. Es gibt die Hypothese, dass ihre Gedanken vom Analysieren der Körpersprache verwirrt werden und sie daher Augenkontakt vermeiden. Folglich üben sie diese Fähigkeit auch nicht. Mit zunehmendem Alter kann es immer schwieriger werden, Augenkontakt zu lernen.

Gleichzeitige Informationsverarbeitung ist auch sehr wichtig für den Perspektivenwechsel. In der Psychologie spricht man von Theory of Mind. Diese beschreibt den Prozess, dass man dem Gegenüber einen mentalen Zustand (z. B. ein Glaube, eine Emotion) zuschreibt, um das Verhalten zu verstehen und vorhersagen zu können. Das heißt, dass man versucht, die Bewusstseinsvorgänge einer anderen Person zu analysieren und daraus Annahmen zu schlussfolgern. Diese Theorie steht im Mittelpunkt des Autismus.[38] Die Mutter eines Kindes mit hochfunktionalem Autismus hat zum Beispiel eine Erfahrung in der Schule mit dem Perspektivenwechsel verbunden. Ihr Sohn musste in der Oberstufe einen Mathetest absolvieren und war ein guter Schüler mit besten Noten. Sein Vater, der am Abend zuvor mit ihm gelernt hatte, berichtete, dass er angemessen vorbereitet war. Als der Lehrer den Test jedoch austeilte, merkte mein Patient, dass er seinen Stift vergessen hatte. Er saß 45 Minuten lang an seinem Tisch und starrte den Test an, bis die Zeit um war und er ein leeres Blatt Papier abgeben musste. Als ich ihn gefragt habe, was er in der Situation sonst noch hätte machen können, hat er mir bestätigt, dass er nicht daran gedacht hatte, um Hilfe zu bitten. Als ich darauf hinwies, dass eine Bitte doch eine mögliche Option gewesen wäre, offenbarte seine Antwort seine Schwäche bei der Fähigkeit zum Perspektivenwechsel: „Die Lehrerin hätte mir einen Stift gegeben, wenn sie gewollt hätte, dass ich einen Stift habe." Probleme beim Perspektivenwechsel scheinen die zentrale Ursache der sozialen und kommunikativen Symptome von Kindern mit Autismus zu sein. Die Perspektive eines anderen einzunehmen, fordert die mehrstufige Verarbeitung. Der Arbeitsspeicher ist eine Art Gedächtnis, das für das temporäre Festhalten von Informationen während mentaler Prozesse zuständig ist, was die gedankliche Verarbeitung der gespeicherten Informationen ermöglicht. Eigene Annahmen müssen im Arbeitsspeicher kurzfristig „auf Eis gelegt werden", während man gleichzeitig darüber nachdenkt, was ein anderer denken mag. Um eine andere Perspektive erfolgreich einzunehmen, muss man gleichzeitig die Vorerfahrungen des Gegenübers berücksichtigen, die verschiedenen Beweggründe im Kontext der Situation interpretieren, ein Verständnis für Körpersprache haben und Augenkontakt halten. Das heißt mit anderen Worten, dass unser Arbeitsspeicher auf Hochtouren laufen muss, um all diese Informationen gleichzeitig festzuhalten. Die Schwierigkeiten bei Annahmen über die Bewusstseinsvorgänge einer anderen Person scheinen zumindest teilweise ein Resultat von unorganisiertem Denken zu sein und zeigen, wie die soziale Wahrnehmung von den exekutiven Funktionen abhängt.

Ein Mangel an Einfühlungsvermögen und die Unfähigkeit, den Überblick über das Gesamtbild zu behalten, sind Symptome, die mit zunehmendem Alter von Kindern mit Autismus immer auffälliger werden. Diese Fähigkeiten werden auch als Gedanken höherer Ordnung bezeichnet, denn die Ausführung dieser Aufgabe erfordert viele gleichzeitige Gedanken. Gesamtbild-Denker sind fähig, mehrere Alternativen zu betrachten, bevor sie eine Entscheidung treffen. Diese ist dann nicht nur gut für sie, sondern für alle Beteiligten. Und genau diese Fähigkeit ist bei Kindern mit Autismus und Defiziten bei den exekutiven Funktionen geschmälert.

Schon in der frühen Kindesentwicklung können bei Autismus Veränderungen im Gehirn festgestellt werden. Das Gehirnwachstum ist schon im jungen Alter im dorsolateralen und medialen präfrontalen Cortex ungewöhnlich rasant. Diese Erkenntnis erklärt wahrscheinlich auch den großen Kopfumfang von vielen Kindern mit Autismus. Bei der normalen Gehirnentwicklung kommt es zur Verknüpfung neuronaler Verbindungen, aber einige dieser Verbindungen werden anschließend wieder eliminiert. Dieser Prozess wird auch „Synapseneliminierung" genannt. Die Synapseneliminierung erhöht schließlich die Effizienz der verbliebenen Verknüpfungen im Gehirn. Eine Hypothese besteht darin, dass das Gehirn von Kindern mit Autismus weniger von dieser Synapseneliminierung erfährt. Vielleicht erklärt das wiederum den „Verkehrsstau", ein verwirrtes neuronales Netzwerk, das die soziale sowie verbale Kommunikation und die Fähigkeit zur präzisen Verarbeitung sensorischer Informationen maßgeblich beeinflusst.

Forschung zur Kindes- und Gehirnentwicklung im frühen Kindesalter stützen die Hypothese, dass die exekutiven Funktionen bei Kindern mit Autismus unterentwickelt sind. Die funktionelle Bildgebung (visuelle Darstellung des Blutflusses in verschiedenen Gehirnregionen, während ein Patient eine bestimmte Aufgabe ausführt wie zum Beispiel Mathematik) in den Studien von Zilbovicius und anderen[39] sowie Oznoff und anderen liefern den Nachweis, dass viele der Unterschiede von Kindern mit Autismus dem Frontallappen entstammen. Dreijährige Kinder mit Autismus wiesen niedrige Werte bei der zerebralen Durchblutung des Frontallappens auf, ähnlich dem normalen Blutfluss bei Einjährigen. Studien der Verhaltensforschung korrelieren mit dieser Beobachtung, sodass weitere Belege für die Beteiligung des Frontallappens sprechen. Und auch weitere Forschungen im Vergleich von Kindern mit Autismus zu einer Kontrollgruppe haben die Defizite bei den exekutiven Funktionen belegt. Kinder mit Autismus haben Schwierigkeiten bei der Kartensortierung, die im Abschnitt „Befolgung von Regeln" im Kapitel 1: „Kindesentwicklung und Gehirnorganisation" beschrieben wurde. Sie können nicht effektiv von der Farben-Regel zu der Bilder-Regel wechseln. Über mehrere Studien hinweg wird beschrieben, wie Kinder mit ASS Defizite bei den Fertigkeiten der exekutiven Funktionen wie Planen, mentale Flexibilität, Selbstkontrolle (Kontrolle des eigenen Verhaltens und emotionalen Impulse) und Selbstbeobachtung aufweisen.[40–42]

Die Art, wie Kinder mit Autismus Sprache verarbeiten, zeigt auch die Desorganisation ihrer Gehirne. Ernsthafte Sprachverzögerungen sagen häufig Schwierigkeiten bei der Unabhängigkeit im Erwachsenenalter voraus. Obwohl Unterschiede bei der Sprache ein Kernpunkt des Autismus ist, haben viele Kinder mit ASS einen großen und manchmal fortgeschrittenen Wortschatz. Sie können enzyklopädisches Wissen über manche Gebiete haben. Und viele können sogar ganze Drehbücher von Filmen und Fernsehsendungen aufsagen. Das Problem ist folglich nicht mangelnder Wortschatz, sondern Schwierigkeiten bei der Kommunikation. Das heißt, Gedanken organisiert in Worte zu fassen, sodass die Zuhörer das Gesagte verstehen können. Die kontextabhängige Verwendung von Sprache wird auch Pragmalinguistik genannt. Kinder mit Autismus haben häufig Schwierigkeiten bei der Kommunikation ihrer Bedürfnisse. Einer meiner Patienten wurde nach einer Auseinandersetzung mit einem anderen Mitfahrer aus dem Bus geworfen. Er hat jeden Morgen den Bus zur Arbeit genommen und saß am liebsten auf dem ersten Platz direkt neben dem Busfahrer. Eines Tages saß ein anderer Mitfahrer auf „seinem" Platz. Die Reaktion meines Patienten bestand darin, sich direkt vor den Mitfahrer zu stellen. Während er sich in einer wahrscheinlich unbeabsichtigt aggressiven Position über den Mitfahrer lehnte, begann er wie ein Höhlenmensch zu grunzen, bis sich der Mitfahrer umsetzte. Trotz funktionaler Sprachfähigkeiten konnte mein Patient keine angemessene verbale Antwort geben. Infolgedessen wurde er aufgefordert, den Bus zu verlassen.

Das sensorische System von Kindern mit Autismus kann sehr unorganisiert sein. Als Arzt habe ich von meinen Patienten genau so viel gelernt, wie durch meine Lehrbücher. Ein Thema, das in der Literatur unterrepräsentiert ist, ist die sensorische Integration (wie das Gehirn die vielen Informationen über unsere Sinnesorgane verarbeitet und benutzt). Sie betrifft das reale Leben vieler meiner Patienten. Bücher haben mich nicht auf die heftigen Reaktion von Kindern auf eine unregelmäßige Sockennaht, einen neuen Geschmack oder das Geräusch einer Toilettenspülung vorbereitet. Manche Kinder, insbesondere Kinder mit Autismus, durchleben übertriebene Reaktionen auf Umweltreize. Es ist, als könnten ihre Körper die Sinneseindrücke nicht regulieren. Wenn Kinder von ihrer Umgebung überwältigt werden, werden die ohnehin schon verminderten Fähigkeiten noch stärker beeinträchtigt. Ihre Gehirne sind durch zu viele gleichzeitige Informationen überlastet.

Meine klinischen Beobachtungen über die multisensorische Verarbeitung decken sich mit der Entdeckung, dass es eine neurologische Grundlage für Defizite bei der sensorischen Integration von Kindern mit Autismus gibt.[24, 25, 43]

Kinder mit Autismus haben Schwierigkeiten, wenn sie in Situationen viele Informationsstücke gleichzeitig verarbeiten müssen. Ihre sozialen und kommunikativen Fertigkeiten gehen zurück, wenn sie überfüllten, lauten oder hektischen Situationen ausgesetzt sind. Viele Eltern meiner Patienten mit Autismus vermeiden Kindergeburtstage, Kinobesuche und öffentliche Toiletten (aus Angst vor den automatisch-spülenden Toiletten). Diese Umgebungen sind für ihre Kinder einfach zu komplex. Dementsprechend beinhalten Behandlungen häufig den Ausschluss von unnötigen Reizen und die schrittweise Einführung, oder Desensibilisierung, einer zunehmenden Anzahl von Umwelteinflüssen.

„Behandlung und pädagogische Förderung autistischer und in ähnlicher Weise kommunikationsbehinderter Kinder" (englisch: TEACCH von der Universität von North Carolina) ist ein Maßnahmenansatz, der von vielen Schulen verwendet wird, um Kinder mit Autismus zu unterstützen.[44] Da Kinder mit Autismus nachweislich durch zu viele Informationen überwältigt werden, sind TEACCH-Klassenzimmer extrem strukturiert und haben vorhersehbare Routinen, die auf Listen dargestellt werden. In manchen Klassenzimmern werden Schüler in kleine „Arbeitskabinen" gesetzt. Dann werden die Seiten dieser Kabinen Stück für Stück entfernt, sodass das Kind seinem Umfeld schrittweise näher kommt.

In ähnlicher Weise ist die sensorische Integrationstherapie darauf ausgerichtet, bei der Organisation und Verarbeitung von Sinneseindrücken zu helfen. Diese Therapie beinhaltet in der Regel keine Entwicklung von ganz bestimmten Fertigkeiten, aber dafür wird die allgemeine Verarbeitung von Sinneseindrücken trainiert. Kinder werden verschiedenen Mengen an Sinneseindrücken ausgesetzt, während ablenkende oder irritierende Reize ausgeblendet werden. Dadurch sind Kinder vielleicht eher in der Lage, an dem Geschehen in der Welt um sie herum teilzunehmen. Sie können in lauten Klassenzimmern sitzen und sich mit den eigenen Kleidungsstücken abfinden. Wissenschaftliche Studien hinsichtlich der Effektivität von sensorischen Integrationsbehandlungen sind sehr begrenzt und nicht beweiskräftig, aber dennoch sind sie unter Familien mit Kindern mit Autismus und ADHS weit verbreitet.

Viele Eltern setzen ihre Kinder mit Autismus auf eine spezielle Diät. Die am weitesten bekannte Diät ist die glutenfreie/caseinfreie Ernährung. Genau wie bei der sensorischen Integrationstherapie gibt es keine Forschungsbelege für die Wirksamkeit dieser Praxis. Es ist nicht klar, ob spezielle Diäten bei Kindern mit Autismus wirken, oder vielleicht bei einer Untergruppe von Kindern mit ASS. Es gibt diverse Theorien, warum eine spezielle Diät helfen könnte. Die bislang anerkannteste Theorie besteht darin, dass die unorganisierte mehrschichtige Verarbeitung mit einer Nahrungsunverträglichkeit zusammenhängt. Mit anderen Worten: Wenn ein Kind mit Autismus eine Allergie oder Nahrungsempfindlichkeit besitzt, stellt das eine Ablenkung für das Gehirn dar. Diese kann von anderen Gedanken ablenken. Dieser Hypothese zufolge kann eine Eliminierung der reizend wirkenden Lebensmittel zu einer besseren Handlungsfähigkeit des Kindes führen.

Kinder mit Autismus zeigen sich wiederholende Verhaltens- und Ausdrucksweisen. Schaukeln, Auf-und-ab-Gehen und das Anstarren der Hände werden auch als selbststimulierendes Verhalten bezeichnet. Kinder mit Autismus zeigen diese Verhaltensweisen vor allem dann, wenn sie ängstlich oder aufgeregt sind. Und manche scheinen sich durch die Ausführung zu entspannen. Einige meiner hochfunktionalen Patienten führen repetitive Handlungen durch, wie das Drehen auf einer Schaukel, um sich nach einem schwierigen Schultag zu entspannen. Der Drang zu Gleichartigem und zur Wiederholung kann schon an sich behindernd sein, wenn er durch seine Hartnäckigkeit die Kommunikation und Teilnahme an Aktivitäten beeinträchtigt. Es ist noch nicht klar, warum sich Kinder mit Autismus so verhalten. Jedoch haben Kinder mit Autismus ein arbeitsreiches Netzwerk von „Autobahnen". Sie können diesen mentalen Verkehr nicht effizient in bestimmte Richtungen leiten. Daher gehen sie lieber immer wieder die Wege, die vertraut, beruhigend und sicher auf sie wirken. Und diese Sicherheit bekommt immer den Vorzug. Es ist wie mit einer Spurrille. Je mehr eine Fahrbahn befahren wird, desto tiefer wird die Spurrille. Und irgendwann driftet der ganze Verkehr immer wieder in diese eine Spurrille ab. Wenn wir Kinder mit Autismus behandeln, beginnen wir mit Organisation und Struktur. Dann führen wir schrittweise Flexibilität ein. Dazu gehören mehrere Optionen und die Konfrontation mit neuen Situationen. Denn so können Kinder mit Autismus-Spektrum-Störung ihre teils herausragenden Fähigkeiten besser kommunizieren und anwenden.

Aufmerksamkeitsdefizit-/Hyperaktivitätsstörung

„Wie ist es möglich, dass sich unser Kind vier Stunden konzentrieren kann, wenn er das komplizierteste Lego-Set zusammenbaut und wieder auseinandernimmt, aber extreme Schwierigkeiten hat, wenn wir ihn bitten, seine Hausaufgaben zu erledigen?

– Mutter eines zehnjährigen Sohnes mit Aufmerksamkeitsdefizit-/
Hyperaktivitätsstörung

Diese Frage der Mutter von einem meiner zehnjährigen Patienten betrifft eine der verwirrenden und komplexen Schwierigkeiten von Kindern mit Aufmerksamkeitsdefiziten. Es gibt Umstände, in denen die Aufmerksamkeit voll da ist und andere, in denen sich Kinder einfach nicht fokussieren können. Folglich versteht man, warum viele Eltern direkt die Schlussfolgerung ziehen, dass ihr Kind mit ADHS einfach „faul" ist. Die Wirklichkeit ist jedoch, dass Aufmerksamkeit ein komplexes System ist, das in viele Komponenten unterteilt ist (z. B. Aufmerksamkeitsspanne, Beständigkeit, Bemühungen, Selbstkontrolle). Und Ausfälle von nur wenigen dieser Komponenten sind mehr als genug, um Kindern zu Hause oder in der Schule Schwierigkeiten zu bereiten. Genau wie bei Kindern mit Autismus sind exekutive Dysfunktionen bei Kindern mit ADHS zu erkennen.

Aufmerksamkeitsdefizit-/Hyperaktivitätsstörung, auch bekannt als ADHS, ist eine Entwicklungsstörung, die dramatische 4 bis 8 % der Kinder, Jugendlichen und Erwachsenen betrifft.[45, 46] Wir erkennen zunehmend, dass ADHS keine reine Verhaltensstörung ist, sondern eine Entwicklungsstörung der exekutiven Funktionen des Gehirns. Ein führender Experte auf dem Gebiet von ADHS ist Dr. Russel A. Barkley. Laut Dr. Barkley gelingt die Einschätzung der ADHS-Beeinträchtigung am besten, indem man die individuelle Leistung in Bereichen des alltäglichen Lebens evaluiert. Inwieweit werden Individuen täglichen Anforderungen, Verantwortlichkeiten und anderen akademischen, sozialen, beruflichen und familiären Verpflichtungen gerecht? Diese Diagnose bietet viel präzisere Indikatoren für ADHS, als das tatsächliche Wissen des Individuums, wie man diese Dinge erledigt.[22, 47] Viele der zuvor schon beschriebenen exekutiven Dysfunktionen zeigen sich bei Kindern mit ADHS; einschließlich Schwierigkeiten beim Priorisieren, Planen, Initiieren und Aufgaben pünktlich abzuschließen, Schwierigkeiten beim Zeitmanagement, Schwierigkeiten bei der Verwaltung von Materialien, Schwierigkeiten mit Verhaltensflexibilität, langem Zögern, Vergesslichkeit und einem schwachen Arbeitsspeicher. Forscher erkennen mehr und mehr, dass ADHS nicht nur das Verhalten, sondern auch die physische und emotionale Selbstkontrolle beeinflusst.

Aufmerksamkeitsdefizit-/Hyperaktivitätsstörung ist eine Störung, die viele Gehirnregionen betrifft, aber vor allem den präfrontalen Cortex (Gehirnregion am vordersten Teil des Frontallappens, unter anderem verantwortlich für Planen und organisiertes Denken). Neuroimaging-Studien dokumentieren die biologische Präsenz von ADHS. Studien, die sich mit der Gehirnstruktur befassen, deuten darauf hin, dass Kinder mit ADHS ein reduziertes Gehirnvolumen und insgesamt eine Entwicklungsverzögerung, insbesondere im Bereich des Frontallappens, aufweisen.

Die Medikamente zur Behandlung von ADHS liefern weitere Belege dafür, dass exekutive Dysfunktionen den Kern der ADHS-Symptome bilden. Diese Medikamente wurden vor über 80 Jahren im Jahr 1937 von Charles Bradley erstmalig in diesem Zusammenhang erwähnt. Alle derzeit zugelassenen Medikamente, Stimulanzien und Sedativa funktionieren, indem sie den präfrontalen Cortex zusammen mit anderen Gehirnregionen effektiver arbeiten lassen.[48] Millionen von Kindern und Erwachsenen haben Stimulanzien zur Behandlung von ADHS genommen. Studien zeigen, wie diese Medikamente die exekutiven Funktionen verbessern und Verhaltensstörungen normalisieren.[49, 50] Die exekutiven Funktionen von Kindern unter Medikation haben sich drastisch verbessert.[51] Die Korrelation zwischen verbesserten exekutiven Funktionen und Stimulanzien ist so stark, dass manche Forscher vorgeschlagen haben, eine erfolgreiche Behandlung mit Stimulanzien als Bestätigung einer ADHS-Diagnose anzusehen. Es wurde herausgefunden, dass Kinder mit ADHS, Autismus oder einer anderen der zahlreichen Erkrankungen häufig auch exekutive Dysfunktionen haben.

Diese Defizite sind meistens das Frustrierendste für Eltern und die größte Behinderung für Kinder. Die Strategien aus diesem Buch lassen sich auf alle Kinder mit exekutiven Dysfunktionen anwenden, egal was der Grund oder die Ursache dafür sein mag. Sie gelten für Kinder mit ADHS und Autismus genauso wie für jedes andere unorganisierte Kind. Jedoch entwickeln Kinder mit diesen Erkrankungen ihre organisatorischen Fertigkeiten viel langsamer als ihre Gleichaltrigen. Das Wichtigste für Eltern sind Geduld und Durchhaltevermögen.

B: Einführung von Mini-Routinen

Kinder mit einer unorganisierten Denkweise tendieren dazu, die größten Schwierigkeiten während unstrukturierter Zeiten zu haben. Eine offensichtliche unstrukturierte Aktivität ist die Schulpause. In dieser springen chaotische Denker von einer Aktivität zur nächsten, rennen in Konflikte, da ihre Erwartungen nicht erfüllt werden, oder starten erst gar keine Aktivität. Kinder, die häufig Lücken in ihren Gedankengängen erleben, geraten in Situationen, die scheinbar unvorhersehbar und unstrukturiert sind. Zum Beispiel legt Jonas nach dem Zähneputzen seine Zahnbürste neben das Waschbecken und verlässt das Badezimmer. Aufgrund seines unorganisierten Verstandes löst das Zähneputzen keine weiteren Schritte in der Badezimmer-Reihenfolge (z. B. Zahnbürste aufräumen, Toilette benutzen, Gesicht waschen) aus. Folglich hat das Kind keinen vollständigen Gedankengang auf Abruf für eine Badezimmer-Routine. Selbst scheinbar berechenbare Schritte einer Mini-Routine wie das Zähneputzen, können auf ein unorganisiertes Kind wie eine unstrukturierte Aufgabe wirken. Es kann helfen, Pläne für diese unstrukturierten Zeitspannen zu machen, indem man diese Mini-Routinen in Mini-Mini-Routinen unterteilt.

Mini-Routinen müssen individualisiert werden, um den Bedürfnissen jedes Kindes und jeder Familie gerecht zu werden. Für junge Kinder können die Routinen als eine Serie von Bildern aufgelistet werden. Unten sind einige beispielhafte Mini-Routinen aufgelistet, die kopiert und benutzt werden können. Dennoch empfehle ich die folgende Technik, wenn Sie Ihre eigenen Routinen erfinden.

1. *Entscheiden Sie, welche Mini-Routinen der Familie die meisten Schwierigkeiten bereiten. Übliche Zeiten für diese Routinen sind meistens, wenn sich jeder im Haushalt fertig macht (z. B. für die Arbeit, die Schule, das Abendessen und das Schlafengehen) oder bei Übergängen (z. B. zu Hause ankommen). Aber letztendlich lassen sich Mini-Routinen für alle Aktivitäten erfinden wie Hausaufgaben, Spielzeit, Einkäufe und entspannte Wochenenden.*
2. *Entscheiden Sie, wie die Aktivitäten aussehen sollen. Sollen sie unabhängig oder mit Hilfe erledigt werden? Sollen sie in einem bestimmten Zeitfenster geschehen?*
3. *Erstellen Sie die Routinen. Es ist wichtig, dass Sie Ihr Kind wann immer möglich in diese Prozesse miteinbeziehen. Dadurch wird es dazu motiviert, bei den verschiedenen Überlegungen zur Organisation mitzudenken.*
4. *Schreiben Sie die Routinen auf, aber versuchen Sie, die Routinen auf jeweils fünf Schritte zu begrenzen. Denken Sie daran, dass mehrere Mini-Routinen zu größeren Routinen zusammengefasst werden können, wie das Fertigmachen für die Schule. Bilder-Listen werden häufig für Kinder benötigt, die noch nicht lesen können.*
5. *Legen Sie fest, wo die Listen aufbewahrt werden sollen. Es ist vielleicht sinnvoll, die Listen auch dort aufzuhängen, wo sie am meisten benutzt werden (z. B. am Badezimmer-Spiegel, dem Kühlschrank, an der Haustür, der Decke über dem Kinderbett) oder die Listen werden laminiert und an einen Ring gehängt, den Eltern oder Kind tragen.*

6. *Wählen Sie erst ein oder zwei Mini-Routinen. Wenn diese gemeistert wurden, können neue Ziele gesetzt werden.*

Beispiele für Mini-Routinen

Badezimmer

- *Hose runterziehen*
- *Toilette benutzen*
- *(Für Jungs) Toilettenbrille niederlegen*
- *Toilette spülen*
- *Hände waschen*
- *Hände mit Handtuch trocknen*

Morgens: Schlafzimmer

- *Bett machen*
- *Schlafanzug ausziehen*
- *Schulkleidung anziehen*
- *Schlafanzug in Schrank oder Wäschekorb legen*

Anziehen

- *Klamotten ausziehen und stapeln*
- *Unterhose anziehen*
- *Hose anziehen*
- *Oberteil anziehen*
- *Socken anziehen*
- *Schuhe anziehen*
- *Ausgezogene Kleidung in den Wäschekorb legen*

Morgens: Badezimmer

- *Toilette benutzen*
- *Hände waschen*
- *Zähne putzen (siehe nächste Routine, Zähneputzen)*
- *Zahnbürste und Zahnpasta weglegen*

- *Haare bürsten oder kämmen*
- *Haarbürste weglegen*
- *Licht im Badezimmer ausschalten*

Zähneputzen

- *Zahnbürste und Zahnpasta nehmen*
- *Zahnpasta auf Zahnbürste auftragen*
- *Zahnpasta wieder verschließen*
- *Zähne putzen*
- *Zahnbürste spülen*
- *Zahnbürste und Zahnpasta weglegen*

Frühstück

- *Utensilien und Teller oder Schüssel holen*
- *Essen rausholen*
- *Essen vorbereiten*
- *Mahlzeit essen*
- *Teller aufräumen*
- *Essen und Utensilien (z. B. Töpfe, Pfannen) aufräumen*

Haus verlassen (junges Kind)

- *Dinge ausschalten, die ausgeschaltet werden müssen (z. B. Fernseher, Lampen, elektronische Spiele)*
- *Kontrolle, ob alle Klamotten richtig angezogen sind (insbesondere Jacke angezogen, Schuhe gebunden, Reißverschlüsse geschlossen)*
- *Gegebenenfalls Badezimmer nochmal benutzen*
- *Nötige Gegenstände mitnehmen (z. B. Schulranzen, Schlüssel)*

Haus verlassen (Teenager)

- *Dinge ausschalten, die ausgeschaltet werden müssen (z. B. Fernseher, Lampen, elektronische Spiele)*
- *Kontrolle, ob alle Klamotten richtig angezogen sind (insbesondere Jacke angezogen, Schuhe gebunden, Reißverschlüsse geschlossen)*
- *Gegebenenfalls Badezimmer nochmal benutzen*

- *Nötige Gegenstände mitnehmen (z. B. Schulranzen, Schlüssel, Geldbeutel)*
- *Tür abschließen*

Nach der Schule zu Hause ankommen

- *Schuhe ausziehen und ordentlich aufräumen*
- *Jacke aufhängen*
- *Schulranzen an den zugeteilten Ort stellen*
- *Pläne für den Nachmittag machen oder nochmal durchgehen*

Morgens: Wochenende

- *Aufstehen und Bett machen*
- *Badezimmer benutzen*
- *Eine ruhige Aktivität aussuchen (von einer vorgefertigten Liste ruhiger Aktivitäten)*
- *Frühstück machen*
- *Weitere ruhige Aktivitäten durchführen, bis die Familie wach ist*

Bettfertig machen

- *Kleidung ausziehen und stapeln*
- *Schlafanzug anziehen*
- *Kleidungs-Stapel in den Wäschekorb legen*
- *Toilette benutzen*
- *Hände waschen*
- *Zähne putzen*
- *Zahnbürste und Zahnpasta weglegen*
- *Gegebenenfalls Medikamente oder Vitamine nehmen*
- *Licht ausschalten*
- *Ins Bett gehen*

C: „Mind Mapping"

Eine Mind Map hilft Schülern bei der Beschreibung ihrer Gedanken, indem die Informationen visuell organisiert werden. Die Leitgedanken werden direkt mit dem zentralen Konzept verbunden. Weitere Ideen zweigen von den Leitgedanken ab. Für viele Schüler kann eine visuelle Darstellung einfacher zu verstehen und zu merken sein. Eine Mind Map (zum Beispiel das folgende Motiv, das Tatum Elyse Korb erstellt hat) vermittelt die relative Wichtigkeit und die Beziehungen zwischen den einzelnen Ideen. Das Gesamtbild wird betont. Die besten Mind Maps benutzen visuelle Reizquellen (z. B. Farben, Verbindungen und Größe), um der Wichtigkeit eine Reihenfolgen zu verleihen. Folgende Schritte sollten beachtet werden, wenn eine Mind Map erstellt wird:

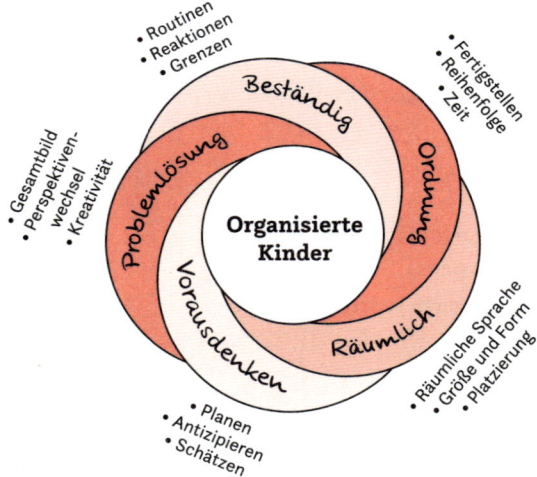

1. *Positionieren Sie das zentrale Konzept in die Mitte, in Form eines Titels oder eines Bildes.*
2. *Erfinden Sie Ihre eigenen Bilder, Symbole und Verschlüsselungen, um Verbindungen und Wichtigkeit anzuzeigen.*
3. *Verbinden Sie Ideen mit dem zentralen Konzept, indem Sie Linien vom Zentrum aus ziehen. Die Linien können dünner gezeichnet werden, je weiter sie vom Zentrum entfernt sind.*
4. *Jedes Wort oder Bild sollte einen eigenen Kasten oder eine eigene Linie haben.*
5. *Benutzen Sie verschiedene Farben, um bestimmte Gruppierungen zu kennzeichnen.*

Quellenangaben

1. Hartley SL, Barker ET, Seltzer MM et al. The relative risk and timing of divorce in families of children with an autism spectrum disorder. J Fam Psychol. 2010;24(4):449–457

2. Robbers SC, Bartels M, van Beijsterveldt CE et al. Pre-divorce problems in 3-year-olds: a prospective study in boys and girls. Soc Psychiatry Psychiatr Epidemiol. 2011;46(4):311–319

3. Swaminathan S, Alexander GR, Boulet S. Delivering a very low birth weight infant and the subsequent risk of divorce or separation. Matern Child Health J. 2006;10(6):473–479

4. Bodrova E, Leong DJ. Promoting student's self-regulation in learning. Educ Dig. 2005;71(2):54–57

5. Kochanska G, Murray K, Jacques TY et al. Inhibitory control in young children and its role in emerging internalization. Child Dev. 1996;67(2):490–507

6. Bierman KL, Domitrovich CE, Nix RL et al. Promoting academic and so-cial-emotional school readiness: the Head Start REDI program. Child Dev. 2008;79(6):1802–1817

7. Eslinger PJ, Grattan LM, Geder L. Impact of frontal lobe lesions on rehabilitation and recovery from acute brain injury. NeuroRehabilitation. 1995;5(2):161–182

8. Velligan DI, Bow-Thomas CC, Mahurin R et al. Concurrent and predictive validity of the Allen Cognitive Levels Assessment. Psychiatr Res. 1998; 80(3):287–298

9. Piaget J. The Construction of Reality in the Child. Oxford, England: Basic Books; 1954

10. Malloy-Diniz LF, Cardoso-Martins C, Nassif EP et al. Planning abilities of children aged 4 years and 9 months to 8 1/2 years: effects of age, fluid intelligence and school type on performance in the Tower of London test. Dement Neuropsychol. 2008;2(1):26–30

11. Zelazo PD, Reznick JS, Spinazzola J. Representational flexibility and re-sponse control in a multistep multilocation search task. Dev Psychol. 1998;34(2):203–214

12. Zelazo PD, Müller U. Executive function in typical and atypical development. In: Goswami U (Ed.). Handbook of Childhood Cognitive Development. Oxford, England: Blackwell; 2002:445–469

13. Zelazo PD. The Dimensional Change Card Sort (DCCS): a method of assessing executive function in children. Nat Protoc. 2006;1(1):297–301

14. Maughan A, Cicchetti D. Impact of child maltreatment and interadult violence on children's emotion regulation abilities and socioemotional adjustment. Child Dev. 2002; 73(5):1525–1542

15. O'Connor TG, Rutter M, Beckett C et al. The effects of global severe privation on cognitive competence: extension and longitudinal follow-up. English and Romanian Adoptees Study Team. Child Dev. 2000;71(2):376–390

16. Noble KG, Norman MF, Farah MJ. Neurocognitive correlates of socioeconomic status in kindergarten children. Dev Sci. 2005;8(1):74–87

17. Bos KJ, Fox N, Zeanah CH et al. Effects of early psychosocial deprivation on the development of memory and executive function. Front Behav Neurosci. 2009;3:16

18. Colvert E, Rutter M, Kreppner J et al. Do theory of mind and executive function deficits underlie the adverse outcomes associated with profound early deprivation? Findings from the English and Romanian Adoptees Study. J Abnorm Child Psychol. 2008;36(7): 1057–1068

19. Feldman R. The development of regulatory functions from birth to 5 years: insights from premature infants. Child Dev. 2009;80(2):544–561

20. Luciana M, Lindeke L, Georgieff M et al. Neurobehavioral evidence for working-memory deficits in school-aged children with histories of prematurity. Dev Med Child Neurol. 1999;41(8):521–533

21. Lewis EE, Dozier M, Ackerman J et al. The effect of placement instability on adopted children's inhibitory control abilities and oppositional behavior. Dev Psychol. 2007;43(6):1415–1427

22. Barkley RA. The executive functions and self-regulation: an evolutionary neuropsychological perspective. Neuropsychol Rev. 2001;11(1):1–29

23. Dunbar RI, Shultz S. Evolution in the social brain. Science. 2007;317(5843):1344–1347

24. Blair C, Razza RP. Relating effortful control, executive function, and false belief understanding to emerging math and literacy ability in kindergarten. Child Dev. 2007;78(2):647–663

25. Espy K, McDiarmid MD, Cwik MF et al. The contribution of executive functions to emergent mathematic skills in preschool children. In: Developmental Cognitive Neuroscience Laboratory - Faculty and Staff Publications. Lincoln, NE: University of Nebraska–Lincoln. DCNL publication 7

26. Howse R, Calkins S, Anastopoulos A et al. Regulatory contributors to children's kindergarten achievement. Early Educ Dev. 2003;14(1):101–120

27. Haith MM, Hazan C, Goodman GS. Expectation and anticipation of dynamic visual events by 3.5-month-old babies. Child Dev. 1988;59(2):467–479

28. McColgan KL, McCormack T. Searching and planning: young children's reasoning about past and future event sequences. Child Dev. 2008;79(5):1477–1497

29. Mischel W. Advances in Experimental Social Psychology. Berkowitz L, ed. Processes in Delay of Gratification; vol 7 New York, NY: Academic Press; 1974:249–292

30. Hetland L. Learning to make music enhances spatial reasoning. J Aesthetic Educ. 2000;34(3/4):179–238

31. Costa-Giomi E. The effects of three years of piano instruction on children's cognitive development. J Res Music Educ. 1999;47(3):198–212

32. Evans DE, Whipp P, Lay SB. Knowledge representation and pattern recognition skills of elite adult and youth soccer players. Int J Perform Anal Sport. 2012;12(1):208–221

33. Faubert J. Professional athletes have extraordinary skills for rapidly learning complex and neutral dynamic visual scenes. Sci Rep. 2013;3(1):1154

34. Voss MW, Kramer AF, Basak C et al. Are expert athletes "expert" in the cognitive laboratory? A meta-analytic review of cognition and sport expertise. Appl Cogn Psychol. 2010;24(6):812–826

35. Mann DT, Williams AM, Ward P et al. Perceptual-cognitive expertise in sport: a meta-analysis. J Sport Exerc Psychol. 2007;29(4):457–478

36. American Academy of Pediatrics. Lack of sleep is associated with increased risk of injury in adolescent athletes. American Academy of Pediatrics National Conference & Exhibition; October 21, 2012; New Orleans, LA

37. Christensen DL, Baio J, Braun KV et al. Prevalence and characteristics of autism spectrum disorder among children aged 8 years — Autism and Developmental Disabilities Monitoring Network, 11 sites, United States, 2012. MMWR Surveill Summ. 2016;65(3):1–23

38. Baron-Cohen S. Mindblindness: An Essay on Autism and Theory of Mind. Cambridge, MA: MIT; 1995

39. Zilbovicius M, Garreau B, Samson Y et al. Delayed maturation of the frontal cortex in childhood autism. Am J Psychiatry. 1995;152(2):248–252

40. Ozonoff S, Cook I, Coon H et al. Performance on Cambridge Neuropsychological Test Automated Battery subtests sensitive to frontal lobe function in people with autistic disorder: evidence from the Collaborative Programs of Excellence in Autism network. J Autism Dev Disord. 2004;34(2):139–150

41. Happé F, Booth R, Charlton R et al. Executive function deficits in autism spectrum disorders and attention-deficit/hyperactivity disorder: examining profiles across domains and ages. Brain Cogn. 2006;61(1):25–39

42. Pennington BF, Ozonoff S. Executive functions and developmental psychopathology. J Child Psychol Psychiatry. 1996;37(1):51–87

43. Marco EJ, Hinkley LB, Hill SS et al. Sensory processing in autism: a review of neurophysiologic findings. Pediatr Res. 2011;69(5 Pt 2):48R–54R

44. Mesibov GB, Shea V, Schopler E. The TEACCH Approach to Autism Spectrum Disorders. New York, NY: Springer; 2005

45. Polanczyk G, de Lima MS, Horta BL et al. The worldwide prevalence of ADHD: a systematic review and metaregression analysis. Am J Psychiatry. 2007;164(6):942–948

46. Thomas R, Sanders S, Doust J et al. Prevalence of attention-deficit/hyperactivity disorder: a systematic review and meta-analysis. Pediatrics. 2015;135(4):e994–e1001

47. Russell B. A Clinician's Manual for Assessment and Parent Training. New York, NY: Guilford; 1997

48. Arnsten AF. Toward a new understanding of attention-deficit hyperactivity disorder pathophysiology: an important role for prefrontal cortex dysfunction. CNS Drugs. 2009;23(1)(suppl 1):33–41

49. Hosenbocus S, Chahal R. A review of executive function deficits and pharmacological management in children and adolescents. J Can Acad Child Adolesc Psychiatry. 2012;21(3):223–229

50. Snyder AM, Maruff P, Pietrzak RH et al. Effect of treatment with stimulant medication on nonverbal executive function and visuomotor speed in children with attention deficit/hyperactivity disorder (ADHD). Child Neuropsychol. 2008;14(3):211–226

51. Green T, Weinberger R, Diamond A et al. The effect of methylphenidate on prefrontal cognitive functioning, inattention, and hyperactivity in velocardio-facial syndrome. J Child Adolesc Psychopharmacol. 2011;21(6):589–595

Literatur

Addis DR, Wong AT, Schacter DL. Age-related changes in the episodic simulation of future events. Psychol Sci. 2008;19(1):33–41

Allen CK, Allen RE. Cognitive disabilities: measuring the social consequences of mental disorders. J Clin Psychiatry. 1987;48(5):185–190

Anderson SW, Bechara A, Damasio H et al. Impairment of social and moral behavior related to early damage in human prefrontal cortex. Nat Neurosci. 1999;2(11):1032–1037

Baum CM, Connor LT, Morrison T et al. Reliability, validity, and clinical utility of the Executive Function Performance Test: a measure of executive function in a sample of people with stroke. Am J Occup Ther. 2008;62(4):446–455

Blakemore SJ, Frith U. The Learning Brain: Lessons for Education. Oxford, England: Blackwell; 2005

Bloomquist ML. Skills Training for Children With Behavior Problems: A Parent and Practitioner Guidebook (Rev. Ed.). Rev ed. New York, NY: Guilford; 2006

Busby J, Suddendorf T. Recalling yesterday and predicting tomorrow. Cogn Dev. 2005;20(3):362–272

Byrnes JP. Minds, Brains, and Learning: Understanding the Psychological and Educational Relevance of Neuroscientific Research. New York, NY: Guilford; 2001

Carper RA, Courchesne E. Localized enlargement of the frontal cortex in early autism. Biol Psychiatry. 2005;57(2):126–133

Dahl RE. Adolescent brain development: a period of vulnerabilities and opportunities. Keynote address. Ann N Y Acad Sci. 2004;1021(1):1–22

D'Argembeau A, Van der Linden M. Phenomenal characteristics associated with projecting oneself back into the past and forward into the future: influence of valence and temporal distance. Conscious Cogn. 2004;13(4):844–858

Diamond A. Normal development of prefrontal cortex from birth to young adulthood: cognitive functions, anatomy, and biochemistry. In: Stuss DT, Knight RT (Eds.). Principles of Frontal Lobe Function. London, England: Oxford University; 2002:466–503

Dowsett SM, Livesey DJ. The development of inhibitory control in pre-school children: effects of "executive skills" training. Dev Psychobiol. 2000;36(2):161–174

Fabricius WV. The development of forward search planning in preschoolers. Child Dev. 1988;59(6):1473–1488

Ferber R. Solve Your Child's Sleep Problems. New York, NY: Simon & Schuster; 1986

Fuster JM. Frontal lobe and cognitive development. J Neurocytol. 2002;31(3–5):373–385

Fuster JM. The Prefrontal Cortex. New York, NY: Raven; 1980

Gillam RB, Crofford JA, Gale MA et al. Language change following computer-assisted language instruction with Fast ForWord or Laureate Learning Systems software. Am J Speech Lang Pathol. 2001;10(3):231–247

Greene R. The Explosive Child: A New Approach for Understanding and Parenting Easily Frustrated, Chronically Inflexible Children. New York, NY: HarperCollins; 2009

Hassabis D, Kumaran D, Vann SD et al. Patients with hippocampal amnesia cannot imagine new experiences. Proc Natl Acad Sci USA. 2007;104(5):1726–1731

Hill EL. Evaluating the theory of executive dysfunction in autism. Dev Rev. 2004;24(2):189–233

Hook PE, Macaruso P, Jones S. Efficacy of Fast ForWord training on facilitating acquisition of reading skills by children with reading difficulties—a longitudinal study. Ann Dyslexia. 2001;51(1):73–96

Huttenlocher P. Neural Plasticity The Effects of Environment on the Development of the Cerebral Cortex. Cambridge, MA: Harvard University; 2002

Kaller CP, Rahm B, Spreer J et al. Thinking around the corner: the development of planning abilities. Brain Cogn. 2008;67(3):360–370

Klingberg T, Fernell E, Olesen PJ et al. Computerized training of working memory in children with ADHD—a randomized, controlled trial. J Am Acad Child Adolesc Psychiatry. 2005;44(2):177–186

Magnée JCM, de Gelder B, van Engeland H et al. Audiovisual speech integration in pervasive developmental disorder: evidence from event-related potentials. J Child Psychol Psychiatry. 2008;49(9):995–1000

Marzano R, Pickering D, Pollock J. Classroom Instruction That Works. Alexandria, VA: Association for Supervision and Curriculum Development; 2001

Mischel W, Ebbesen EB, Zeiss AR. Cognitive and attentional mechanisms in delay of gratification. J Pers Soc Psychol. 1972;21(2):204–218

Olesen PJ, Westerberg H, Klingberg T. Increased prefrontal and parietal activity after training of working memory. Nat Neurosci. 2004;7(1):75–79

Prencipe A, Zelazo PD. Development of affective decision making for self and other: evidence for the integration of first- and third-person perspectives. Psychol Sci. 2005;16(7):501–505

Price BH, Daffner KR, Stowe RM et al. The comportmental learning disabilities of early frontal lobe damage. Brain. 1990;113(pt 5):1383–1393

Royall DR, Lauterbach EC, Cummings JL et al. Executive control function: a review of its promise and challenges for clinical research. A report from the Committee on Research of the American Neuropsychiatric Association. J Neuropsychiatry Clin Neurosci. 2002;14(4):377–405

Rueda MR, Rothbart MK, McCandliss BD et al. Training, maturation, and genetic influences on the development of executive attention. Proc Natl Acad Sci USA. 2005;102(41):14931–14936

Russo N, Nicol T, Trommer B et al. Brainstem transcription of speech is disrupted in children with autism spectrum disorders. Dev Sci. 2009;12(4):557–567

Russo NM, Skoe E, Trommer B et al. Deficient brainstem encoding of pitch in children with autism spectrum disorders. Clin Neurophysiol. 2008;119(8):1720–1731

Sanchez-Marin FJ, Padilla-Medina JA. A psychophysical test of the visual pathway of children with autism. J Autism Dev Disord. 2008;38(7):1270–1277

Schultz RT. Developmental deficits in social perception in autism: the role of the amygdala and fusiform face area. Int J Dev Neurosci. 2005;23(2–3):125–141

Séguin JR, Zelazo PD. Executive function in early physical aggression. In: Tremblay RE, Hartup WW, Archer J (Eds.). Developmental Origins of Aggression. New York, NY: Guilford; 2005:307–329

Smaers JB, Steele J, Case CR et al. Primate prefrontal cortex evolution: human brains are the extreme of a lateralized ape trend. Brain Behav Evol. 2011;77(2):67–78

Suddendorf T, Nielsen M, von Gehlen R. Children's capacity to remember a novel problem and to secure its future solution. Dev Sci. 2011;14(1):26–33

Temple E, Deutsch GK, Poldrack RA et al. Neural deficits in children with dyslexia ameliorated by behavioral remediation: evidence from functional MRI. Proc Natl Acad Sci USA. 2003;100(5):2860–2865

Tremblay RE, Nagin DS, Séguin JR et al. Physical aggression during early childhood: trajectories and predictors. Pediatrics. 2004;114(1):e43–e50

Westerberg H, Hirvikoski T, Forssberg H et al. Visuo-spatial working memory span: a sensitive measure of cognitive deficits in children with ADHD. Child Neuropsychol. 2004;10(3):155–161